知识产权理论与前沿问题研究
丛书编委会

主　编　宋　伟

副主编　马忠法　胡海洋

编　委（以姓氏笔画为序）

马忠法	王仁文	王元地	王金金	韦　国
任　冲	刘　欢	刘　限	刘　强	许斌丰
纪娇娇	李　伟	肖尤丹	宋　伟	张　朋
张学和	张瀚洋	陈峥嵘	林秀芹	赵双双
赵树良	胡海洋	徐棣枫	高　亮	高筱培
黄加顺	彭小宝	葛章志	谢惠加	蔡文静

知识产权理论与前沿问题研究

RESEARCH ON COPYRIGHT
IN DIGITAL PUBLISHING

数字出版中的著作权问题研究

王金金 著

中国科学技术大学出版社

内 容 简 介

本书为2014年国家社会科学基金项目"数字出版中的著作权问题研究"(14BFX104)的研究成果。本书围绕我国数字出版中的著作权问题进行深入分析,为解决数字版权的获取、使用和保护环节存在的问题提供理论指导;提出可操作性的法律对策和政策建议,为数字版权及相关政策出台提供立法支持;研究数字出版中的版权产生、运用、管理和保护等一系列新问题,加快数字出版与传统出版接轨、与技术标准接轨、与国际著作权接轨,推动我国数字出版产业向纵深发展。

本书适合新闻出版、数字传媒、互联网和新媒体等领域的从业人员阅读。

图书在版编目(CIP)数据

数字出版中的著作权问题研究/王金金著.—合肥:中国科学技术大学出版社,2022.10
(知识产权理论与前沿问题研究)
ISBN 978-7-312-05462-4

Ⅰ. 数… Ⅱ. 王… Ⅲ. 电子出版物—著作权—研究 Ⅳ. D923.414

中国版本图书馆CIP数据核字(2022)第107125号

数字出版中的著作权问题研究
SHUZI CHUBAN ZHONG DE ZHUZUOQUAN WENTI YANJIU

出版	中国科学技术大学出版社
	安徽省合肥市金寨路96号,230026
	http://press.ustc.edu.cn
	https://zgkxjsdxcbs.tmall.com
印刷	安徽省瑞隆印务有限公司
发行	中国科学技术大学出版社
开本	787 mm×1092 mm 1/16
印张	13
字数	322千
版次	2022年10月第1版
印次	2022年10月第1次印刷
定价	66.00元

前　言

2020年是国家"十三五"规划收官之年,2021年是"十四五"规划起航之年,也是中国共产党百年华诞,还是《知识产权强国建设纲要(2021—2035年)》颁布之年。《知识产权强国建设纲要(2021—2035年)》提出,要统筹推进知识产权强国建设,全面提升知识产权创造、运用、保护、管理和服务水平,充分发挥知识产权制度在社会主义现代化建设中的重要作用。

作为知识传承重要中介的出版业,近年来其组织形态、运作方式皆发生了较大的变化,尤其是数字技术的发展,正在重塑出版业。在印刷时代,我们谈到阅读,想到的是青灯黄卷、白纸黑字,是人与纸、字与墨的水乳交融。进入数字时代,通信技术和网络技术的飞速发展对人们的工作和生活都产生了巨大的影响,人类文化传承的载体再度变革,数字出版应运而生。数字媒介成为语言文字的新载体,阅读场所从图书馆、报刊亭、书案,慢慢转移到微博、微信公众号和各类移动阅读软件中。网络文学、新媒体文章、音频听书这些线上阅读形式,正在成为阅读的主流渠道。在此环境下,出版业已经无法适应传统出版业的利益平衡机制,出现了严重的利益失衡现象,亟须通过法律体系来调节利益关系,以重现出版业的利益平衡。本书尝试对数字出版中的著作权问题进行探究,以数字出版环境下利益失衡等亟待解决的现实问题为研究基础,试图构建一套既与我国新发展理念相契合,又适应数字出版时代要求的数字出版下的著作权保护制度。

在知识经济时代,随着信息服务市场的不断扩大,信息产业和文化产业的链条都将面临重构,在数字和信息经济发展大潮下,版权作为国家发展战略性资源和国际竞争力核心要素的作用将更加凸显,版权产业在国民经济发展中的地位将更加重要,社会公众对版权工作的期望将不断提高,5G、人工智能、大数据、区块链等新技术的发展给版权工作带来了新的机遇和挑战。

本书得以顺利出版,感谢国家社会科学基金项目"数字出版中的著作权问题研究"(14BFX104)的资助,感谢中国科学技术大学知识产权研究院多位老师的支持,他们分别是彭小宝、宋小燕、胡海洋、葛章志、赵树良、高亮、王仁文,感谢硕士研究生刘禹希、刘晓楠、李文君、刘婧、胡琪对本书出版提供的帮助。

由于本人学术水平及时间有限,书中不足之处在所难免,欢迎读者批准指正。

王金金
2022年5月

目　录

前言 ·· (i)

第1章　绪论 ··(001)
1.1　研究背景 ··(002)
1.2　研究目的 ··(009)
1.3　研究意义 ··(010)
1.4　研究的创新点和难点 ···(010)
1.5　研究方法和框架结构 ···(011)

第2章　数字出版与数字出版中的著作权 ···(014)
2.1　数字出版的相关概念 ···(014)
2.2　数字出版中的著作权 ···(023)
2.3　国内外关于数字出版的相关研究 ···(025)
2.4　国内外关于数字出版中著作权问题的研究 ····································(029)

第3章　数字出版版权问题的逻辑起点 ··(033)
3.1　我国数字出版产业链及相关问题探究 ··(033)
3.2　数字出版中的著作权问题 ··(042)
3.3　我国数字出版著作权制度的现状与趋势 ·······································(046)

第4章　数字版权在数字资源使用中的作用与利益平衡 ·····················(056)
4.1　数字出版产业链中的版权利益 ··(056)
4.2　数字出版产业链中的版权利益失衡 ···(058)
4.3　审视我国数字出版中版权利益平衡的法律制度 ······························(061)
4.4　重塑我国数字版权产业的利益平衡机制 ·······································(066)

第5章　数字出版中复制权的法律规制 ··(074)
5.1　数字出版中复制权的定义 ··(074)
5.2　数字出版物的复制权与传播权的权限重构 ····································(077)
5.3　数字版权的临时复制问题研究 ··(080)
5.4　数字版权的私人复制问题研究 ··(083)

第6章　数字出版中授权的问题与模式的整合 ··································(092)
6.1　数字出版中的授权问题 ···(092)
6.2　解析数字出版中传统授权模式的适用性 ·······································(096)

6.3　数字出版中授权机制的构建 ································· (104)

第7章　数字出版中的著作权法律适用问题研究 ············· (110)
　7.1　数字版权的客体及其扩张 ····································· (110)
　7.2　数字版权合同的法律适用 ····································· (113)
　7.3　合理使用制度在数字出版中的法律适用 ················· (120)
　7.4　法定许可制度外数字版权授权模式法律适用空间 ···· (124)

第8章　网络服务提供商著作权法律责任规制 ·················· (127)
　8.1　网络服务提供商概述 ·· (128)
　8.2　著作权侵权行为分析 ·· (131)
　8.3　网络服务提供商著作权侵权责任的归责原则和种类 ·· (136)
　8.4　网络服务提供商著作权侵权责任的限制 ················· (141)
　8.5　加强网络著作权保护的若干建议 ···························· (143)

第9章　技术措施在数字出版中的发展与扩张 ·················· (148)
　9.1　技术措施与版权保护 ·· (148)
　9.2　数字版权保护的技术支撑体系 ······························ (150)
　9.3　数字版权技术措施的发展 ····································· (159)
　9.4　数字版权技术措施面临的问题 ······························ (162)
　9.5　技术措施的法律制度 ·· (166)
　9.6　数字版权保护技术的扩张与规制 ···························· (169)

第10章　结论与展望 ·· (172)
　10.1　数字出版的著作权法律保护 ································ (173)
　10.2　展望 ·· (183)

参考文献 ·· (188)

第1章 绪　　论

"以国内大循环为主体、国内国际双循环相互促进"的新发展格局对国内的供给质量提出了更高的要求。数字出版在2018年被正式列入国家战略新兴产业目录,其蓬勃发展成为新格局下国家经济的重要增长点。在近年来党和政府颁布的《关于推动数字文化产业创新发展的指导意见》《公共数字文化工程融合创新发展实施方案》《关于推动数字文化产业高质量发展的意见》《关于加快推进媒体深度融合发展的意见》《"十四五"文化产业发展规划》等一系列重要政策文件中,有关数字文化、数字出版、数字保护等的内容频繁出现,这表明了数字出版产业已经成为我国新闻出版业乃至文化产业发展的重要方向。习近平总书记在十九大报告中指出:"公共文化服务水平不断提高,文艺创作持续繁荣,文化事业和文化产业蓬勃发展,互联网建设管理运用不断完善"。党的十八大以来的十年是我国数字出版产业和数字版权市场发展进程中极不平凡的十年,国家先后颁布了《中华人民共和国网络安全法》《中华人民共和国电影产业促进法》《中华人民共和国公共文化服务保障法》《全国人民代表大会常务委员会关于加强网络信息保护的决定》等法律和文件。2016年11月,中共中央、国务院印发《关于完善产权保护制度依法保护产权的意见》,为完善社会主义市场经济和社会主义基本经济制度奠定了基石。在此基础上,习近平总书记在十九大上提出我国仍要"深化文化体制改革,完善文化管理体制,加快构建把社会效益放在首位、社会效益和经济效益相统一的体制机制"。同时要"健全现代文化产业体系和市场体系,创新生产经营机制,完善文化经济政策,培育新型文化业态"。随着2021年《知识产权强国建设纲要(2021—2035年)》的颁布,我国数字出版产业和数字版权市场将迎来更高质量的发展。

数字环境是基于近年来快速发展的数字技术和互联网技术这两项基础性新技术而发展形成的一个多元开放的虚拟系统,由其支撑的数据共享与信息交换新方式超越了人类以往任何传播手段的范围与效率。数字技术在20世纪末开始与出版产业相结合而诞生了数字出版产业,迅速推动了出版行业的革新。目前,数字出版产业已经成为我国出版业发展的主导趋势和文化产业发展的经济增长极。在这一新形势下,内容作品的创作方式、出版方式和传播方式都产生了巨大的变化,越来越多的数字化内容呈现在用户终端,著作权的内容和保护范围也随之迅速扩充。与此同时,数字出版领域的著作权问题日益凸显,首当其冲的就是版权所有人的著作权利益:一方面,版权所有人的利益在未经其授权许可的情形下被盗版使用和传播,在数字环境下又难以低成本、高效率、有效明晰地对侵权人进行追责;另一方面,内容作品的海量授权困难,难以低成本、高效率地实现内容作品的海量授权。从其他主体来看,内容提供商忽略了版权所有人的利益,数字出版商强占了版权所有人的利益,网络服务提供商通过规避侵权争夺了版权所有人的利益,用户则通过盗版和免费共享的方式从根源上侵害了版权所有人的利益。即使版权所有人等主体利用技术措施等手段进行版权保护，但由于技术措施相关法律法规的不完善和技术措施固有的可破解性，难以彻底解决数字版权的保护问题。可以说，数字环境下的出版业已经无法适应传统出版业的利益平衡机制，出现了严重的利益失衡现象，亟须通过法律体系调节利益关系以重现出版业的利益平衡。信息传播技术与版权保护制度关系紧密，因此本书尝试对数字出版中的著作权问题进行探究，以数字出版环境下利益失衡等亟待解决的现实问题为研究基础，试图构建一套既与我国新格局发展相契合，又呼应数字出版时代要求的数字出版下的著作权保护制度。

1.1 研究背景

1.1.1 数字技术与著作权的发展

从历史的进程来看，印刷技术的出现揭开了著作权发展的序幕，传播技术的进步推动着著作权的不断革新，因此著作权亦被称作"印刷出版之子"和现代传播技术的"副产品"。

著作权又称版权，英文为copyright，意指复制的权利。回首历史进程，追溯到印刷术诞生的前夕，由于人类缺乏有效的技术手段，仅能通过手抄、镌刻等方式来传播文字和图画信息，小范围的复制和个人化的创作使著作权制度缺乏成长的土壤。财产权是著作权的核心组成部分，在著作的古典时代，内容创作者通常并不以营利为目的，甚至以传业授道解惑作为其毕生的追求，因此著作权制度不仅缺乏技术支撑更缺乏文化和商业环境。印刷术这一颠覆性的出版和传播技术的出现彻底改变了这一文化形态，在随着复制成本大幅降低、复制效率迅速提高的同时，以内容传播为核心的文化市场开始形成和繁荣起来。在市场作用下，出版和传播行业开始成为一项可以谋生的事业，形成了一条上游创作、中游印刷、下游贩卖的简易产业链。中游印刷作为产业链的核心维系着传统出版业务的正常运转，在印刷术的带动下，生产力得到迅猛发展，生产效率得到大幅提升，人工成本更多地被应用在内容创作而非内容复制上，推动了文化创作的繁荣。为了满足逐渐发展乃至过剩的生产复制水平，越来越多的上游内容创作者和下游作品营销者开始出现，并逐渐形成了专职的利益群体。三个主体和三个产业环节的完善标志着著作权制度产生的技术、文化、商业基础具备齐全。

从以上历史发展的脉络中可以看出，著作权制度的出现是一个循序的进程。同样，著作权制度的发展和完善也是一个逐渐发展的过程。作为印刷术的发源地，我国在唐朝时期就已经出现了雕版印刷术，随后出现了活字印刷术。随着复制和出版技术的进步，北宋时期出现了著作权保护的观念并形成了基本的著作权制度，甚至颁布了有关盗版的禁令，而到南宋时期则更进一步地出现了明确要保护作者著作权的官府榜文。例如，北宋政府为了保护后唐遗留的田敏校正的《九经》监本而禁止在未经国子监批准前随意刻印。根据清代的《书林清话》所载,除了保护官方书籍,宋朝也保护私人书籍。在南宋时期甚至出现了类似现代出版业中经常使用的版权标记,如南宋刻印的《东都事略》中出现了禁止翻版的碑记:"眉山程舍人宅刊行,已申上司不许覆板。"

东亚大陆虽然最早出现了印刷术、著作权保护和著作权管理制度,但是真正现代意义上的著作权制度却滥觞于欧洲。在中国造纸术为全世界提供廉价纸张后,德国人古登堡在1450年前后发明了印刷机器,推动了印刷出版业在欧洲大陆的繁荣,同时也给印刷商的复印专有权保护提出了要求。为了维护印刷出版商的权利,出版专有权特许令自15世纪到16世纪初在意大利、英国、法国等地先后出现,并最终凝定成为较为成熟的特许权制度。由于中世纪(公元5世纪至公元15世纪)的印刷品多是《圣经》等经典著作和古文典籍,作者的版权并没有随着印刷商翻印权的发展而发展,直到个人写作和普通书籍开始普遍后,才有在世的作者开始要求保护自己的著作权。1690年,约翰·洛克(John Locke)在《论国民政府的两个条约》(The Second Treatise of Government and A Letter Concerning Toleration)中指出:"作者创作作品花费的时间和劳动,与其他劳动成果创作人花费的时间和劳动没有什么不同,因此作品也应当像其他劳动成果一样,获得应有的报酬。"英国议会在这样的情境下于1709年通过了《为鼓励知识创作而授予作者及购买者就其已印刷成册的图书在一定时期内之权利的法》(An Act for the Encouragement of Learning, by Vesting the Copies of Printed Books in the Authors or Purchasers of such Copies, During the Times There in Mentioned)(后称《安娜法令》),这是历史上第一部保护作者权益的法律。《安娜法令》对印刷出版商的行为进行了限制,禁止其未经作者许可而翻印,首次确认了作者的著作权保护的主体地位,确立了近代意义上的著作权思想,成为了英美法系版权法的根基,推动了世界各国的著作权立法。

尽管《安娜法令》的颁布具有开创性和现代化的意义,然而这部法令仍然存在诸多问题,主要的问题就是该法令的保护范围具有局限性:一是《安娜法令》的保护范畴仅限于手写与印刷两种方式,因此所保护的内容仅限于文字及书面形式的艺术作品;二是该法令的保护范畴仅限于经济权利而不包括精神权利等其他权利。事实上,作为创作者思想、情感和人格的反映和外延,作品内容不仅蕴含了经济价值还凝聚着相当的精神内力。而发表权、署名权、保护作品完整权、修改权等人身权利被《安娜法令》忽视,这一点成为英美法系版权法与大陆法系版权法发展历程的一个重要区别。与之相反,以法国版权法为代表的大陆法系将人身权利的保护放在著作权保护的首要位置,而后才进一步要保护作者的复制权、传播权、发行权、表演权等经济权利。总之,随着著作权法律体系和管理制度的不断完善,精神权利和经济权利成为著作权必不可少的两大方面的内容。

《安娜法令》颁布后,随着出版业的发展和传播技术的提升,著作权法律的保护客体不断扩张,从手写和印刷等书面作品扩充到可表演的音乐作品、戏剧作品、试听作品,可演绎的科学作品、计算机程序,可触及的建筑作品、雕塑作品等,新领域、新业态和新技术给著作权制度带来了巨大的挑战。复印拍照技术在让生活变得便捷的同时也提升了内容信息被复制的便捷性,录音录像技术在推动影音产业和娱乐产业繁荣的同时也为私人录制提供了便利,互联网和数字技术在实现信息共享和数据交换的同时也为版权作品的盗版传播提供了便利的渠道。可以发现,旧的著作权制度因新出版传播技术的出现而消弭,新的著作权制度又随着新出版传播技术的发展而发展。著作权制度须具有前瞻性、灵活性和可修复性,以符合出版科学的发展规律。

1.1.2 数字出版产业的现状

1. 数字出版的产业规模

根据《2019—2020年中国数字出版产业年度报告》所发布的数据,我国在2019年数字出版产业整体收入产值再创新高,总收入达9881.43亿元,同比增长11.16%,实现持续增长并保持强劲发展的态势。具体来看,互联网广告产值约4341亿元,移动出版产值约2314.82亿元,网络游戏的产值约713.83亿元,在线教育产值约2010亿元,网络动漫产值约171亿元,在线音乐产值约124亿元,电子书产值约58亿元,博客类应用产值约117.7亿元,互联网期刊产值达23.08亿元,数字报纸产值9亿元,如图1.1所示。可见数字出版领域的移动终端出版和网络游戏出版是数字出版产业的核心和主体,也说明了即时即用、快速消费、休闲娱乐型的内容产品成为数字出版内容的中流砥柱。

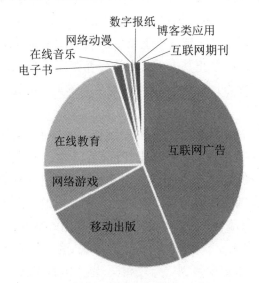

图1.1 2019年我国数字出版产业收入情况

如果将电子书、互联网期刊和数字报纸归类为传统出版的数字化形式,可以发现该类收入在2019年的总额近89亿元,同比增长了4%,低于数字出版产业的平均增速。另外,虽然传统出版的数字化收入总量较前一年有所增加,但占整个数字出版产业的收入比例有所下降,仅为0.9%。这样的数据和发展趋势说明了传统出版单位及其出版物的数字化转型工作仍然不足,应当更加重视对传统出版内容的深度开发和挖掘,积极开拓数字时代的发展新路径,针对增量资源发掘智能发展新模式,使"互联网+"实现与出版的更深度融合,盘活传统的内容资源存量优势和品牌优势并将其充分发挥出来,以提升自身在数字时代的竞争优势和产业链中的地位并获取更多产值和利益,从而实现转型后的传统出版企业与新兴数字出版企业的同台同步发展。

2019年,我国移动出版收入为2314.82亿元,在线教育收入达2010亿元,网络动漫收入为171亿元,三方面的收入总和占数字出版收入规模的45.5%。移动出版行业已成为数字出版的新生力量并迸发出强大的产业活力,具体来说:王者荣耀、开心消消乐、阴阳师等著名国产移动手游具备强大的市场价值,以移动手游为代表的移动端游戏市场收入在2016年已经超过了传统渠道网络游戏收入并仍在保持高速增长。2020年,我国网络文学市场规模超268亿元,网络文学产业进入红利期,近半网民均是其忠实拥趸,用户规模达4.6亿人。其中,移动端网络文学用户规模超4亿人,占据主流。近年来,移动视频产业也在迅速发展,出现了抖音短视频、快手短视频、西瓜视频、花椒直播、哔哩哔哩等热门APP,用户成为了出版者和内容发布者。新闻资讯集成类APP成为数字出版的主战场之一,腾讯视频、今日头条2020年12月的月活跃用户规模直逼3亿,今日头条在2018年新一轮融资后估值超500亿美元,为两年前的5倍。此外,喜马拉雅、荔枝FM、考拉FM、echo回声等音频分享平台、网络电台、音乐平台等移动音频产业也蓬勃发展,具有超高人气。在数字出版时代,在线教育是教育出版的主流方向,其发展速度经由近些年的市场竞争进一步加快,并在近年来与人工智能融合的趋势增强,出现了科大讯飞等行业巨擘。经过近些年的摸索与发展,我国网络动漫业焕然一新,出现了择天记、秦时明月、画江湖、罗小黑战记、哪吒之魔童降世、白蛇、缘起等热门国产动漫,并诞生了阅文、腾讯原创动漫、若森数字科技、淘米网络、有妖气等多家成熟的国产动漫出品公司。2020年,中国动漫业市场规模近1941亿元,泛二次元用户规模达3.9亿人左右,发展前景较好。

根据2021年中国互联网络信息中心(China Internet Network Information Center,CNNIC)发布的第48次《中国互联网络发展状况统计报告》,我国网民用户达10.11亿人,其中网络游戏用户超5.09亿人,占比50%。移动游戏市场出现了网易和腾讯两大巨头博弈,多家网络游戏企业参与的市场竞争格局。根据《2020年中国游戏产业报告》的数据,2020年我国游戏行业收入2786.87亿元,其中移动游戏营收达2096.76亿元,占比超75%,市场规模巨大。

2. 数字出版的产业态势

当前,以数字出版产业为代表的文化产业在我国经济发展新常态下迅速革新并快速发展,已经显现出成为国民经济新支柱产业的巨大潜力,并已经成为践行文化自信和理论自信的主要阵地,成为推动我国文化大发展大繁荣的重要抓手。作为一种数字产业、创意产业和文化产业的融合业态,数字文化产业兼具三大产业优势,还具备低碳环保可持续、高新高端高附加值、创意创造性、长效海量需求等特点,具有重要的经济作用和社会效用。"十三五"期间,我国首次将包括数字出版、数字传媒、虚拟现实、产品可视化产业、区块链产业等在内的数字创意产业纳入战略性新兴产业支柱,"十四五"规划纲要进一步明确了发展云计算、大数据、物联网、工业互联网、区块链、人工智能、虚拟现实和增强现实等七大数字经济重点产业。2017年在国家层面出台了我国第一个旨在推动数字文化产业发展的宏观性和指导性文件《文化部关于推动数字文化产业创新发展的指导意见》,明确了国家发展数字文化产业的决心,为全社会加快数字文化产业发展注入了动力。2019年文化和旅游部发布了《公共数字文化工程融合创新发展实施方案》,并于2020年进一步制定了《文化和旅游部关于推动数字文化产业高质量发展的意见》,对于发展我国数字出版业、数字传媒业等有关产业具有重大意义。数字文化产业这种知识密集型、低能耗、高附加值的新兴产业正处于高速增长期,数字文化产业相关用户近10亿人。

数字出版这种新型出版方式是基于计算机软硬件技术、通信技术、互联网技术、存储技术、显示技术等多种高新技术的数字化内容生成、数字化过程管理、数字化传播渠道和数字化产品形态的出版方式,主要产品形态有光盘出版物、电子书、网络文学、有声书、数字报刊、网络(手机)游戏、网络动漫、数字音乐、网络电台、数据库、数字图书馆、互联网视频、在线地图、在线教育、手机APP出版物等。

我国数字出版产业发展迅速,以网络文学市场为例:2020年我国网络文学市场产值超268亿元,市场规模增长率连续多年超20%。从用户的角度来看,2020年,我国网络文学用户达4.6亿人,其中4.59亿人为手机网络文学用户。根据中国作家协会发布的《2020中国网络文学蓝皮书》,我国主要网络文学平台发布的网络文学作品量超2800万部,签约作者近100万人,日均文字更新量超1.5亿字,全年累计新增字数超过500亿。近年来涌现了以《甄嬛传》《盗墓笔记》《三生三世十里桃花》《琅琊榜》《庆余年》等为代表的一大批网络文学作品,涌现了以唐家三少、辰东、我吃西红柿、天蚕土豆、叶非夜等为代表的一大批知名网络文学作家,涌现了起点中文网、纵横中文网、晋江文学网、云起书院等为代表的一大批知名网络文学平台。随着数字出版商深度挖掘,网络文学形成了以网络小说为主体,以在线文学平台为源头,涵盖网剧、有声书、网游等数字出版物和电影、电视剧、图书等传统出版物等多元衍生品体系的产业模式,且仍在不断打通产业链上下游渠道,不断开拓新的衍生品领域,不断吸纳多种参与方式的主体。

成长更为迅速的是囊括高等教育、K12教育、语言教育、职业教育、继续教育等在线教育。2013年我国在线教育市场规模达840亿元,比2012年增长近20%,2016年全年教育规模达1600亿元,同比增长43%,而到2020年我国在线教育市场规模达到了4858亿元,同比增长20.2%,可以说我国在线教育正处于快速发展期,显现出巨大的市场潜力。随着时代的发展,终身学习的观念在社会中被不断接受和认可,在线教育的对象也成为全体网民乃至全体公民。目前,在线教育的具体形态有在线教育管理系统、电子教材和数字读物、慕课(MOOC)、网络大学、在线考试、在线学习平台、在线辅导等,与教育行业所有相关的产品迅速融合。在线教育的发展趋势主要有三个方面:一是人工智能与在线教育迅速融合,未来的在线教育是个性化、定制化、智能化的,既能够满足因材施教,又能够满足有教无类;二是直播与在线教育迅速融合,由于教育具有互动的需求,直播可以有效地弥补其他在线产品形式的不足,一系列直播平台开始提供在线教育服务,一系列在线教育平台开始提供直播服务;三是在线教育受众全民化,由青年化到低龄化再到全龄化。

在营销推广方面,数字出版借助互联网的共享性、广布性、便利性和免费性,在互联网全领域建立了推广平台,实现了作者、出版商、平台商和用户多主体之间的直接互联、互通、互动。数字出版在不断强化出版业服务性特征和贴近用户的同时,也充分了解用户需求,不断培养用户习惯,不断挖掘消费市场。同时,出版商借助大数据、云计算和人工智能等技术,为用户开发乃至向用户推送精准化、个性化、定制化的出版作品,让数字出版时代的供给侧与需求侧更加平衡,提高生产效率,降低出版成本。这具有颠覆性的营销方式和服务手段对传统出版行业形成了巨大的挑战,也将出版业的发展业态带到了前所未有的广度和深度。

1.1.3 数字出版时代的版权扩张与利益冲突

当出版发展到数字时代,内容的创作者、传播者与使用者仍是数字出版中著作权领域所牵涉的三类利益主体,各类主体间的利益冲突表现在多个方面,如创作者与传播者间的利益冲突,创作者与使用者间的利益冲突,传播者与使用者间的利益冲突,等等。但是跳出产业链来看,数字出版所强调的对版权个体利益的保护也对社会公共利益构成了挑战,如为了优化自己的创作而取用他人已进入公共领域的作品中的有益部分是否对一次创作者的独创性造成侵害;公众合理接触和合理使用作品的机会是否会因版权法对作品私权的保护而受到限制,进而使本就在版权法领域处于弱势的公众利益受到削弱等。

就当前我国著作权法的导向目标而言,应是不断助力内容作品的创新、创作与传播,推动社会文化的发展与繁荣,促进新常态下的经济稳步增长。内容的创新、创意和创造需要作者付诸大量的心血和脑力,而很多大型文化作品的创作和传播(如电影、电视剧、网游等)还需要相关方投入大量的财力,故而为了激发创作者的创作热情,营造文化创造和传播的良好环境,社会必须实现对著作权人权益的保护,即对其人身权和财产权的保护。但与此同时,人类文明的进程要求社会也应当推动知识文化和精神思想的广泛传播,实现创作的内在价值,吸收借鉴优秀文化,满足人民日益增长的精神需求。如何明晰借鉴与抄袭的边界和范围?如何对已有的内容作品进行吸收、借鉴乃至二次创作?如何在蓬勃发展的数字文化环境中保护版权所有人版权作品的所有权?如何在维系版权所有人利益的同时不对社会大众的文化自由造成威胁?如何在版权私权扩张的同时保护好公众利益?尽管法律法规对公共利益均持支持和保护的态度,但是数字出版中的公共利益往往难以实现利益平衡的目标,这是由于处于实际弱势地位的公共利益与具有私权保护倾向的著作法制度体系难以完美兼容。

从作者的角度来说,作者付出辛苦的劳动并消耗大量的精力创作作品,并通过其自主创作的作品获取利益,这种利益能够激发作者的生产积极性,从而敦促作者去创作更多作品。如果作者难以通过甚至无法通过其创作的作品获取利益,或者作者的私权无法得到承认,其创作的作品在发表后完全成为公共领域的产品,他人可以无偿使用这种公共财富,使得作者本应享受的特殊权益化于无形,那么作者创作的积极性将遭到极大的打击,社会公众的精神文化需求将无法得到满足,最终导致社会的公共利益也无从谈起。

实际上,作者的个人利益和社会的公共利益相互依存,统一共生,两者互为前提和基础,缺一不可。在制定著作权法律时,立法者应该在作者个人利益和社会公共利益间保持相对平衡,要认识到对作者个人利益的过度保护将直接损害社会公众利益,而社会公共利益受到损害则意味着作者的作品的传播、复制和使用被极大限制,最后导致作品价值的丧失。反之,过度强调和保护社会公共利益将导致版权所有人的个人权益无法得到充分保障,从而对数字出版产业的投入热情减少。进一步地,依赖于作者创作新作品的公众需求将因作者创作积极性的丧失而得不到满足,从而损害了公共利益。

综上所述,寻求个体利益与公共利益两者间的最优均衡点成为著作权法的一个根本性任务,通过界定各方的权利和义务,将版权利益进行合理有效的分配,从而促进个体利益与公共利益的双向流通和互动,促进数字出版市场的健康发展,促进社会主义文化的大发展、大繁荣。

当然,技术进步推动着出版产业的革新,从这样的角度来看,数字出版是顺势而为、顺势可为。然而,新事物的发展往往是螺旋式上升的,数字出版面临着种种挑战。特别是在倡导开放、共享理念的互联网环境下,传统出版所面临的著作权保护问题在数字出版时代更加严重,亟须对相关问题进行梳理和解决。

一是盗版猖獗。在互联网技术、通信技术和存储技术等相关技术的支持下,数字内容作品极容易被低成本、高速率、海量化、隐蔽式地非法复制和肆意传播。特别是以营利为目的的数字版权侵权盗版行为,对内容创作者、版权所有人、数字出版商、平台运营商乃至用户等全产业链主体都造成了巨大的利益损害和生存威胁,可以说是数字出版产业发展的一颗毒瘤。以网络文学为例,根据易观分析发布的《中国网络文学版权保护白皮书2021》的数据,2020年盗版网络文学按正版计价损失超60亿元,《斗破苍穹》《花千骨》《芈月传》等知名网络小说均遭受盗版侵害。随着云存储、5G通信等新技术的突破和自媒体、新媒体等新传媒的发展,数字出版中的著作权盗版现象越来越频繁。

二是海量授权导致纠纷频发。从出版商到用户等各个主体对版权内容进行超授权范围利用甚至未授权使用;出版中介、出版运营商对数字版权进行虚假授权,甚至通过伪造文件和公章的方式骗取授权;内容创作者与签约出版社的合同或协议缺少数字版权的授权内容,导致有关利益方受到侵害;内容创作者和出版社对数字版权权属不清,导致重复授权、授权纠纷,给产业链下游造成损失;独家许可下的授权垄断导致包括内容创作者在内的其他主体利益乃至社会公共利益受到内容寡头的侵害等大量问题,导致数字出版产业链中内容创作者、内容提供商、数字出版商、平台运营商等多主体间的利益失衡。

三是维权困难。由于数字内容的传播速度快、传播范围广,通过传统盗版稽查手段难以实现对其追踪和防范。特别是数字时代的盗版往往是高速、广域地传播和复制,侵权活动一旦成功就难以实现及时控制,损害后果及损害程度极大。特别是P2P、云存储、自媒体平台等多种新技术和商业模式的兴起,给数字出版的盗版侵权行为的认定和追偿带来挑战。数字盗版的侵权成本低而追偿成本高,特别是有的侵权事件是群体性的,有的侵权事件是隐蔽性的,有的侵权事件是境外性的,难以追踪侵权主体进而保护数字出版的著作权,给数字出版产业的健康发展带来危机。即便在技术上和经济上能够追究侵权责任,却往往由于我国数字出版相关法律制度体系尚不健全,从根本上无法对数字版权进行有效保护,版权所有人的权益受到无可挽回的侵害。

1.2 研究目的

世界各国均在积极应对数字技术和互联网技术等新兴技术手段给传统著作权制度带来的挑战,通过制定和修订法律法规、发展数字版权保护技术、加强行政管理和市场监督等方式实现顺应数字出版时代的自我革新。以法律领域为例,美国在克林顿总统时期通过《数字千年版权法》(Digital Millennium Copyright Act, DMCA)后,为防范法案在技术层面上对版权保护的失灵,每三年就对该法案进行一次集中修正,并发布免责令,保证其与时俱进。为了及时应对著作权制度给数字技术发展带来的挑战,欧盟积极推进数字化单一市场战略,仅在2015年到2016年间就连续提起了五部版权法改革提案。而日本在2012年通过了新的《著作权法》,加强了对数字出版领域的法制建设,并于2020年进行了修改,进一步控制了网络盗版行为。进入21世纪以来,我国也审时度势地多次修改与著作权相关的法律法规,不断调整和完善著作权法律制度体系:2001年、2010年和2020年我国三次修订了《中华人民共和国著作权法》(以下简称《著作权法》);2001年,我国通过了《计算机软件保护条例》并在2011年和2013年进行了两次修订;2002年,我国通过了新的《中华人民共和国著作权法实施条例》并在2011年和2013年进行了两次修订;2004年,我国通过了《著作权集体管理条例》并在2011年和2013年进行了两次修订;2005年,我国通过了《互联网著作权行政保护办法》;2006年,我国通过了《信息网络传播权保护条例》并在2013年进行了修订。除此之外,在数字出版产业快速发展的10多年来,我国在行政执法、集体管理、观念革新、技术研发、文化建设、人才培养等多方面进行了长久努力并取得了斐然成绩。但值得关注的是,数字出版中的著作权问题,特别是数字版权保护问题仍然是我国文化产业发展中的重大问题和难题。近年来,我国在数字出版领域的版权纠纷案件井喷式增长:2010年,以社科院领衔的400位专家学者状告"全球最大的中文数字图书网"北京超星;2014年,我国首例网络盗版数字高清作品侵权案正式宣判,该案被告人未经著作权人许可,将数字内容以种子形式上传至互联网供人下载,并制成硬盘在电商平台销售;2016年,《芈月传》编剧署名纠纷案风波不断,引发社会舆论;在历年"剑网行动"中,网络侵权盗版案件占据越来越高的比例。因此,为呼应数字出版产业的发展需求、法制体制建设的发展需求、社会主义文化的发展需求,本书着力在全面分析数字出版中我国著作权现状、问题和挑战的基础上,提出具有中国特色的数字出版著作权法律法规建设体系,借此为我国的数字出版中的著作权保护机制等相关问题的科学设计提供有效的理论支持和政策建议。

数字出版技术给著作权理论带来的影响也是不容小觑的。在理论层面,随着技术进步、经济发展和人民精神文化需求的增长,数字出版市场出现了电子图书、电子报刊、数字图书馆、手机游戏、网络游戏、网络动漫、APP资讯集成平台、数据库平台、数字音乐、数字电台、直播平台、在线教育等多种形态的产品,包括自媒体、网络出版、开放存取等多种新兴业态在内的数字出版发展迅猛,数字出版产业正在影响、改变人们的学习、工作和生活。在数字出版产业的迅猛发展下,版权日益扩张、利益冲突加深、新的法条接踵而来,此外更为根本的是涉及著作权基本权利、基本原则、基本制度等的基础理论亟待重新规划或调整。数字出版产业发展过程中许多亟待解决的版权、著作权问题尚未厘清,这不仅会破坏著作权理论体系的完整性,也不能满足数字出版产业发展的现实需要。为此,本书以一种全新的视角来研究著作权领域新出现的问题,以期将问题研究得更全面、更透彻,也能使著作权理论更丰富,更有助于数字出版产业的健康发展。

1.3 研究意义

数字环境下,通信技术和网络技术的飞速发展对人们的工作和生活都产生了巨大的影响,人类文化传承的载体再度变革,数字出版迅猛而起。作为新兴战略型产业,数字出版产业以其蓬勃发展的态势,一跃成为当今出版业最具潜力的经济发展领域,研究价值巨大。

就版权维护而言,通过转让、许可等经济活动取得利益和收益才是主要目的。我们应以保护文学艺术、科技作品及其创作人的利益为核心,广泛利用和传播作品,将著作权的个体利益与公共利益相结合,经济效益与社会效益相结合,推动数字出版长远可持续发展。

(1) 本书研究围绕我国数字出版中出现的著作权问题进行深入分析,为解决数字版权的获取、使用和保护环节存在的问题提供理论指导。

(2) 本书提出可操作性的法律对策和政策建议,包括内置技术手段的新型法律保护机制设计,可为数字版权立法及相关政策出台提供支持。

(3) 本书分析了数字出版中的著作权产生、运用、保护与管理等一系列新问题,提出我国数字出版的发展应营造良好的法制环境,加快数字出版与传统出版接轨、与技术标准接轨、与国际接轨,助推我国数字出版产业向纵深、长远发展。

1.4 研究的创新点和难点

数字出版中的著作权问题是现行著作权制度面临技术进步而产生的一种社会法律问题。本书对数字出版过程中著作权保护可能涉及的各方面问题进行全面分析。其中包括数字出版中著作权复制权的法律规制、数字出版中的授权问题与授权模式的整合、数字版权在数字资源使用中的作用与利益平衡、数字出版中的著作权法律适用问题等,以期能够深刻而全面地剖析数字出版过程中所出现的著作权问题的根源,进而找出突破口,为我国著作权制度的完善提供一定的理论借鉴。本书的创新点主要体现在以下方面:

研究对象的创新。数字出版中的著作权问题是目前我国出版业亟须解决的一个现实难题,然而当前国内还未查阅到综合阐释这一问题的专著,有关内容通常是以某一视角就相关领域的某一问题进行研究——或是在数字出版的利益平衡机制层面展开探究,或是对数字版权法律制度重构方面进行探讨,或是对数字版权保护制度从事研究,或是对数字版权的技术措施进行深入讨论,等等。总的来看,这些研究中与数字出版著作权保护相关的内容占据多数,但是全面而系统地以数字出版著作权问题为研究对象,从版权扩张、利益冲突角度分析问题产生的原因再找出解决对策的一整套系统化研究还尚未付梓。

研究视角的创新。在以往的相关研究中,大多数学者都是从纯法学角度进行研究,已经形成了一种思维定式和固定的研究模式。实际上,数字出版中的著作权问题并非是一个纯法学问题,而是一个涉及数字出版产业链中的数字内容提供商、数字出版商、技术提供商和平台运营商等多方主体,涉及多个学科领域的问题。在研究相关问题时,除了诸如数字出版企业海量作品的授权问题、内容创作者著作权保护问题、数字版权归属问题等法律问题,还涉及数字出版资源平台和数字版权内容交易平台的建设、数字出版的相关技术标准与内容标准的出台、数字版权保护市场规范等多种技术和市场方面的著作权问题。因此,为了保证数字出版中著作权问题相关研究的科学性,不能让纯法学领域成为学术探索的囹圄,而应当全面地拓宽视野,多视角和多领域地开展立体研究。为此,本书试图从数字出版产业链中利益冲突的研究视角为起点,对数字出版中的著作权问题进行全面系统的研究,使其研究成果在实践中有更直接的应用价值。

本书研究的最大难点是数字出版的著作权问题涉及学科多,因此驾驭跨学科、跨领域知识是一大挑战,主要涉及法学、数字出版技术、信息网络传播技术、经济学交叉领域的知识。首先,它要求能掌握著作权法律条文及一定深度的法理学知识;其次,需要清晰了解信息传播技术的基本原理和数字出版技术,如3D打印技术、人工智能技术等的发展状况;最后,还需要能熟练运用经济学的主要理论分析著作权利益失衡与平衡的问题。横跨三大领域的学科知识,而且许多内容涉及基础理论和实际应用的探讨,这对研究者的知识结构、理论功底和思辨能力等方面都提出了较高的要求。

1.5 研究方法和框架结构

本书运用文献分析、对比分析、案例分析等研究方法对数字出版中的著作权问题进行了概括和总结,明确了著作权制度对于数字出版产业乃至我国整体文化产业的重要意义,同时基于对我国现行著作权制度的了解,客观地分析了在数字出版中现行著作权制度存在的问题及面临的挑战,为数字出版中的著作权制度的完善提出了一定的建议,为我国数字出版产业的蓬勃发展提供了具有建设性和创新性的发展思路。

一是文献分析。经过对国内外相关文献的搜集、整理、解析与总结,本书将学术界的多种理论进行归纳和梳理,进行观点的有效吸收,进一步从数字出版中的利益失衡问题切入,探究数字出版环境下的版权扩张及利益等冲突带来的新挑战,以期从著作权法律制度安排等方面寻求问题破解的方法。

二是对比分析。将数字出版中的复制权问题、著作权授权模式以及数字版权的技术措施等问题进行中外对比,分析出在数字环境下我国现行著作权制度面临的多种挑战并总结利弊,探索新型发展模式以解决利益冲突,意图为我国数字出版中的内容创作与传播提供法律保障,以实现内容创作者、数字出版商、平台运营商和用户等多主体之间以及个体利益与社会公共利益之间的和谐与平衡。

三是案例分析。进行广泛的社会调研以搜集具有代表性的数字出版中与著作权相关的数据,进而通过问题梳理、数据统计、理论分析、比较研究等多种方法和手段探究数字出版环境下有关著作权问题的表现和成因,继而运用法学、经济学、管理学等学科理论和思维方式进行综合分析,旨在寻求相关问题在法律制度层面上的突破口。

第四,多学科综合分析。综合运用法学、管理学、经济学、统计学、信息科学等多种学科知识,全方位、多层次地从数字出版产业发展的视角对数字出版的授权模式、利益平衡机制、法律适用、技术措施等著作权问题进行剖析,旨在完善我国数字出版的著作权法律制度,以期推进我国数字出版产业的长远健康发展。

本书框架总体上是依照数字出版中出现的著作权问题来安排的,根据"提出问题—分析问题—解决问题"的逻辑主线深入延展。第1章"绪论",主要介绍了研究背景、研究目的、研究意义、研究的创新点和难点、研究方法和框架结构等内容。第2章"数字出版与数字出版中的著作权",主要介绍了数字出版及其相关概念,以及国内外有关数字出版等方面的研究。第3章"数字出版版权问题的逻辑起点",这一章在对数字出版产业链进行概述的基础上剖析了数字出版的主体间利益冲突的成因与问题,同时又对我国数字出版法律制度的现状进行了分析。本书前3章主要是对基础理论和现状的分析,在此基础上,第4章至第9章有针对性地对数字出版中的著作权问题进行了剖析并提出发展思路,具体如下:

第4章"数字版权在数字资源使用中的作用与利益平衡",主要介绍了数字出版中的著作权利益失衡在制度层面的成因。如当前我国著作权授权模式存在与数字出版需求不完全符合,且著作权授权渠道不通畅的问题。此外,在数字技术广泛应用于出版的背景下,版权所有人的合法权益会因对权利人权利的过多限制而受到较大的影响,所以在制度上需要作出新的安排,通过一定的调整来对权利进行限制等。

第5章"数字出版中复制权的法律规制",主要介绍了数字版权中的临时复制和私人复制两大现实中的复制问题。在对复制权的历史进行追溯的基础上,从数字出版中复制权的定义入手,分析数字出版物的复制权权限重构,引出数字出版技术对复制行为的影响,通过对比国内外对复制权的立法规制,对我国正在进行修订的著作权法提出有关完善复制权定义的建议。

第6章"数字出版中授权的问题与模式的整合",主要介绍了数字出版海量授权环境下现有版权授权机制发展的难题。为了使授权模式适应数字出版时代,需要对其进行变革。混合授权模式是在对数字出版背景下著作权传统授权模式的适用性、数字出版自身的技术特点,以及数字出版中著作权授权的实际状况进行分析,创新性地从法律制度和技术应用两条路径提出的。通过提出混合授权模式以期缓解现有数字版权盗版和版权纠纷现象并推动数字出版产业的长远可持续发展。具体来说就是在法律上建设以集体管理为主、以默示许可为辅的制度;在技术上构建数字版权交易市场。

第7章"数字出版中的著作权法律适用问题研究",主要介绍了数字出版中著作权法律纠纷的适用层面。本章结合与数字版权相关的一些典型事例,论述了数字出版中著作权的法律适用问题,如数字版权的客体,数字版权合同的法律适用,数字出版中合理使用制度的法律适用,法定许可制度外数字版权授权模式法律适用空间。

第8章"网络服务提供商著作权法律责任规制",主要介绍了网络服务提供商的著作权侵权责任这一基本问题。当前我国网络著作权法律体系建设仍有不足,在学习欧美等互联网产业先进国家的新近相关立法规定,并同我国相关的法律规定进行比较分析的过程中,可以更加清晰地认识到我国法律体系建设中存在的问题。本章总结了国外立法体系中的有益经验,结合我国现阶段实际国情以及我国互联网产业发展的状况,可以针对网络服务提供商这一主体进行著作权侵权时发生的相关问题提出若干建议。

第9章"技术保护措施在数字出版中的发展与扩张",主要介绍了如合理使用权、用户隐私权、公平竞争权等一系列由数字版权保护技术引发的法律问题和社会问题,通过对世界各国技术措施反规避立法的比较,提出对我国相关领域法律制度的建议。

第10章"结论与展望"对数字出版中的著作权问题予以总结性阐述,并对著作权保护难题的解决途径进行了思考与规划,并提出我国应营造宽严适度的著作权制度环境,达到政策、法律与技术的综合平衡。

第2章　数字出版与数字出版中的著作权

数字技术出现后,数字出版也随之出现了。在数字技术刚发展起步时,相应的存储介质、传输网络、传输渠道、阅读终端等设备都不发达,所以数字出版仅存在于出版社的排版印刷数字化过程中。实现数字出版必须具备相应的硬件平台和接收通道,迅猛发展的互联网技术正是数字出版的技术依靠,即互联网的出现使得数字出版现实化。随着互联网技术的快速普及、全球信息化的推进以及信息技术向不同领域的融合发展,数字出版产业发展迅猛,并逐渐成为我国出版产业改革的"排头兵"。在这样的发展背景下,数字出版中的著作权即数字版权引发广泛关注并成为一个专门的研究对象。

2.1　数字出版的相关概念

互联网的出现使得数字出版现实化,然而互联网出版并不完全等同于数字出版,出版产业与数字、网络技术的融合,再加上4G、移动网络等传输技术与手机、平板电脑等终端的普及,共同形成了数字出版格局。数字出版格局以互联网出版为核心,但并不只有互联网出版,而是具有多元化的特征,在这种大趋势下,数字出版将超越传统的纸质出版,凭借日渐成熟的数字技术,进一步融合纵深发展,成为出版的主导方向。

2.1.1　数字出版

关于数字出版的概念,国内外不同学者从各种角度进行了解释或定义,但主流意见相对统一。2010年新闻出版总署发布的《关于加快我国数字出版产业发展的若干意见》中提出,"数字出版是指利用数字技术进行内容编辑加工,并通过网络传播数字内容产品的一种新型出版方式,其主要特征为内容生产数字化、管理过程数字化、产品形态数字化和传播渠道网络化。目前数字出版产品形态主要包括电子图书、数字期刊、网络地图、数字音乐、网络动漫、网络游戏、数据库出版物、数字报纸、网络原创文字、网络教育出版物、手机出版物(彩信、彩铃、手机报纸、手机期刊、手机小说、手机游戏)等"。这个定义与相关学者的有关论点基本相同。谢新洲认为:数字出版的本质是在从编辑、制作到发行的整个出版过程中,将所有信息都存储于光、磁等介质中,其中信息的表达均采用统一的二进制代码的数字化形式,之后借助计算机等设备对已存储的信息进行处理与传递。周荣庭认为:数字出版包括三个过程,分别是对数字内容的创建、对数字内容的管理以及对数字内容的传送;并且关于数字出版即信息存储采用二进制代码的数字化形式的观点与谢新洲保持一致。马治国认为:数字出版产生的作品被称作数字版权作品,从数字出版到形成数字版权作品的过程需要借助数字技术完成内容数字化以及内容管理数字化,最后在数字内容的网络传播这一步中继续通过数字技术实现。当前,版权贸易是文化贸易中的"排头兵",随着数字技术与出版的不断深入融合,数字出版为我国的经济增长作出了新的贡献,在国内贸易乃至国际贸易中都占据重要地位,但相比于其他发达国家,我国数字出版在国际贸易中的竞争力仍处于劣势,数字出版在技术研究、商业模式、版权保护方面有待进一步完善。肖叶飞认为:数字技术在出版过程中的纵深应用体现了数字时代背景下版权贸易发展的新趋势,我们应当抓住当前电子出版物等版权作品盛行的潮流,综合运用多元多媒体技术,对版权贸易的盈利模式进行创新。高嘉阳以国际竞争力为研究角度,从网络游戏产业入手,通过搭建"钻石模型"对比分析了中韩网络游戏产业的国际竞争力,分析结果表明韩国在网络游戏产业的国际竞争力相对我国处于优势地位,我国在政府行为、生产要素、关联支持产业以及市场竞争程度等方面与韩国仍然存在一定的差距。何波同样针对我国在出版贸易方面的国际竞争力展开了一系列研究,以构建指标体系的方式对美、日、韩、英、法和中国动漫产业国际竞争力进行了评估,得出的结果是我国动漫产业的国际竞争力与五国对比处于相对劣势的地位。张雷则以中、美、英、德、日、韩的信息技术与信息服务业为评价对象,构建综合指标体系,得出与何波等学者相似的结论,即我国在信息技术与信息服务业的竞争力明显弱于其他五国。刘智颖利用"钻石模型"对出版贸易国际竞争力的影响因素进行了分析,针对中国软件产业的出口竞争力构建了影响因素分析模型,并得出国内市场需求、人力资源是众多因素中对出口竞争力影响最为显著的两个因素的结论。

  国外学者也对数字出版进行了较为系统的研究。针对数字出版的概念,杰西卡·利特曼(Jessica Litman)认为:数字出版的兴起得益于互联网的迅猛发展,是互联网在出版领域的应用,数字内容的制作、传播和管理的网络化是数字出版的主要特点,跨媒体出版是未来数字出版的发展趋势。约翰·B. 汤普森(John B. Thompson)在第17届国际数字出版会议(2009年)上提出数字出版是一种新型出版方式,在互联网技术的支撑下,数字出版得以产生并传播,它的内容是数字化的信息,并且其内容建立在全球平台之上,为使其数字内容在未来能够重复使用,将建立庞大的数字化数据库;电子商务、在线支付系统也与数字出版之间有密切的关系,是数字出版过程中不可或缺的内容;社会的需求是多样的,为满足多样化的需求,各种生产方式(如网页、电视、光盘等)都会在产品或者信息的生产过程中予以实施,纸张在必要的时候也会作为产品和信息的生产方式;按需印刷(POD)和按需制作光盘(VOD)这两种要素在未来数字出版中一直会是必不可少的基本要素。针对数字出版国际竞争,泰勒·T. 奥乔亚(Tyler T. Ochoa)着眼美国版权竞争力进行研究,分析了美国版权立法在经济全球化的背景下显露的新问题,并给出了关于竞争力提升的具体建议。佛罗里达(Florida)为衡量不同国家、不同地区之间的数字化产业发展差异,提出了"3Ts"评价指标体系,对数字化产业进行系统评价。达亚辛杜(Dayasindhu)为实现对印度软件产业国际竞争力的客观评析,构建了动态全球竞争力模型。萨沙·福斯特(Sascha Fuerst)以国际竞争力在三维动画产业中的体现为评价对象,利用"钻石模型"展开了一系列研究。

综上所述,数字出版不单是在网上编辑出版内容,或是把传统出版物数字化,而是在利用传统资源的同时,通过数字化操作可以从多维空间进行散播的一个活动总和。数字出版作为战略性新兴产业是我国在国际贸易中取得优势的新突破点,但我国的数字出版产业的国际竞争力需要进一步加强。

2.1.2 数字出版的相关概念辨析

20世纪末,数字技术已然成为一种全球范围内普遍使用的传播方式,随之,数字出版开始流行起来。一批跨国科技出版集团如爱思唯尔(Elsevier)等,用了10多年的时间来开拓、培育数字出版市场,主要集中在图书馆和学术用户市场上,到了2000年左右,终于探索出了网络学术期刊数据库业务的盈利方式,而与此同时,网络文学、电子杂志、网络游戏等以数字形式出现的出版物也以迅雷不及掩耳之势发展起来,全球范围内迎来了数字化发展的高速时代。虽然数字出版快速发展,但随之而来的问题是市面上与数字出版相关的书籍对数字出版的定义混乱,而电子出版、网络出版、无线出版、移动/手机出版等术语的出现,更是使得数字出版在具体使用上越来越混乱。因此,辨析数字出版的相关概念有利于将来对其相关问题展开进一步研究。

1. 网络出版

20世纪90年代,网络出版进入我国,但网络出版与电子出版的差异在我国早期的相关研究中并没有展开分析,因此往往被研究者们等同。20世纪90年代末,国内有关网络出版的研究逐渐成熟起来,然而就现在的实际状况来看,仍存在散乱、片面等现象,因为不同的学者看待网络出版这个新事物的角度不同。

2002年8月,我国对网络出版作出明确界定,国家新闻出版总署(现国家新闻出版署)和信息产业部(现工业和信息化部)联合出台的《互联网出版管理暂行规定》(已失效)第五条指出:"本规定所称互联网出版,是指互联网信息服务提供者将自己创作或他人创作的作品经过选择和编辑加工,登载在互联网上或者通过互联网发送到用户端,供公众浏览、阅读、使用或者下载的在线传播行为。其作品主要包括:(一)已正式出版的图书、报纸、期刊、音像制品、电子出版物等出版物内容或者在其他媒体上公开发表的作品;(二)经过编辑加工的文学、艺术和自然科学、社会科学、工程技术等方面的作品。"该定义将网络出版看作传统出版的进一步延伸,且明确了其主体、必备要素以及过程。2016年3月,国家新闻出版广电总局(现国家新闻出版署)和工业和信息化部联合出台的《网络出版服务管理规定》第二条指出:"本规定所称网络出版服务,是指通过信息网络向公众提供网络出版物。本规定所称网络出版物,是指通过信息网络向公众提供的,具有编辑、制作、加工等出版特征的数字化作品,范围主要包括:(一)文学、艺术、科学等领域内具有知识性、思想性的文字、图片、地图、游戏、动漫、音视频读物等原创数字化作品;(二)与已出版的图书、报纸、期刊、音像制品、电子出版物等内容相一致的数字化作品;(三)将上述作品通过选择、编排、汇集等方式形成的网络文献数据库等数字化作品;(四)国家新闻出版广电总局认定的其他类型的数字化作品。"该规定关于网络出版的定义更加简洁,明确了网络出版的传播介质、传播对象和传播标的,具有相当大的包容性。

目前,学术界对于网络出版的定义仍未达成共识,有关争论大多集中在网络出版的范围上,关于这个问题熊澄宇教授和谢新洲教授表达了不同的见解。熊澄宇教授认为:在出版的实质性层面上,网络出版和传统出版并没有什么差别。此外,他还强调了网络出版和网络信息传播的差异性。赞同这种观点的学者一般把网络出版看作传统出版的进一步延伸,所以认为网络出版和传统出版一样有着许多相同的特征,如工作步骤、管理部门等。不仅如此,他们还特别关注网络出版的主体合法性,如网络出版是利用计算机网络,特别是因特网传播信息的出版行为。凡出版行为都有出版管理部门、作者群、编辑出版部门、发行部门、读者群等基本要素,缺一不可。

但谢新洲教授认为网络出版与传统出版截然不同,是一种新型的传播方式,只要信息是利用互联网传播的都可以称为网络出版。赞同这种观点的人一般都跳出传统出版的限制进而对网络出版的定义展开论述。如"网络出版就是利用因特网的各种技术来实现信息在网上的快速、大量、广泛和所谓自由的传播""网络出版就是运用计算机网络进行发表、记录、存储、阅读的信息传播方式"。

上述有关网络出版定义的争论一直延续到后来的数字出版定义中。要想彻底认清网络出版,我们应该用发展的态度来看待这个问题,并尝试多角度分析。从技术层面来看,网络出版是借助网络等技术而实现的一种出版方式。从产业层面来看,网络出版是出版领域的一个新事物。从媒介层面来看,网络出版以网络出版物为主要呈现形式。从出版层面来看,网络出版有线上上传作品、使用者自我推送等出版形式。

现阶段,网络出版大致分为以下几种形式:第一种是国外比较时兴的"自出版",一个独立的个体就可以是网络出版商。第二种是得到出版商代理或服务权的网络公司出版或售卖电子出版物。第三种是完全由出版商自身出版并发行电子出版物。第四种是国外相对来说较为成熟的POD模式,出版产品不同于大批量作业,多为珍贵的绝版书或者小批量书。第五种是阅读软件,如e-Book。

2. 手机出版

随着技术的进步与发展,手机已然进入家家户户,借助无线通信技术的又一网络出版平台——手机出版就此诞生了。手机出版属于数字出版,它是传统数字出版在网络、设备、流媒体、云存储等先进技术的基础上整理、加工原有信息,并以手机应用软件的形式出现在用户面前的一种新兴出版形式。手机出版不仅以无线、移动性强、多媒体化、个性化为主要特点,而且还十分强调内容的可数字性和移动性,随着近几年的快速发展,手机出版已成为传统出版机构转型的重要机遇。

张立认为:手机出版是指编辑处理后的数字出版物以有线或无线的方式按照特定的付费方式通过手机移动通信平台而传递给手机用户的一种出版形式。《手机出版标准体系》中对于手机出版的定义为:"手机出版是指服务提供者使用文字、图片、音频、视频等表现形态,将自己或他人创作的作品,经过选择和编辑加工,制作成数字化出版物,并通过无线、有线网络或内嵌在手机媒体上,供用户利用手机或类似的移动终端,进行阅读或下载的传播行为。"

手机出版有多种表现形式，大致可以分为手机阅读、手机游戏、手机音乐、手机动漫等。

3. 电子出版

日本学者增田米二在《作为后工业社会的信息社会》(*The Information Society as Post-Industrial Society*)中分析了大众期待信息社会的缘由："它可以说是处在好几个与现代性有密切关系的主题的'交汇处'：经济的重组和对生产力的追求、社会重构、对新技术工具的呼吁以及'地方分权型'社会的取向等。"这段话表达了人们身处信息社会中对文化自由与思想自由的向往。当人们对传播媒介、内容的需求都产生变化时，电子出版应运而生。

电子出版是电子计算机技术与传统出版行业的结合。而对于它的概念，很少有学者对其提出过确切的定义。1985年法国专业文献资料工作者和图书管理员协会(ADBS)在《电子出版和文献工作——从铅字到电子》中对电子出版下过定义，即"借助电信网络、微型计算机、只读光盘等电子媒介(并需要专用阅读装置)传播信息"。这一定义的出现意味着电子出版突破了印刷行业，其涉及的领域还包括非印刷产品。

日常生活中总是不可避免地会碰到数字出版、网络出版、电子出版等不同却类似的概念提法。虽然它们的重点各异，但都包含计算机、网络、通信、存储等技术的全面运用，引领着出版行业的变革。

对电子出版进行分类，最简单的方式是将其分成两种：在线电子出版和离线电子出版。在线电子出版是通过电子的方式主导发行，其全部过程都在线上完成，都通过互联网来完成，不需要借助别的装置实施存储、转运。离线电子出版的发行方式是非电子的，其运行过程需要借助软盘、光盘等介质，以及特定设备的读取。这种出版类型适合对声音和画面效果有着特殊要求的内容。

4. 数据库出版

虽然学术界对数据库提出过很多概念，但对数据库出版的研究却并不多见。周荣庭认为：数据库出版是利用数据库技术实现电子出版的过程和技术。清华大学出版社的邓婷、沈波在《纸质数据库与数字化数据库出版模型的对比》一文中指出："数据库出版是出版的重要领域，数据库将零散的信息、知识和经验加以整理汇编，通过高效、快速的检索方法，使人们可以更加便捷地使用这些信息资源。"

数据库出版是数字出版的主要形式之一，通过上述学者的研究，可以归纳出数据库出版的几个要素：一是全面应用了以数据库技术为主的多种技术；二是高效、便捷的检索方法；三是最终的获取必须借助计算机等设备；四是海量的信息内容。因此，综合考虑数字出版和数据库的概念，笔者认为：数据库出版主要依赖技术和设备，纷繁复杂的作品或数据通过数据库技术以及计算机等设备进行系统编排将形成统一的数字信息，并被保存在磁、光等介质中，这种保存起来的数字信息即数据库产品可通过计算机等设备获取。

5. 移动阅读终端出版

移动阅读终端出版依托于手机、平板电脑等移动阅读终端设备，这些设备和个人电脑(PC)等相比，主要优势在于方便携带、可移动性强，可利用网络实现接收数据发放。目前，市面上有许多种移动阅读终端产品，如PSP等，但这些设备并非专门为阅读设计，所以在实际操作与体验等方面不能很好地满足使用者的阅读需要,然而在市场的作用下,经过技术改良的新型移动阅读终端因其操作方便、专业性强而逐渐得到更多使用者的青睐。随着大众对移动阅读终端出版使用度的增高,有些学者甚至认为它已经成为大众媒介,当然,这也说明了当下移动阅读终端在大众传播领域的重要位置。

移动阅读终端出版的内容来源大致分为两类:一是将传统出版的图书进行数字化;二是通过网络平台得到的原创内容。鉴于移动阅读终端出版所载的内容属于数字化虚拟资源,且大多数业务是通过网络完成的,在某种程度上完整的在线交易链已经形成,所以依靠互联网技术完成的移动阅读终端出版实际上是一种电子商务与数字出版相结合的产物。

2.1.3 我国数字出版的发展

数字出版是数字技术与出版相融合而产生的一种新业态。《数字出版"十二五"时期发展规划》指出了数字出版的内涵:"数字出版是出版业与高新技术相结合产生的新兴出版业态,其主要特征为内容生产数字化、管理过程数字化、产品形态数字化和传播渠道网络化。"经过"十二五"时期的快速发展,数字出版业不管是在内容创作方面还是在市场贸易方面都取得了巨大的突破,摇身一变成为新闻出版业的第二大产业,它为新闻出版业的转型升级起到了重要的促进作用,其作为出版业主要发展方向的重要地位日益凸显。到了"十三五"时期,数字出版第二次被写入国家级规划,国家不仅明确表示文化产业作为国民经济的支柱是推动经济发展的重要动力,更在此基础上提出要大力支持包括数字出版在内的新兴产业的发展,并制定了《新闻出版业数字出版"十三五"时期发展专项规划》,数字出版的战略重要性可见一斑。进入"十四五"时期,数字出版将迎来更大的发展机遇,《"十四五"文化产业发展规划》要求加快发展新型文化业态,围绕数字产业化和产业数字化两个方面,数字出版将在新格局下实现更高质量的融合发展。

1. 数字出版的种类

数字出版不论是在理念还是在载体和对象方面,都和传统出版存在较大的差异,甚至比传统出版更为复杂。因此,为了进一步研究数字出版,按照不同的分类标准,可以将数字出版划分为不同的类型。以数字出版载体划分,可以分为移动端出版、固定硬件端出版等。以数字出版对象划分,可以分为数字大众出版、数字教育出版等。以产品形态划分,可以分为数字动漫出版、网络游戏出版、数字音乐出版、网络广告、创意潮玩等,这种划分方式也是最简易明了的。以下将以产品形态的划分方式对数字出版的不同类型作简要介绍。

数字动漫出版。数字动漫是利用数字技术对传统的动画和漫画进行制作、传播,且通过版权交易、内容收费、广告投放、衍生品开发等方式获取利润的产业。数字动漫不仅拥有良好的体验、视觉效果,还可以通过多媒体技术、设备实现交互式传播,同时,数字动漫在制作成本较低的基础上还能保证较高的操作效率,这是传统动漫无法比拟的,此外数字动漫还具有市场推广速度快等特点。目前,我国已经成为数字动漫大国,且数字动漫产量连续多年突破10万分钟,尤其在最近几年,腾讯等互联网企业对数字动漫领域的投资规模逐渐扩大,且已创作出了《血色苍穹》《十万个冷笑话》等多部热门动漫以及《大圣归来》等票房火爆的数字动漫电影。可即便如此,我国与日本、美国等动漫产业强国相比,产业实力仍存在着不小的差距,在数字动漫产业方面,我们依然任重而道远。

网络游戏出版。近年来,我国网络游戏出版市场欣欣向荣,《王者荣耀》《阴阳师》《和平精英》等国产网络游戏的市场影响力呈爆发态势,在这种状态下,网络游戏出版已发展成为我国数字出版中市场产值最大的一个门类。当然,在看到网络游戏创造巨大经济效益的同时,也要注意到利益背后的隐患。网络游戏具有娱乐性、创新性、互动性等特点,很容易使广大青少年沉迷其中,进而产生延误工作、学习等不良现象。与此同时,伴随着网络游戏出版的迅速发展,网络游戏版权的归属以及使用问题已经在市场上层出不穷,与网络游戏相关的著作权案件越来越多,并且产生了很多典型案例,国家版权局每年公布的十大侵权盗版案件中有不少案件都与此相关。

数字音乐出版。纯数字音乐是不依赖固定介质,通过特定技术将传统音乐数字化而产生的一种非物质形态。如今,数字音乐出版主要指的就是纯数字音乐出版。数字音乐的压缩编码格式有很多种,如CDA、MP3、WMA、OGG、ACC、FLAC等。目前,数字音乐可划分为移动音乐和在线音乐,其中以移动音乐为数字音乐出版的主流。当前,我国几乎所有热门、流行的音乐作品都是数字音乐。

网络广告。随着数字时代的到来,广告业也紧随步伐适时改变。网络广告不仅灵活度高、投放范围广,运作成本也远比传统广告低很多。不仅如此,网络广告还有着丰富的样式形态,如点击式、弹出式、链接式、互动式、展示式等。近几年,我国网络广告业发展迅猛,由于网络广告优势较大,互联网等数字领域已成为广告业争夺市场的主要对象。

创意潮玩。潮流玩具又被称作设计师玩具,在海外也被称为艺术玩具,之所以有这样的称谓,是因为在这类玩具的造型中通常融入了设计师和艺术家的独特理念,市场中常见的如手办、盲盒都属于潮玩。IP是潮玩市场的核心,当前中国潮玩市场的IP大多分为三类:一是动漫、电影或游戏中的角色形象;二是与知名设计师、明星的联名;三是以某个系列而衍生出的不同形象。在数字出版快速发展的时代背景下,我国潮流文化的市场逐渐打开,创意潮玩的市场规模不断扩大。

数字读物出版。目前,纸制内容已经完全实现数字化,数字图书、数字期刊和数字报纸等新形式的读物也都纷纷出现在我们的生活中。数字读物虽然需要使用相关设备和软件才能阅读,但因其灵活性和便捷性等特点而受到广大读者的欢迎。和传统出版相比,数字出版的生产效率高,省去了许多传统的出版环节,如印刷、装订、运输、实体销售等,而且其用户群体庞大,获取方便,传播借助网络,时效性和共享性极强,信息量大,生产成本和售卖价格更低廉。目前我国很多杂志社和报社都已实现了数字化同步出版,同时,网络文学等纯数字出版业态也紧随其后,制作出了《诛仙》《盗墓笔记》《鬼吹灯》等许多高利润的热门文学小说。

2. 数字出版产业的发展

我国数字出版产业在其发展过程中显示出了多个特征。第一,数字出版具有融合性,具体表现在电信与出版、移动端与出版、网络服务与出版、电商与出版、数据库与出版等多个业界和媒介的融合。第二,数字出版的产业出现平台化。目前,数字出版的全过程都有平台的参与,从数字内容创作到数字产品发布,再到数字版权作品分销,以及最终呈现给用户的数字内容阅读,整个数字出版链条中都存在着产业发展被相关平台运营商控制的现象,可以说已经实现了平台化。第三,数字出版的产业发展主要受技术和平台的影响。这主要是因为数字出版的发展离不开技术的支持。同时,技术提供商和平台运营商往往是一体的。第四,数字出版产业易出现寡头现象。和传统出版相比,数字出版对技术和平台有较高的依赖性,当数字出版的技术和平台厂商占有绝对优势时,那么从数字内容创作到数字产品生产、发布都会呈现出明显的寡头化特征,整个数字出版的产业链都会被这些厂商控制。第五,数字出版的经济模式已初步形成。在数字出版经济模式中整个产业设置了较高的准入门槛,且需要在产业前期投入较高成本,并经过较长的周期才能收获一定的投资回报。此外,这种经济模式还呈现出产业高度集中、市场边界性弱、高度依赖规模化运营等特点。

在未来,数字出版的产业将会延续以下发展方向。一是融合的现象将在数字出版产业中持续发生。加快数字出版领域的产业融合是国家的重要文化政策,随着融合程度的不断加强,当下的产业格局将被打破。传统的出版产业格局呈现出产品内容与技术应用分离、产品创作与产品传播脱节、不同媒体形态之间相互隔绝三个特点。现在,数字出版的融合发展将导致个别巨型企业的出现,它们以技术和平台优势重合了多种身份,并进行跨界整合,其触手分布在整个产业链的上、中、下游。二是当前的产业利益格局将发生变革。要实现数字出版产业的可持续发展需要对现有利益格局进行改变,其中内容弱势是现有利益格局中的一种不良现象,需要加快调整重塑。三是企业间内容资源的争夺将更加剧烈。不只是数字出版,所有出版物竞争力的根本都在于内容,技术和平台只是手段、工具,离开了内容资源,数字出版就是无源之水、无本之木,因此随着数字出版市场的不断扩大,利益逐渐显露,数字出版产业链中占据优势的寡头企业将加剧内容资源的竞争。为了实现规模经济以降低边际成本,扩大市场影响,占据更加优质的内容资源,寡头企业善于运用兼并、购买、创作、开发等手段获取竞争优势。优胜劣汰效应同样存在于市场中,在竞争情形加剧的状态下,弱肉强食在企业间展现得淋漓尽致,数字出版市场可能出现被几家寡头控制的现象。四是技术平台将逐步实现开放共享。互联网是多元文化的聚集地,这一特点在互联网经济模式中演变为一种开放共享的特质,所以依存于互联网经济下的"互联网+出版"也必须形成开放共享的格局,这种开放共享格局的形成以及发展将被市场中个别优势企业或政府引领。

著作权是数字出版的基础和核心,数字出版中的著作权问题将会直接影响数字出版产业的进一步发展。只有获得了著作权人的授权,数字出版才能够获得其必需的内容资源;只有实现了著作权的保护,数字出版的市场才能稳定发展,数字内容的创作积极性才能被提高;只有实现了著作权的良好管理,才能够开发出版权的实际价值,才能进一步推动产业发展。如今,我国的数字出版存在着诸多著作权方面的问题,主要体现在三大方面:一是著作权的授权。数字出版中网络的传播特性和内容的海量性给从传统版权发展起来的数字版权授权模式带来了巨大的挑战,因此,著作权的授权模式亟须完善。二是著作权的保护。打击盗版是我国版权事业长期以来不可或缺的工作,但是数字出版这一新业态带来的技术难题、隐蔽容易、责任难定等多种问题给著作权保护带来了困扰。加之我国著作权保护体制机制和法律法规的不完善,更使著作权保护逐渐变成了数字出版的难点。三是著作权的管理。目前的数字版权管理主要是通过加密等手段对数字文本、音频、视频的著作权进行管理,对部分电子类型产品的数字版权保护仍然缺失。同时,内容资源整合开发的需求以及价值增值功能没有较好实现。

3. 数字出版的发展模式

在不同地域市场的不同细分领域,数字出版已经衍生出了具有产业自身特点的发展模式。目前,数字出版产业中已经成型的发展模式主要有四种:内容资源主导模式、技术创新主导模式、互动服务主导模式和开放共享模式。

内容资源主导模式是一种主要依靠于市场需求对数字内容进行开发,进而实现数字出版业务发展的模式,这种"内容为王"的出版模式有三种实现手段:一是通过内容的高度集成来实现内容为王。这种实现方式需要大量的内容资源集成,进而形成一定的规模效应,中国知网、万方等出版平台应用的就是这种方式。二是通过高端内容资源的占据来实现内容为王。这类厂商瞄准高端内容资源的高专业性要求和回报率,这一业态尤其显现在学术出版等专业出版领域。如科睿唯安(Clarivate)依靠旗下的德温特(Derwent)专利数据等高端内容资源实现了其在专利版权领域的领先地位。三是通过内容创新来实现内容为王。内容创新的手段有很多,最基本的一种就是进行数字版权原创。盛大文学、起点中文、腾讯动漫等多家数字出版平台就是依靠此种模式。总之,数字出版发展模式还是要基于内容资源来实现。

技术创新主导模式是一种以数字技术为着力点,通过数字出版技术的优势来实现竞争发展的模式,这种"技术和平台为王"的出版模式主要有三种实现路径:一是通过平台的技术创新来实现。这种方式通过建立数字技术平台,创新数字出版流程来实现,如美国的奥多比公司(Adobe Incorporated)就是依靠这种运营和发展模式。二是通过硬件终端设备的技术创新来实现。如美国苹果公司推出了销售火爆的iPod系列、iPhone系列、iPad系列等终端设备,并依靠自身强大的用户群开发出了iOS、Apple Store、iTunes等系统、平台和程序。亚马逊公司在中国也推出了Kindle阅读器,实现了基于亚马逊电商平台的实体图书、在线图书、电子书、终端阅读器的全方位营销。三是通过数字版权管理(Digital Rights Management, DRM)的技术创新来实现。目前虽然苹果、方正、Microsoft等多家公司纷纷建立起自己的数字版权管理方案,但真正完全依靠DRM来实现成功发展和运营的产业模式还没有出现。

互动服务主导模式是一种着眼于目标群体的个性化需求,通过提供用户所需的相关内容服务来生存和发展的模式。这种用户主导、互动性较强的出版模式在教育出版领域有所成就,如近年来兴起的MOOC学堂、电子课堂、电子书包、电子教师等。除了学而思、沪江网校等教育单位涉足该出版领域,IT业界的腾讯、新浪、网易等互联网公司也推出了网易公开课、腾讯大学等知名平台。

开放共享模式是一种围绕开放共享等理念而产生的全新的出版理念,通过开放存取等方式来实现发展的模式。这种方式区别于其他营利性的出版模式,旨在通过开放共享来实现内容自由的免费存取。版权所有人的目的在于内容传播而非获利。从实现形式上看,开放共享模式主要有机构存储、主题存储、开放存取期刊等形式。

2.2 数字出版中的著作权

2.2.1 著作权及其保护

著作权指作者对其作品所拥有的专有权利。著作权往往又称版权,版权是英美法系经常提及的概念,其最开始的含义是"版"和"权",即复制权,该权利是由法律创设的,目的在于阻止他人在没有经过许可的前提下擅自复制作品、侵害作者利益;而著作权是大陆法系的概念,即作者的权利,其中作者权利不仅仅包括普通财产的含义,其更多时候反映了作者人格的延伸和精神的体现。随着两大法系的主要国家加入《伯尔尼公约》(*Berne Convention for the Protection of Literary and Artistic Works*),两大法系之间的很多概念的界限在不断的借鉴交流与融合中模糊起来,因此强调重点不同的"著作权"和"版权"的概念差异也逐渐缩小。根据语境的不同,本书在应用过程中使用这两个极为相近的概念。狭义的著作权仅指作品的直接创作者所有的权利,广义的著作权则囊括了出版产业链的各个主体的相应权利,即邻接权。

著作权的保护对象是作品,而作品应当是展现思想和感情的一种客观存在,因此,作品应当具有独创性。著作权保护的作品包括文字作品,口述作品,音乐、戏剧、曲艺、舞蹈、杂技艺术作品,美术、建筑作品,摄影作品,视听作品,工程设计图、产品设计图、地图、示意图等图形作品和模型作品,以及计算机软件等。著作权的保护期限规定如下:作品的作者是公民的,保护期限至作者死亡之后第50年的12月31日;作品的作者是法人、其他组织的,保护期限至作者首次发表后第50年的12月31日。但是作者的署名权、修改权、保护作品完整权的保护期不受限制。

1. 著作权的人身权利和经济权利

著作权可以分为两类,一类是人身权利,另一类是经济权利。根据我国《著作权法》的规定,人身权利或称精神权利,包括发表权、署名权、修改权和保护作品完整权。《著作权法》第十条规定:"著作权包括下列人身权和财产权:(一)发表权,即决定作品是否公之于众的权利;(二)署名权,即表明作者身份,在作品上署名的权利;(三)修改权,即修改或者授权他人修改作品的权利;(四)保护作品完整权,即保护作品不受歪曲、篡改的权利;……"

根据我国《著作权法》规定,经济权利又称财产权利,包括复制权、发行权、出租权、展览权、放映权、广播权、信息网络传播权、摄制权、改编权、翻译权、汇编权等。《著作权法》第十条规定:"著作权包括下列人身权和财产权:……(五)复制权,即以印刷、复印、拓印、录音、录像、翻录、翻拍、数字化等方式将作品制作一份或者多份的权利;(六)发行权,即以出售或者赠与方式向公众提供作品的原件或者复制件的权利;(七)出租权,即有偿许可他人临时使用视听作品、计算机软件的原件或者复制件的权利,计算机软件不是出租的主要标的的除外；(八)展览权，即公开陈列美术作品、摄影作品的原件或者复制件的权利；(九)表演权，即公开表演作品，以及用各种手段公开播送作品的表演的权利；(十)放映权，即通过放映机、幻灯机等技术设备公开再现美术、摄影、视听作品等的权利；(十一)广播权，即以有线或无线方式公开传播或者转播作品，以及通过扩音器或者其他传送符号、声音、图像的类似工具向公众传播广播的作品的权利，但不包括本款第十二项规定的权利；(十二)信息网络传播权，即以有线或者无线方式向公众提供，使公众可以在其选定的时间和地点获得作品的权利；(十三)摄制权，即以摄制视听作品的方法将作品固定在载体上的权利；(十四)改编权，即改变作品，创作出具有独创性的新作品的权利；(十五)翻译权，即将作品从一种语言文字转换成另一种语言文字的权利；(十六)汇编权，即将作品或者作品的片段通过选择或者编排，汇集成新作品的权利；……"

2. 著作权法的立法宗旨与原则

我国著作权法的立法目的和依据在《著作权法》第一章第一条进行了阐述："为保护文学、艺术和科学作品作者的著作权，以及与著作权有关的权益，鼓励有益于社会主义精神文明、物质文明建设的作品的创作和传播，促进社会主义文化和科学事业的发展与繁荣，根据宪法制定本法。"

具体来说，著作权法的立法宗旨和原则包括四点：一是要保护作品创作者和版权所有人的利益，繁荣创作，促进创新，满足文学、科学和艺术长远发展的需求。二是促进公共利益和社会发展。在保护作品创作者和版权所有人的权利的同时也要考虑公众需求，让更多的人有平等的机会自由地获取智慧成果，从而提升全社会的知识文化水平。三是尊重国际惯例和国际公约，且符合《伯尔尼公约》的原则。《伯尔尼公约》中的国民待遇、自动保护和独立保护三大原则可以说是世界知识产权法律制度立法原则，起着世界版权保护制度的"基本法"作用。

2.2.2 数字版权

数字版权即数字著作权，它是随数字出版的产生而出现的全新概念。随着全球信息化的推进以及信息技术向不同领域的融合发展，数字出版产业成长迅猛，并逐渐成为我国出版产业改革的"排头兵"。在这样的发展背景下，数字出版中的著作权即数字版权引发广泛关注并成为一个专门的研究对象。

随着数字出版的形式越来越多样化，数字版权的定义和范围也越来越丰富。数字版权是作者享有的数字化作品的一系列人身权利和经济权利，如署名权、修改权、复制权、发行权等，目前来说，它的主要表现形式是信息网络传播权。2001年修订的《著作权法》中提出著作权法保护信息网络传播权。

2.3 国内外关于数字出版的相关研究

2.3.1 国内关于数字出版的研究

20世纪80年代末90年代初,我国就已开始了数字化出版,出版领域激光照排技术的深入应用更是将我们带入了"桌面出版时代"。激光照排技术的普及与运用极大地推动了排版设计的发展,明显提高了出版物的准确率,类似的有方正飞腾等排版软件,正是这些出版技术的更新与出现,传统出版开启了向数字化时代迈进的征程。

在最近几年,国内学者纷纷开始对数字出版的产业问题进行大规模的探讨,探讨重点如下:

从产业竞争的角度来看,廖建军在对出版行业的竞争现状进行梳理总结的基础上,提出并构建了评价模型及其指标体系。王晨对我国出版行业的产业竞争、政府管理等问题展开了深入的宏观研究,这是从一个全新的角度分析出版行业的产业竞争问题,同时也为其他学者提供了新的研究思路。周海英通过波特的力模型试图从横断面呈现出我国现阶段数字出版业的竞争现状,同时以竞争优势为出发点深入分析问题及其根源,并提出我国数字出版产业竞争的发展趋势和产业发展的具体策略。李远涛通过分析政府管理、出版业的整体竞争策略,以及数字化、数字出版这几种会对出版产业竞争产生影响的要素,提出在数字化的影响下形成了新的出版价值链,并在此基础上对我国未来出版业竞争作出趋势判断。李彤彤通过使用波特的五力模型理论对我国图书出版业的竞争状态展开研究,围绕出版业中的竞争、新参加者的威胁、买卖双方的议价水准、替代产品或服务的威胁,指出我国出版企业需要以内容资源的开发与创新为根本,通过加强与国内外企业间的合作来进一步拓宽并发展数字出版业务范围。杨庆国从基地集群集中度、产品差异和进入壁垒的市场融合结构三个维度对12家国家数字出版基地展开研究,基于SCP理论框架探讨以"六商"所形成的技术、业务、市场等产业链重组与延伸的集群市场融合行为。陈美华从国际产业竞争视角切入,对我国和欧美等发达国家的产业竞争进行了对比分析,结果显示相比之下我国数字出版市场规模依旧较小,产业竞争力较弱。其中数字产业链不完善的问题比较显著,对产业链的运作效率如各环节之间的交流合作效率产生了不利影响,而较低的效率又进一步影响了利益分配与盈利能力,通过一系列的连锁反应,最终导致了在国际市场的竞争中,我国的数字出版产品处于弱势地位。

从数字出版产业链的角度来看,陈芳认为:在数字时代,数字技术厂商依靠自己对市场的敏锐观察力,在错综复杂的产业大环境下不断开拓市场份额,成为推动数字出版领域进一步发展的主要力量。周利荣认为:产业链不协调是目前限制数字出版产业规模进一步扩大的关键所在,在对数字出版产业链的基本特征进行分析的基础上,进一步研究其整合的模式及方法途径,并针对大型集团和中小出版社提出差异化的具体策略。余深、赵雪芹以我国数字出版产业链的内涵为出发点,分析我国数字出版产业链的特征,以及目前我国数字出版产业链的现状和问题,并提出构建我国出版产业链的思路。张晋升认为:数字出版产业链的有效融合将有助于产业的协调发展以及整体提升,并且要想在国际竞争中占据优势地位,需要从完善产业链各环节、整合内容资源、统一技术标准等方面来促进数字出版产业链的融合。张斌认为:当前产业发展呈现"井喷"状态,但超快速的发展使得产业链的设计与运营暴露了许多问题,如产业链上各环节之间的不稳定性仍然较强,这些问题导致整个产业的发展面临着很多新的现实困境和利益冲突,如有些领域的产业链盈利模式尚不明晰,版权保护问题阻碍了产业链的合作和技术融合,并在此基础上进一步提出了数字出版产业链的优化路径。杨新涯则探讨了产业链运行过程中的种种问题能否通过区块链技术予以解决,包括数字内容的产生、编辑、中转、组织、长期保存等问题。此外,张霞、韩焕金、刘灿娇、黄立雄等基于现阶段我国数字出版产业的实际情况,对产业链整合方面提出了建议。

从数字出版商业模式的角度来看,刘灿娇教授在梳理分析数字出版商业模式含义的基础上,根据数字出版企业的营运模式,把现阶段的商业营运模式分为三种,分别是直接销售产品、广告创收和服务营销,并提出版权盈利、用户创造内容、专业出版服务、增值服务盈利和联合经营等五种全新的数字出版商业模式。金强分析阐述了内容提供商主导型、网络运营服务商主导型、数字技术支持商主导型、终端设备商主导型、增值服务运营、第三方投入六种运营模式,并分析了在全媒体背景下数字出版运营模式遇到的问题,及应采取的相关解决策略。熊玉涛提出数字出版要合乎消费者的需求和支付意愿,需对现有的盈利模式进行深度分析以及创新性变革,针对版权保护、利益分配、提高用户支付意愿等难题应当开拓思路着力解决。吴小君认为:移动阅读成为数字出版的新趋势,这种以内容供应商、电信运营商与终端设备制造商为主体的全新商业合作模式具有较高的研究价值,因此从制度、技术、客户、产业链等方面对该种商业模式进行了较为全面的分析,同时还针对数字出版产业竞争力的提升问题从内容、产业链价值整合等方面进行了深入分析。邱俊明提出数字出版盈利需要进行发展转型,可以通过三条路径予以实现,分别是加强数据库建设、加强编辑队伍建设、加强泛媒体圈资源整合利用。

从数字出版政策法律的角度来看,郝婷对我国数字出版法律制度的现状进行了综合分析,并在此基础上指出了我国数字版权方面的法律制度存在一系列问题,如相关制度不完善、部分法规缺乏可操作性、统一标准缺失以及数字出版准入许可、权利管理信息、长期保存制度缺失等,最后针对这些问题提出了建设性的意见,包括完善数字版权法律制度、加快数字化标准建设、加强国际合作等。周艳敏认为:我国数字出版现有的法律政策存在着产业政出多门、管理体制不顺、产业标准制定滞后且缺乏统一性、相关版权法规有待完善、产业促进与规制政策法规失衡、产业结构与布局有待政策调整等突出问题和不足。黄先蓉认为:目前我国在数字出版标准与法规体系建设中,应努力推动数字出版标准的国际化发展及其与法规体系的预测性和合格评定体系的建设,进而构建可持续改进和完善的数字出版标准与法规循环体系,建设数字出版标准与法规体系的信息共享平台。池仁勇认为:以往适用于传统出版的知识产权机制面对数字时代新背景下的新问题、新挑战已经暴露出许多问题,数字出版的知识产权保护机制尚不成熟,司法保障体系不够完善,法律法规和政策相对滞后,法律诉讼成本高,这些问题的存在对版权所有人的利益保护造成了极大的隐患,因此需尽快出台数字出版领域的法律法规以保障版权所有人的利益,在合理使用界限、侵权方式与责任认定、处罚机制等问题上为利益相关人提供明确的依据与指引。

2.3.2 国外关于数字出版的研究

数字出版正在快速发展着,不论是国外的学术界、出版界,还是信息技术领域的从业人员都纷纷开始涉足数字出版相关研究。迈克尔·L.克莱珀(Michael L. Kleper)教授凭借几十年的学术经验积累将四年的学位课程浓缩成一套《数字出版手册》(The Handbook of Digital Publishing),该书内容丰富完备,记述了数字出版各个方面的内容,如印刷的方法和流程、数字程序、新媒体等。卡斯多夫(Kasdorf)在《哥伦比亚数字出版导论》中详细论述了数字出版的特点以及核心问题。大卫·伯格斯兰(David Bergsland)在《数字出版导论》中不仅及时阐述了当前出版业的动态,还在此基础上对各个出版技术间相同以及不同之处进行了比较分析。

国外数字出版产业论著中比较经典的有:道格拉斯·M.艾森哈特(Douglas M. Eisenhart)的《信息时代的出版:数字时代的新管理框架》(Publishing in the Information Age: A New Management Framework for the Digital Era),针对互联网大环境下出版模式发生变革的原因进行了分析,同时以出版7M要素(Material, Mode, Medium, Means, Market, Management, Money)和45个主要概念为基础按类分别探讨出版流程以及企业运行特征。

比尔·科普(Bill Cope)等在《数字图书生产与供应链管理》(Digital Book Production and Supply Chain Management)中提出,由于技术的颠覆性发展,互联网已然成为一种全新的出版媒介,这一技术进步给澳大利亚的图书出版产业带来了猛烈冲击,因此,为了更好地保护数字出版内容的著作权,图书出版产业迫切需要建立一个数字版权管理协同技术的可行商业标准。后来出版面世的《电子书产品市场:从作者到消费者的书籍新兴市场》(Markets for Electronic Book Products: Emerging Markets for Books, from Creator to Consumer)用案例分析的方法对数字出版新技术展开研究,加大对产业基础设施的投入力度,帮助企业分析并发现有利的商业机遇。

约翰·B.汤普森(John B. Thompson)《数字时代的图书:英美学术变革和高等教育出版》(Books in the Digital Age: the Transformation of Academic and Higher Education Publishing in Britain and the United States)梳理总结了1980年以来学术以及高等教育出版的发展规律,进而提出全新的逻辑和变化的思想,再度认识该逻辑有利于解决当下出版业所遇到的数字化问题。

罗伯特·E.本奇(Robert E. Baensch)的《中国出版产业》(The Publishing Industry in China)总结了在数字环境下出版企业的转型、产业的宏观经济环境、国外出版企业进驻中国市场的现状,剖析了科技、医疗和专业出版细分市场包含的25.1%人口的消费机遇和挑战,对出版产业的转型发展进行了具有实践价值的学术研究。

哈尔巴健·S.克哈(Harbhajan S. Kehal)等人著的《数字经济:冲击、影响和挑战》(Digital Economy: Pacts, Influences, and Challenges)以社会经济学为理论基础,表示从工业经济向信息、服务型经济的结构性转变是新经济的本质所在。

约翰·艾伦·亨德里克斯(John Allen Hendricks)在《21世纪的传媒产业:新媒体时代经济与管理的启示》(The Twenty-first Century Media Industry: Economic and Managerial Implications in the Age of New Media)中指出现在的媒体界在数字平台方面都在努力地发现新获利点,进而扩大市场份额,收获更多的消费者。如今的传媒业是受到大众期待的产业,但与此同时,它也受到技术飞速发展以及市场变化迅速的挑战。

比尔·马丁(Bill Martin)等人在《图书、字节和商业:数字出版的预示》(Books, Bytes and Business: the Promise of Digital Publishing)中指出,数字技术推动了互联网与商业和经济的结合,数字出版将作者、出版商、内容供应商、技术提供商、网络代理商和用户整合在一起,由于出版属于知识密集型产业,因此未来市场上传统图书出版商业模式及由数字技术引起的混合性商业模式将共存。

泰德·斯特瑞弗斯(Ted Striphas)的《后印刷时代晚期:从消费主义到控制日常图书文化》(The Late Age of Print: Everyday Book Culture from Consumerism to Control)一书中提出,数字出版的流行使得图书产业越来越受大众欢迎,如今,巴诺书店、亚马逊的成功转型与进步使我们看到了数字技术给图书产业带来的机遇与威胁。

在理查德·古思里(Richard Guthrie)的《出版业》(Publishing)中,他不仅概括总结了出版产业在各个阶段的特点,而且还推测伴随着知识库内容的迅速累积以及数字化工程的推进,将会出现一个含有文字资源、书籍和多媒体内容的包容性数据库,且可以进行数字发行。

国外不仅有着较多的相关经典专著,数字出版产业的研究论文亦颇为丰富,且比较集中在数字出版物研究、用户研究、经济问题研究、数字版权研究等方面。虽然国外学者并没有对中国数字出版产业有过多的研究,但仍有一些比较有影响力的论文。如凯蒂·李·赫尔(Katie Lee Hull)在《中国出版:增长、机会、盗版、审查》(Publishing in China: Growth, Opportunity, Piracy, Censorship)中提出中国刚出现的一些出版企业正逐渐吞并占据传统出版企业的市场份额。艾琳·卡雷罗(Erin Carreiro)的《电子书:数字设备和辅助新技术如何改变出版业的面貌》(Electronic Books: How Digital Devices and Supplementary New Technologies Are Changing the Face of the Publishing Industry)中表示,以电子书为代表的数字设备正在对出版领域施加影响,并使之发生着变化,中国、印度、巴西和欧盟将助力世界范围内电子阅读增长,但美国依旧是市场份额最大的一方。

除此之外,国外对于数字出版的影响、相关基础管理理论以及数字出版用户等方面的分析研究与国内有较大差异。

在数字出版的影响方面,美国学者达娜·内克苏(Dana Neacsu)认为数字出版的发展与学术研究的发展存在较高程度的关联,分析指出不管是直接数字形式或经数字化技术得到的数字形式,皆会使初始资料的真实度下降,并借助实证方法证实了自己的观点。英国学者马克·马朱雷(Mark Majurey)研究了数字出版产业的发展给出版领域带来的影响,数字出版不仅使出版领域的商业模式发生变化,更会使得将来的出版行业逐渐往数据方面"靠拢"。

在数字出版的基础管理理论方面,美国学者克里斯·安德森(Chris Andersen)提出"长尾理论",他认为:当生产成本降低到个人都能够自主生产且销售成本也同样下降时,差不多之前所有低需求产品的市场占有率都可以和主流产品相比,甚至超过主流产品。也就是说,长期被忽略、占次要地位的80%的"长尾"重要性突显,这使得意大利经济学家帕累托(Pareto)的"二八理论"受到挑战。克里斯·安德森(Chris Anderson)的另一个定律表示,鉴于现阶段大量的数字产物,将来的数字出版很可能会遵从1%定律——也就是说出版企业的大部分收入将会来自占据1%的需要特色资源的用户,此外99%的用户可以得到免费的内容服务,并且因人而异的个性化服务也有了实现的可能,用户通过数字沟通即可获得自己需要的服务,而互联网就是这个交易平台的保障。

在数字出版的用户分析方面,韩国学者朱勇圭(Yong Gyu Joo)和孙松英(So Young Sohn)通过构建结构化方程模型的方式对数字内容服务质量进行评估,其中数字内容的服务质量水平是用客户满意度指数来衡量的,用不同的数字出版内容可以得出不同条件下客户的满意度,进而呈现出数字出版个别环节的服务质量。美国学者布利里·富兰克林(Brinley Franklin)和特里·庞姆(Terry Plum)分析了数字出版对用户产生的价值和影响,认为数字出版改变了传统出版的低效率和单调性,极大地丰富和满足了不同用户的体验和需求,伴随着技术的快速发展,未来数字出版的潜力将无法想象。

2.4 国内外关于数字出版中著作权问题的研究

2.4.1 国内关于数字出版中著作权问题的研究

数字出版的版权是版权与数字化时代融合、拓展之后的产物,国内对于这方面的研究主要集中在理论、技术保护以及法律制度等方面。

在数字版权的理论方面,薛虹在《网络时代的知识产权法》中,参考国内外相关研究的最新动态,采取比较研究、综合分析的方法,系统地分析了在全球范围内的互联网环境下,数字技术对于法律方面的影响,还有有关知识产权问题的最新进展和变化,该成果为数字出版版权问题的进一步探索提供了一定的理论支撑。易健雄在《技术发展与版权扩张》中,分析了数字技术的出现对与版权有关的基础理论、作品类别、权能系统所产生的作用,认为数字版权扩张越来越依赖于技术措施,而传统版权与数字版权制度将会越来越趋向于成为一个整体。傅强认为数字出版使得当下出版物的载体、形式、传播方式和用户体验均发生变革,同时也使数字出版领域触及了将近全部的数字内容产业,成为互联网产业的关键组成部分;数字技术的出现使得传统出版在各方面出现革命性改变,传统出版的内容资源和数字出版的个性化服务相融合将是出版产业转型发展的重要方向。

在数字版权保护技术方面,景一认为:由于数字内容复制成本低廉,且复制效果与原件没有任何差别,因此数字出版物的著作权相比之前将会越发难以管理,再加上技术的迅速发展以及数字出版物种类繁多,想要通过一种普适有效的技术手段来保护数字出版物的著作权将更加艰难。楼文高、孟祥辉在阐述现阶段数字版权保护技术的情况以及数字版权管理过程中作者、出版者、读者及其权益保护等情况的基础上进行了更深入的分析,表示如今的数字版权管理技术特别关心版权所有人的利益情况,而忽视了一般用户,建议借鉴公平离线电子现金原理优化目前的数字版权管理系统,实现平衡各方利益的目的。王景中认为传统数字版权保护系统的防复制功能还有待完善,且系统容易被非法闯入,因此,建议通过计算机软硬件配合使用来完成对数字出版内容的保护。李军、马晨光则以P2P环境为研究角度对数字版权保护问题展开了研究,P2P环境下数字版权保护的方法与传统版权保护有所区别,与普通的数字版权保护也存在一定的差异,在当下数字版权管理框架下,该方法在软硬件协调工作的配置下为终端用户提出在线和离线两种版权认证与使用方式,这样不仅可以保证合法终端更加方便地访问P2P网络环境共享的数字内容,还可以预防终端不合法获取资源,进而保障版权方的合法权益。

在数字版权的法律法规方面,我国还没有专门针对数字作品的著作权法律保护条例,就目前来说著作权保护的主要法律依据有《著作权法》《信息网络传播权保护条例》等,法律制度的不完善是频繁发生数字作品著作权纠纷的主要原因。薛松在探讨数字出版著作权特征和我国著作权保护现状的基础上,提出加强我国数字出版著作权的保护应从培养我国文化消费群体、健全相关法律体制以及数字出版盈利模式等方面入手。吴汉东认为全新的作品保护形式使得版权保护范围扩大,不再限于复制权等内容,且其权项内容也进一步扩大,有了信息网络传播权等新权项。新的侵权认定规则对版权所有人的保护更加全面,但新规则的出现也使得传统权利救济手段产生变化,因此,完善网络版权制度,加强网络版权执法新常态建设显得尤为迫切。郝婷在阐述我国现阶段数字版权制度发展现状的基础上,分析了我国数字版权法律制度有着制度不完善、法规可操作性差、没有统一的标准以及数字出版准入许可制度不完善、缺乏长期保存制度等问题。周莉认为当下我国数字版权法律制度的产业标准不够统一、规范,现有的法律制度不完善,数字版权法律法规的制定应秉承着效益、协调、前瞻等原则,积极吸收与借鉴国外的先进理论与经验,提出要推动数字化标准体系的建设力度,加强多部门合作力度,积极建立安全标准,培植新型的市场主体。潘俊认为:版权的保护和科学技术发展息息相关,而版权法律制度的发展亦是如此,传统版权法在云计算背景下面对新问题、新挑战已经不能完全适应,我国版权法律制度应当与时俱进,针对新问题的出现作出相应的制度回应,包括但不限于完善版权授权制度、引入版权补偿金制度、加强技术措施、适当加强对云计算服务提供商的法律规制、完善我国版权法的有关制度规定、转变合理使用制度的立法模式。张今提出数字版权包含的内容与传统版权是不同的,主要包括信息网络传播权、技术措施及数据库保护。其中,我国《著作权法》已经明确规定信息网络传播权是著作权人的一项专属权利。但现行的《著作权法》对于这项新的专属权利所涉及的许多问题还没有作出详细的规定。这些问题都需要新的法律法规来予以解决。

在数字版权的海量授权方面,华鹰、谭玲认为中国传统著作权法中确认了作品使用的两种授权模式——一对一模式和集体管理模式。通过对数字出版产业版权授权的特点进行分析,我们可以认识到过去一对一的授权模式已不能满足现在该产业发展的需求,采用一对一模式的后果是数字出版商无法在较短期限内获取大量的使用授权。即使解决了授权问题,由授权交易带来的巨额费用也将使数字出版商无法承受。前期巨额成本的投入将动摇出版商进入该产业的决心,从而影响数字出版产业的进一步发展。因此,面对海量作品授权问题,一对一模式存在许多难以克服的问题,而集体管理模式往往是解决问题更为有效的方式。但从国外经验来看,集体管理组织所针对的对象较少,众多普通作者全都加入著作权集体管理组织不太实际。虽然我国著作权集体管理组织,如中国音乐著作权协会等,确实有效维护了著作权人的合法权益,但同时也有着机构不健全、授权渠道单一等现象,这些问题影响了集体管理组织功能的合理发挥。田晓玲提出在数字时代背景下,数字出版存在作品授权、使用、付费、侵权、产业发展等诸多亟待解决的问题,而采用著作权集体管理模式是促进这些问题解决的有效手段。并提出不要限制委托集体管理的范畴,应该让著作权人和集体管理组织自治解决。此外,合理扩张法定集体管理范畴,以适应数字出版环境下作品授权、使用、收费、分配的要求。要想实现著作权人和集体管理组织自治,著作权法定集体管理要少采用强制性措施,多使用延伸性集体管理。而刘平认为延伸性著作权集体管理制度可以有效维护个人权益、促进传播并有助于著作权人与使用者达成利益平衡,这既体现了我国著作权集体管理的现状,又顺应了日后著作权法律制度的发展要求。

2.4.2　国外关于数字出版中著作权问题的研究

国外数字版权的研究领域和国内较为相似,主要都是集中在数字版权的技术保护、政策制度以及实证研究等方面,但国外更侧重实证研究。

在数字版权的技术规范和技术实现方面,大多集中在数字版权管理研究上。美国学者斋藤诚(Makoto Saito)提出了数字水印的概念和技术原理,认为它是将有关标志信息直接加在数字载体当中或是采用间接的方式予以表示,这种方式下数字信息是相对隐身的,不容易被探明,既不会对原载体的使用价值产生不利作用,也不会被没有管理权限的人员轻易改变,因此数字水印作为一种技术手段在全面系统解决数字版权管理的问题中发挥着重要作用。美国学者多特·博纳(Dorte Bohner)对数字版权管理的现状、法律以及安全问题和DRM的技术障碍进行了综述,该成果为广大学者们提供了一个较为全面的对当下数字版权管理的法律和技术基础的理解。霍夫(Hooff)和比德(Bidder)在《集成产品开发中的知识共享》(*Knowledge Sharing in Integrated Product Development*)中表示,版权法是知识交换与共享的基础,其中知识共享是个体在互换彼此知识的前提下,进而实现协同创新的一个过程,同时基于技术保护的角度,给出了网络环境下版权技术保护的方案。尼古拉迪斯(Nikolaidis)在《使用强大的数字签名对图像进行版权保护》(*Copyright Protection of Images Using Robust Digital Signatures*)中提出了使用数字签名的建议,指出数字签名的关键在于通过高频率来最小化处理数字信号的能量,并且最终在实验中得出结论:针对图像版权的保护,在版权作品中嵌入数字签名是一种十分有效的措施。拉杜·O. 普瑞达(Radu O. Preda)和德拉戈斯·N. 维齐雷阿努(Dragos N. Vizireanu)针对视频版权保护问题,建议使用数字水印技术实施保护，并阐述了其原理和操作步骤，同时经实验验证，这项技术在不干扰视频观看的前提下，还能预防其他技术的侵入。

在数字版权的法律政策方面，国内学者普遍提出要控制技术，并用法律政策来维护著作权人的合法权益，而国外学者并不这么认为，他们普遍质疑著作权法对技术的限制。美国学者马克·A. 莱姆利（Mark A. Lemley）和安东尼·里斯（Anthony Reese）表示，著作权人的法律诉讼行为在解决数字版权侵权问题上存在弊端，诉讼行为对社会创新能力的提高有阻碍作用。美国学者劳伦斯·莱西格（Lawrence Lessig）表示，从法律和商业角度来看，技术发展使得知识产权的管理方式要与时俱进，知识产权相关立法也要从根本上改变，而不该用旧有的版权法律来阻碍、限制技术进步。美国学者丹尼尔·J. 热维斯（Daniel J. Gervais）表示，著作权人摒除与P2P技术相关的事物来对待P2P文件共享的方式是不利于社会发展的，应提出一种可以快速、直接追究违法者责任的方法，而不是一味地阻碍技术进步。狄普丽（Deeply）、帕特（Pat）在《版权所有：专有权限制、合理使用》（*Copyright: Limitation on Exclusive Rights, Fair Use*）中提到，版权是控制版权所有人的特殊权利，要明确其合理使用的范围，使公众可以获得信息。冈利克斯（Gunlicks）、迈克尔（Michael）在《利益平衡：世界经济中版权法与精神权利的协调》（*Balance of Interests: the Concordance of Copyright Law and Moral Rights in the Worldwide Economy*）中对版权法给世界各个经济体所带来的经济方面的影响进行了描述，提出版权法和精神权利一致才能平衡版权所有人和公众两方的利益。

在数字版权的实证研究方面，国外学者较多用实证法并从案例中寻找有价值之处。典型案例如米高梅影业公司（Metro-Goldwyn-Mayer Studios）对格罗克斯特（Grokster，一家P2P网站）的诉讼案。彼得·S. 梅内尔（Peter S. Menell）曾基于美国最高法院提出的在P2P网络上促进软件分享的间接著作权责任之说，提出对美国最高法院在1984年索尼公司（Sony Corp.）对环球影城（Universal City Studios，一家音像制品提供商）一案的诉讼中称基于传播软件的内容可以被非侵犯性地应用的质疑。然而，本特·M. 弗里施曼（Bent M. Frischmann）认为索尼公司对环球影城的诉讼中的"索尼规则"，日后将会成为裁决著作权法律边界和有效性的典型案例，他认为应坚持"索尼规则"，并鼓励技术发展。尼尔斯·B. 肖曼（Niels B. Schaumann）认为纳普斯特（Napster）诉讼是由P2P网络上海量传输未授权文件造成的，在1992年公众可以因非商业用途复制音乐文件，这使纳普斯特的权利受到了直接的威胁，但纳普斯特认为法庭判决所禁止的仅仅是用户复制的权利，真正的关键在于文件传输，这样追究P2P网络运营者的次要责任而不是用户的直接违法行为将阻碍P2P技术的进一步发展。

第3章 数字出版版权问题的逻辑起点

"产业链"这一产业经济学的概念发轫于社会分工环节,是在市场交易机制的作用下为了实现产业价值或实现价值增值,基于技术或经济而形成的一个具有确定内在联系的企业群结构。出版产业链是与出版相联系的企业组织在出版价值增值的基础上所构建的联盟体系,我国的数字出版产业已经形成了围绕着版权权益而构成的数字出版产业链。本章在对数字出版产业链进行概述的基础上剖析数字出版的主体间利益冲突的成因与问题,同时又对我国数字出版法律制度的现状进行了分析。

3.1 我国数字出版产业链及相关问题探究

出版产业链是所有与出版相关的企业为了版权价值的实现和增值所构建的具有技术或经济关联的整体。为了获知数字出版中著作权相关问题的根源,应当分别对数字出版产业链不同环节的不同主体进行有针对性的分析,并在此基础上对数字出版产业链的结构和特点,以及各主体之间的利益冲突进一步展开研究。

3.1.1 数字出版产业链的主体

数字出版的主体与传统出版的主体有很多不同之处,其中最为显著的有三个方面:一是数字出版业的准入门槛有了很大提高。数字时代的数字出版业与传统出版业相比对技术有了新的更高的要求。同时,版权使内容资源的地位不断提升,其开发价值越来越大,市场对内容产品的要求越来越苛刻。二是数字出版主体更加多元化。与传统出版业相比,数字出版业不仅兼容了部分传统出版业主体,同时将硬件提供商、版权贸易商、软件开发商、系统集成商、电信服务商、电子商务平台运营商、移动支付与网上银行等金融服务商融入数字出版产业链中,形成了出版业、传媒业、金融业、通信业、电子业等多个行业广泛参与和相互融合的业态。数字出版主体的多元化就意味着利益的多元化,而冲突与矛盾在上述几者之间将不可避免地出现。三是新的游戏模式重新定义了出版环节各分工主体的地位,甚至传统出版业与数字出版业两个产业链中的企业主体完全不同。例如,数字出版业基本淘汰了传统的印刷企业和实体书店,取而代之的是通信运营商、终端阅读器生产商、技术提供商等。这种对产业链主体的分类方式仅是一种具有代表性的分类概括,在数字内容的实际生产与销售中,处于产业链各个节点的主体角色和身份是灵活的,这也正是数字出版产业链中主体的一个特点。下面就依照数字出版产业链的分工进行分类,简要介绍产业链各主体的内涵。

为了获知数字出版中著作权相关问题的根源,应当分别对数字出版产业链不同环节的不同主体进行有针对性的分析。本章所描述的数字出版产业链的主体就是数字出版中各个环节业务活动的主要参与方和执行者,这些数字出版的主体由数字版权所有人、数字出版商、内容提供商、技术提供商、网络传播者及用户(读者)等构成。从广义上说,内容提供商、数字出版商、技术提供商和平台运营商等主体均可以称作数字出版商,这是因为这些主体均位于数字出版产业链的中游。因此从宏观视角来看,构成数字出版的主体主要包括数字版权所有人、数字出版商和用户(读者)三大类,下面将对这三类主体进行系统分析,并针对这三类主体在数字出版中所处的地位、发挥的作用的不同,对其自身特征和利益诉求分别进行分析。

1. 数字版权所有人

在数字出版语境下,版权所有人担任的是提供形形色色的数字内容的角色,其作为数字内容的原始所有人在整个数字出版产业链中处于上游位置,发挥着重要的作用。数字内容提供商主要包括内容创作个体、出版商、影视音像制作商、网络内容制作商等。在我国,图书、音像、报刊等内容产品及其数字化产品的版权所有人往往是出版社而非作者,这是由于我国作者往往没有签订数字出版版权的相关协议,因此在作者将作品版权卖给出版商之后就顺带将数字版权赠予对方了。这从侧面说明了在出版市场的部分领域仍然是传统出版思维占据主导地位。互联网版权的兴起在一定程度上对这种传统态势造成了冲击,目前迅速崛起的互联网出版的网络作品优先于传统出版甚至仅在互联网发行。部分作者也开始重视并保护自身的数字版权,与出版商签订专门的数字出版合同或网络出版协议。

(1) 作者

将创作当作自己主业的内容创作的作者占据主流,这些将内容创作当作主业的作者们的收入情况比较可观。另外,也有一些内容创作者将文学创作、漫画创作、动漫设计等作为自己的副业,主业从事其他工作。当前,还有部分人群出于个人的兴趣爱好或者公益目的进行业余的文化创作。

内容作品凝结了创作者的心血和智慧,具有相当的劳动价值和文化价值,因此绝大多数作者都十分重视自己作品的著作权,希望著作权不受侵害。然而,文化作品在数字化的传播和出版的过程中,不可避免地与数字出版商等其他主体发生接触。大多数作者会选择与数字出版商开展合作。部分知名作者和签约作者的内容作品被具有相当实力的品牌数字出版商独家垄断,其他大多数创作者的作品则通过授权的方式交给不同的数字出版商经营,以实现数字出版的目的。但是当前简单粗暴的授权形式导致了很多问题的产生,如作者的一部分作品以合法的形式授权给数字出版商,而另一部分作品尚未对数字出版商进行授权,这时数字出版商未经作者同意使用了未获得授权的作品则会出现侵权责任判定困难和实际商业价值考量矛盾的问题。面对这样的情况,只有少部分作者持坚决维权的态度,更多作者往往因维权成本过高而不得不主动放弃维权。

(2) 出版社

在传统出版产业链中，出版社长期居于主体和主导地位，然而在数字出版时代则处在产业链上游的原始端，显得不再必要和核心。出版社的主要盈利模式相对固定，当整个出版行业仍由传统出版主导时其不会发生根本变化。然而在数字时代环境下，对作品进行数字化是时代的必然要求，掌握作品数字化技术以及数字化作品的传播渠道是必需的，但传统出版行业的出版社在作品数字化方面并无经验，所以尽管其具有聚集大量作品的著作权的优势，但在由传统出版向数字出版的转型发展阶段其仍需寻找新的生存之道，大部分出版社找到的新道路是将数字出版著作权授权给数字出版商进行数字化出版。

在数字出版产业蓬勃发展的态势下，传统出版机构也歆慕数字出版的美好前景。传统出版机构在逐渐掌握有关数字技术之后不再甘于扮演版权所有人的角色，而是基于自身所拥有的著作权优势，逐渐开始向出版产业链的中下游延伸，逐步建立起自己占主导地位的数字出版渠道。出版社手握大多数作品的数字出版版权，这本身就是相较于其他主体的一大优势，加之当前在版权作品的印刷过程中传统出版也顺应潮流地采用了数字化手段，这使出版社坐拥传统出版作品与数字化作品两座大山，因此，出版社要想具备数字出版商的功能，直接向读者提供数字化作品，在数字出版产业链的下游中也占据一定的位置，只要再满足一个条件即可，即建立一个数字化作品的传播渠道。

虽然传统出版社的著作权被侵害的事件高发，但是出版社通常只有在自己的权益和利益受到重大损害，或者侵害方身份明确、有据可依时，才会主动伸张自己的版权权益。这是由于出版社往往拥有海量的版权（包括传统出版的版权和数字出版的版权），难以实现对所有作品数字出版权侵害的确认和权益主张，只能够将更多的精力放在侵权预防和重大权益损害伸张上。

2. 数字出版商

数字出版商是从事数字出版市场产品与服务的开发和生产的主体，具体来说包括平台运营商、网络服务提供商、技术提供商乃至硬件提供商，这些主体开创了数字出版业并推动其不断发展。从形式上分析，我国的数字出版商主要包括三类：纯数字出版商、非纯数字出版商和数字出版集成商。纯数字出版商的涉足领域通常不包括传统出版，其仅从事数字出版领域的业务，专门为市场提供数字版权产品与服务。而非纯数字出版商不仅从事传统出版业务，还参与到数字出版市场中来。目前，大多数非纯数字出版商都从传统出版商转型而来，具有相当的内容资源优势和产业链深耕优势。同时，这类数字出版商也是数字出版商群的主体。数字出版集成商是数字版权的集成者，他们通过传统版权内容的数字化、技术开发、数据内容集成挖掘、版权交易等经营活动来实现盈利。

目前的数字出版商可以分为五种模式。一是原创数字内容作品的数字发表模式，即平台运营商等通过自建的网络平台发布、出版和传播原创作品，如起点中文的网络原创文学、盛大的网络游戏、腾讯动漫等。当前，原创数字内容作品的数字发表模式获利稳定且商业前景很好。二是数字网络发行商模式，同方知网、北大方正阿帕比、万方数据和苹果的音乐平台等充当传统出版单位和唱片公司的网络发行商。目前，数字网络发行商模式发展前景较好。三是数字图书馆出版模式。商业化的数字图书馆如书生、超星中文、中文在线等，以及一些实体图书馆、报刊社和博物馆的数字化展馆,如国家图书馆主办的中国国家数字图书馆。四是门户网站数字出版模式,如谷歌(Google)数字图书馆计划等已经引起微软和亚马逊等公司的危机感,并且这种出版模式的相关主体在欧美和我国境内引发了争议与诉讼。五是按需数字出版模式。如中国标准出版社对"标准"的按需数字出版、知识产权出版社对"专利文献检索文件"的按需出版等。

　　数字出版商上接数字版权所有人下连用户(读者),位于数字出版产业链的中游。数字出版商的盈利模式通常为由用户和客户等下游群体带来的收入减去支付版权费用和技术花销等成本。数字出版商作为两端的连接者,其利益诉求是以更低的成本获得更多的资源以赚取更多的利益,即以更低廉的价格获得更多作品的数字出版权,这种批量获得版权的需求就需要数字出版商加强与传统出版社的合作。因此,数字出版商考虑到实际情况通常不会与零散的版权所有人建立合作关系,从而经常侵害这类群体的著作权。然而在批量授权里,也会发生出版社对某一作品或某一数字出版领域未授权的问题。还有一些版权争端是由部分作者行为不当引起的,如为了向多方牟利而破坏授权规则将相互矛盾的数字出版版权授权给不同的数字出版商或不了解授权规则及相关法律进行了不合法的授权。此外,受传统出版社转型的影响,数字出版商也在试图向产业链上游延伸,掌握更多的作者和作品资源,从而摆脱对传统出版社的依赖,发生违约侵权现象。

3. 用户(读者)

　　用户是数字出版产业链的终端也是数字出版物的最终消费者,用户群体规模的增长直接反映了数字出版市场的成长。实际上,大多数用户对数字版权中的版权问题并不了解,对其复杂性没有深入认识,对他们浏览的内容是正版与否并不十分在意,反而对费用更加关心。因此,当前消费者在费用成本上的关注仍然是其对于数字出版物版权相关问题的主要理解。

3.1.2 数字产业链的结构与特点

　　出版产业链是所有与出版相关的企业为了版权价值的实现和增值所构建的具有技术或经济关联的整体。出版产业链的结构指版权相关企业在产业链中的角色定位及相互联系。我国的传统出版产业目前形成了编、印、发三环节为主的产业结构,具体来说由出版商主导,由印刷厂、物流商和营销商等其他企业主体构成。

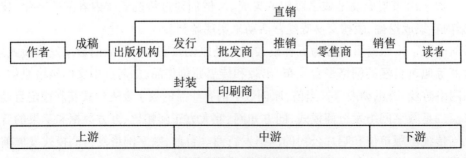

图3.1 传统出版产业链的主体与结构

数字技术带来了一场时代巨变,国内外出版产业在数字技术的冲击下开始萌发新业态。传统出版产业链以编、印、发三个环节为核心,现在这种架构被打破,整个产业链进行重塑,各分工主体的地位发生了新的变化。首当其冲的是印刷商、印刷设备商和纸张供应商,这类主体在传统出版产业中以顶梁柱的角色存在,但在出版新业态下,产业链对他们功能的需求迅速减弱。同样地,线下销售企业如实体书店等,随着新的主体如网上书城等线上平台的崛起,在产业链中的地位急剧下降,这些新的主体已然成为推动出版产业发展的重要力量。数字出版产业的产业链结构更加多样和复杂,不断发展和演化,已经改变了传统出版产业单一、线性的分工协作模式。由于互联网时代的到来和数字技术的变革,传统出版业明晰稳定的产业链结构被打破,我国数字出版产业蓬勃发展,形成了以"内容+市场"为核心的产业链各环节边界较为模糊的二元结构。

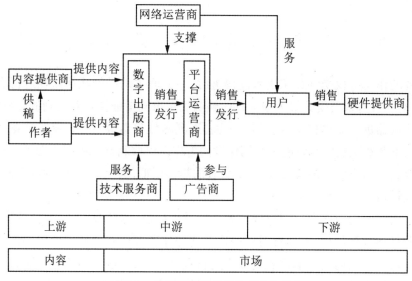

图3.2 数字出版产业链的主体与结构

我国的数字版权产业结构总的来看主要有以下特点:第一,在"内容+市场"的二元产业链结构下,进行内容创造的内容提供商和进行市场营销的分销商都有可能在数字出版产业链中成为主导者,尤其在产业发展的早期,数字出版相关技术的应用开发和创新能力直接支撑了企业的优势地位。第二,我国的数字出版产业链目前仍处于构型阶段,数字出版产业链的各环节和各主体尚未固化,上、中、下游企业都在试图成为产业链的主导者,试图提升自身在产业链中的地位。第三,包括数字出版在内的出版产业链不再是一个上下垂直的线性流程,最突出的就是上端出版与下端营销发行平台逐渐整合一体化。由于技术决定了产业链主体是否处于优势地位,技术开发商、平台提供商、内容提供商、出版商、分销商等角色定位之间往往相互重合、相互竞争,近年来不少内容提供商甚至自建分销平台试图实现一家厂商包揽产业链的产销。第四,数字作品的出版和销售两大环节均可具有高附加值,产业链缺失了站在高端支配地位的企业,数字出版不同环节和不同主体之间难以进行价值丰度的估量,由此带来了利益上的冲突以及利益分配上的难题。总的来说,我国数字出版产业链尚未固化,缺乏处于绝对优势地位的产业链主体,产业链上下游关联度较弱,各环节模糊,特别是企业的角色定位模糊,竞争发展激烈,存在较大的利益冲突。

3.1.3 数字出版产业链各主体间的利益冲突及所引发的著作权问题

1. 数字出版产业链中的主体冲突

数字内容提供商(包括作者,即数字版权所有人)、数字出版商、用户(读者)这三类主体之间在数字出版中的著作权问题上存在诸多利益冲突,如数字版权所有人与数字出版商间的矛盾,数字出版商内部的矛盾,数字版权所有人与用户间的矛盾等。同时还出现了内容创作人与出版社之间的矛盾以及传统出版社与数字出版商之间的矛盾。因此,需要有的放矢地针对数字版权所有人与数字出版商、出版社与数字出版商、数字出版商之间等多重矛盾关系进行研究。

(1) 作者与数字出版商

解决好作者著作权权益受损的问题是处理好内容创作者与数字出版商直接利益冲突的关键。

当作者的作品版权受到数字出版商侵害时,一方面主动借助法律途径进行有效维权比较困难,只有在自身权益受到极大损害且能够明确拿出确凿证据针对明确的侵权主体时,才能拿起法律武器进行著作权维权。另一方面,逐利的数字出版商等企业经常花费极低的成本乃至完全不花费版权成本就能够利用作者的著作权谋取利益。由于作者无法从数字出版商那里获得利益和公平感,因此其对数字出版的热情很低,甚至对数字出版商乃至数字出版产业存在抵触和反感情绪。

从数字出版商的角度来思考可以发现一些其他问题,这些数字出版商进行数字出版时往往需要海量的版权授权,但是针对任一作品均与作者签订有关数字版权协议是难以实现的。这迫使数字出版商只能逃避版权成本进行数字出版,甚至在坦然进行盗版的同时随时准备着打著作权官司进行赔偿。这主要是由我国数字出版管理与连接体系不发达、不完善造成的。

概括来看,内容创作者与数字出版商在数字出版中的主要矛盾是:前者对内容作品的著作权利益诉求与后者对海量数字版权授权需求之间的利益矛盾。

(2) 出版社与数字出版商

数字出版商的主要承揽对象是出版社、报刊社、音像社等传统出版企业,这是由于传统出版主体通常掌握了庞大的内容资源。这些传统出版企业经常采用整合打包的方式将内容资源一次性地售给数字出版商,数字出版商在获取所需的内容著作权后向传统出版企业支付一次性的利益。在这样看似公平的交易过程中仍然存在着巨大的利益冲突,实际上传统出版企业处于话语权的弱势,往往认为自己从对方那里获取的利益太少了。为了实现话语权在版权交易中的提升,这些企业通常采用两种手段。第一种手段是通过业内结盟联合提价的方式来对抗买家,特别是针对在某一领域形成寡头或垄断的数字出版商;第二种手段是通过竞价的方式提升版权的售出价格,一般以这种方式出售的是数字版权的独家所有权。实际上如果我们考虑到作者这一第三方主体,就能发现在传统出版企业与数字内容商之间的版权交易过程蕴含着巨大的法律风险——双方交易可能损害着作者等第三方的权益。因为通常情况下,数字出版商仅与传统出版企业进行版权交易而不会与作者沟通,实际上作者也往往并未将作品的数字出版权和网络传播权授给传统出版企业。

除了版权交易,传统出版企业与数字出版商的另一个利益矛盾的表现就是双方的相互介入,分别向产业链的上下游追溯。出版社等传统出版企业在向数字出版商转型,利用版权和资金优势迅速建立自己掌控的网络平台,而数字出版商也试图越过传统出版企业直接与作者等内容创作者沟通以掌握数字出版的版权源头,向产业链上游的以出版社和报刊社等为代表的数字版权所有人转型。

(3) 数字出版商间的冲突

独家传播权是指当某一个数字出版商获得该权利后,其他任何数字出版商均不能在未经其授权的情况下在相同渠道出版和传播该作品,并拥有对侵害其独家传播权的追偿权利。同时,该版权在该传播领域的授权方只能是独家传播权的所有人而非作者等内容创作者。目前,大多数数字出版商仅获得了内容作品的数字出版权和普通传播权,并未获得内容作品的独家数字传播权。不断扩张、贪大求全的数字出版商为了在出版市场获利,出版了大量的内容重复或雷同的作品,导致数字出版市场竞争无序。在这种市场环境下,能够在激烈竞争的夹缝中生存下来的数字出版商不可避免地利用了侵权这一不道德的恶性竞争手段。

尽管用户没有直接参与到数字出版商之间的竞争冲突中,但是追求低价商品甚至主张互联网免费文化的用户间接地推动了数字出版市场的低价竞争,是数字出版商侵权的幕后推手。互联网免费文化及其拥趸成为目前数字出版产业特别是互联网出版产业发展的羁绊。

2. 数字出版产业链中的著作权问题

(1) 数字出版中的著作权侵权问题

出版领域的侵权问题是与复制、传播技术相伴出现的,并随着相关技术的发展而不断深化。不断出现的DRM破解技术为盗版者提供越来越多的侵权手段,虚拟现实等不断革新的数字领域为盗版者提供了越来越多的侵权空间,5G等不断突破的数字传播技术为盗版者提供越来越快的侵权途径。总之,数字技术和移动互联网的迅速发展,导致数字出版中的版权鱼游沸鼎。著作权侵权产生的必要条件是侵权方拥有作品的数字化复件。在数字出版领域,数据复制变得非常容易且成本极低,最终导致了侵权问题的泛滥。在数字版权的授权、许可与转让过程中会产生形形色色的侵权行为,大致可以分为以下几种。

一是无授权与假授权。无授权侵权行为是版权使用者在未获得版权所有人授权许可的情况下,将版权作品应用于商业盈利目的的行为。假授权侵权行为是版权使用者获得了不具备授权资质或非版权所有人的授权,并据此获取商业利益的行为。无授权和假授权是数字出版产业中普遍存在的侵权行径。

二是延授权。延授权侵权行为是授权到期后,版权使用者未经版权所有人再次授权而继续利用版权作品的侵权行为,这种侵权行为的隐蔽性比较强且在出版产业中普遍出现。

三是超授权。超授权侵权行为是版权使用者为了攫取商业利益将从版权所有人处获得内容作品用于授权范围之外,抑或仍然使用已被转让的版权,这种侵权行为在出版产业中广泛存在且隐蔽性强。尽管隐蔽性很强,但如果在数字版权所有人主张自己的权益的情况下,版权许可的真伪、版权许可的范围和版权许可的期限都是很容易查清的。

四是错授权。数字版权所有人也可能在授权过程中自身产生问题，即错授权。错授权侵权行为是版权所有人因商业目的或其他原因而故意进行矛盾授权，将其所拥有的内容作品著作权授给不同方使用后导致版权使用者利益受损。与其他三种不同的是，错授权应当承担责任的一方是著作权人，而数字出版商无责。这一问题使相关方在一些版权问题的争端上产生相互指责的情况，给侵权责任的认定带来困难。

(2) 数字出版中的版权许可问题

作为数字出版的核心价值，著作权必然要实现产业链内的流通。版权所有人将其拥有的权益全部或部分转让就必然涉及版权许可的问题，版权侵权的产生正是在版权授权与许可的过程中产生的。因此，对版权授权形式的剖析意义重大。当前，我国数字出版产业中的版权授权形式主要有三类。

第一类版权授权形式是直接许可模式，即取得版权所有人的网络传播许可后再进行数字出版。直接许可模式具体包括三种：一是签订书面合同以获取数字出版权；二是签订电子协议，借助技术手段直接授权；三是自助版权协议以及开放式授权。

第二类版权授权形式是间接许可模式，该许可模式目前广泛应用于我国的数字出版产业中。间接许可模式也包括三种具体的模式：一是从传统出版商处获取内容作品在互联网等领域的数字版权；二是经由著作权代理等中介组织获取数字版权；三是向国家的著作权集体管理组织申请，从该组织处获取数字版权。

第三类版权授权形式是默示许可模式，使用者未经授权直接在互联网等渠道出版和传播他人的内容作品，但在进行发布出版的同时也刊登稿酬公告或有关条款以降低侵犯版权的法律风险。数字出版商在数字出版的生产实践中经常采取默示许可模式。但理论上，按照我国现行有关法律的规定，未经内容创作者授权而进行出版传播的作品即使刊登了有关公告或事后给予一定报酬，但仍然是侵害作者权益的违法行为。

虽然在几种形式中，默示许可模式最符合互联网行业发展的需求，具有开放共享的特征，但也有悖于著作权法的基本原则，有悖于数字出版行业的发展态势，使作者（著作权人）的权益难以受到合法保护。腾讯、百度、字节跳动等大型互联网企业强行介入出版行业，默示许可模式大力推行。在这种情况下，未来我国的法律法规是否默示许可这种授权形式的存在关乎这种模式的生死存亡。

仅凭某一授权模式难以解决数字出版过程中出现的全部授权问题。数字出版商必须综合运用多种版权许可方式打组合拳，建立一套符合自身实际的商业模式，以尽可能地冲破版权桎梏并降低版权盗版的法律风险。

(3) 数字出版中的版权保护技术问题

当盗版发生时，数字版权所有人常难以追踪侵权责任方并获得有力证据以维护自身权益，使得很多数字版权所有人主动放弃维护自身权益，很多内容创作者认为被用户付费后的作品无侵权之忧。此种情况加剧了部分不法的数字出版商利用版权许可与转让过程来侵害版权所有人的利益。

数字版权保护技术是一种重要的信息安全应用技术，该技术指的是在确保经授权的合法用户能够正常获取数字内容的前提下,利用与版权有关的技术措施和系统化的解决方案保护内容创作者和版权所有人的合法权益不受侵害。借助数字版权保护技术,版权所有人和相关权益人可以在版权盗版时或版权盗版后及时有效地追踪到盗版方及其盗版行径。对于版权所有人来说,技术措施使得著作权权益得到了最大程度的保证并从中获得应有的收益。对于用户来说,通过技术措施可以获得更多高质量的数字内容和更加丰富与个性化的使用操作。

"数字版权管理"一词侧重于版权使用权限的管理,本质上与"数字版权保护技术"一致,指的是版权所有人及出版方为保护版权所设置的一系列控制被保护对象使用权的技术措施。由于数字化信息与传统出版内容不同,其要求必须有符合数字出版特点的专门技术以实现对数字内容版权的保护,这类技术就是数字权限管理技术。

数字版权管理相关技术有很多,其中数字水印技术在数字出版业中的应用最为广泛。数字水印技术人员将某些可标识和可再读取的信息(如图像等)嵌入数字内容中且不会对用户的正常使用造成影响,同时该种标识也不易被他人察觉、更改和破坏。版权所有人借助这些嵌入的隐藏标识(即数字水印)可以清楚察觉作品是否被利用和篡改。数字水印技术通过数据隐藏原理实现了版权标识的不可觉察,从而既兑现了内容作品的使用价值又达到了保护数字版权的目的。数字内容作品借助数字水印技术可以在保持完整性和可传播性的基础上实现保护版权所有人的著作权权益。因此,广泛普及和利用数字水印技术是有效解决数字出版版权问题的一个手段。不过,数字水印技术在实施上有一个较大的困难,就是技术规范和标准的不统一。

3. 数字出版产业链相关问题的归纳

(1) 各环节存在分工配合及利益分配问题

我国数字出版产业链上、中、下游各环节协同能力弱、分工模糊、利益分配失衡。我国数字出版产业链的各环节和各主体运营独立、竞争激烈,各环节未形成良好的协作服务关系,各个环节的各个主体为了追求各自的利益最大化,尽力向产业链的两端拓展,造成产业链重复投入、资源浪费,整个产业效率低下。另外,我国的数字出版产业链缺少统一的信息协同方,各环节各自为政,导致各环节优势不同,在产品价格形成的过程中,各方利益主体难以顾及自身的政策决定对其他主体的影响,导致产业链中双重加价的问题略为严峻。

在技术为王的时代,技术提供商意图实现对产业链的通吃,其凭借自身的技术优势在产业链的上、中、下游不断拓展,在内容整合、渠道搭建乃至内容产品营销中扮演着多重角色。实际上技术提供商并不具备内容优势,很难对优质内容进行准确把握,缺少对内容深度加工的专业能力,并且会肤浅地以获取授权的数量而不是实际销量作为发展的目标。然而,受制于技术、资金以及人才因素,难以独立地开展数字出版业务,具有相当内容优势和专业能力的传统出版企业只能在一定程度上参与到数字出版链中,主要采取出售内容版权的形式,利润空间有限、缺少议价能力,在产业链中处于弱势。

(2) 数字出版商业模式模糊

经过近几年的发展,尽管数字出版已经形成规模,但还未形成受业界广泛认同的商业模式,规模经济还有待提升。因此,我们不仅应当关注数字出版新技术的诞生与应用,还应当进一步着眼于数字出版的投入与产出、利润空间等其他问题。以文学作品为例,目前我国数字内容出版的盈利来源主要有付费阅读、网上售书、广告创收等方面,单纯地将纸质内容数字化难以在市场立足。因此,必须全力增加传统出版社、期刊社的纸质内容的附加值。例如,将数字出版产业链扩展到影视、游戏等领域或是出售国际版权。2015年前后,网络文学作品《盗墓笔记》从线上火热到线下的同时,与之同名的网络游戏、网络剧和电影也在市场火爆,与该作品相关的参与者均获得了丰厚的商业利益。

(3) 数字出版版权保护有待加强

互联网具有的共享性和开放性、数字出版物具有的易传播性和易复制性使得我国对数字出版物的保护十分困难,版权问题长期制约着数字出版产业链的健康发展。首先,目前我国与数字版权保护相关的主要法律法规数量有限,监管力度不够,法律法规的制定跟不上时代的进步,无法满足数字出版产业的发展需要;版权保护不健全导致盗版泛滥及数字出版市场秩序混乱。其次,数字出版盗版猖獗,传统出版企业担心其作品的著作权得不到保障,不愿参与数字出版,这也是传统出版企业数字化裹足不前的原因之一。最后,网络盗版泛滥培养了读者无偿阅读的习惯,广大网民版权保护意识淡薄、没有形成正确的数字消费观念,不愿意主动购买正版内容产品,导致正版数字出版物的消费疲软。

(4) 数字出版技术标准不统一

数字出版的迅速发展使得出版从传统物流的传播变成了信息流的传播;产业链以提供产品为主变成了以提供产品和服务并重,从信息的单项传递变为双向互动,信息的共享性与开放性越来越强,数据的传递速度越来越快。然而,我国数字出版技术服务商技术标准的不统一在一定程度上阻碍了数字出版优势的发挥。目前,我国数字出版技术服务商各自为政的情况已经得到改善,方正、维普、知网、超星等多个数据平台开始统一支持PDF格式,给用户节省了内容使用的时间成本和金钱成本。此外,国家新闻出版署于2019年5月29日发布新闻出版行业标准,于2019年7月1日实施,包括《专业内容数字阅读技术 阅读功能与标签》(CY/T 180—2019)、《专业内容数字阅读技术 产品封装》(CY/T 181—2019)、《专业内容数字阅读技术 多窗口数据通讯》(CY/T 182—2019)等关于专业内容数字阅读技术的行业标准。下一步,应当进一步打通数字出版产业链各个环节之间的阻隔,实现信息共享、交换和整合,实现技术标准统一,从而彻底破解我国数字出版产业服务不良的瓶颈。

3.2 数字出版中的著作权问题

实现数字出版产业的长远发展一定离不开著作权制度的保驾护航。版权所有人的授权可以为数字出版带来内容资源;维护版权所有人的合法权益可以鼓励社会的创作积极性;完善的数字版权管理有利于增加数字作品价值,促进其产业的发展。因此,解决好数字出版中的著作权问题是数字出版产业发展过程中的关键。

我国数字出版中的著作权问题纷繁复杂,给数字出版产业的发展带来了巨大的挑战。

这些复杂多样的问题可以分为三类,即数字出版中的著作权授权问题、数字出版中的著作权保护问题以及数字出版中的著作权管理问题。推动我国数字出版产业的进一步发展就必须解决这三个方面的问题。

3.2.1 数字出版中的著作权授权问题

数字出版中的著作权是指内容创作者对其创作的内容作品的数字化形式应当享有正当的权利,包括对该数字化内容的存储、修改、复制、传播、出版与发行等多种权利。内容实现数字化的出版是对版权作品表现形式的变革,并不会改变作品的实质内容,自然也不会导致版权的变更。因此,任何在数字领域对未经版权所有人授权的作品进行使用的行为都是侵权行为,必须要获得许可后才能进行使用和传播。

数字出版的产生在变革我们对内容作品形式的看法和拓宽著作权客体范围的同时,也丰富了著作财产权的权能,为著作权人创造了获取利益的新方式。但是数字出版带来的新的传播手段也造成了很多前所未有的难题:数字出版提供的便捷的复制和录制等传播手段使得内容创作成果很容易被他人非法使用和传播,给著作权人的利益带来极大的威胁。另外,数字出版内容是海量的,海量内容数字版权的授权方式仍然是一大难题。根据当前著作权制度先授权后使用的原则,只有取得各个著作权人的授权,方可合法传播并使用其作品。而海量作品要想获得一一授权就必然会产生高额的成本。但目前为止,法律尚无一个针对海量作品合法且可行的授权模式,故数字出版产业的发展亟须著作权制度进行与之相适应的厘革。著作权制度与技术进步之间有着互联互动的关系,著作权制度技术突破出现时应当应时作出调整。

总之,由于数字出版内容是海量的,传统的一对一的授权方式已经不再适应数字出版时代的实际需求。此外,版权授权领域出现的问题还有很多,如要约授权、谈判授权、版权集体管理授权、代理授权等都难以与数字出版授权的需求相匹配,目前仍然缺乏能够符合实际情况的数字出版授权方式。从实践上看,相关问题仍没有被良好解决,值得深入探讨。针对这类问题,本书在数字出版中的授权问题与授权模式的整合等相关内容中进行了深入探讨。

3.2.2 数字出版中的著作权保护问题

近些年来,我国著作权研究的热点一直围绕着数字作品所涉及的著作权问题。2013年的版权年会主题是"移动互联网时代下的著作权运营与保护";2014年的版权年会主题是"大数据时代的文化与著作权";2015年的版权年会主题是"互联网+时代的音乐价值挖掘与实现途径";2016年的版权年会主题是"版权精英聚会交流合作平台";2017年版权年会为腾讯、百度网讯、中标软件、咪咕数字传媒等互联网企业、技术企业和数字传媒新势力颁发了奖项——中国版权最具影响力企业;2018年的版权年会主题是"新时代助力文化发展";2019年的版权年会主题是"全媒体时代的版权图景";2020年的版权年会举办了主题为"版权赋能:推动文化高质量发展"的"远集坊"高峰论坛,并进行了"中国版权链"启动仪式。可见,数字作品的著作权问题相关研究在近些年来一直是人们关注的热点话题。

传统的著作权制度已经不适应当下经济文化的发展，数字出版中的著作权问题主要集中体现在以下几点：

第一，数字出版中的授权问题。数字版权是融入了数字属性的著作权，因此其本质仍然是著作权，仍然是内容创作者对其作品享有保存、复制、发行等权利，不同的是这里的内容是数字化作品，这里的权利是数字化的保存、数字化的复制和数字化的发行。因此，作品的数字出版这一表现形式未对其内容的原创性和独特性造成改变，作者可以对其数字作品的著作权保留一切正当权益。任何数字作品的使用者和传播者都必须获取该作品版权所有人的许可和授权。作品利用海量化是数字出版时代的重要特点，这里的海量化不仅指被传播和使用的内容作品数量巨大，还涵盖了传播和使用时间离散以及传播和使用范围广泛的含义。与之相伴的，对内容作品的复制、传播和使用更加简易和快速，给著作权人的独占权利造成了巨大的威胁。保护著作权人的合法权益就必须实现数字版权的海量授权，然而海量授权的要求又对著作权制度和相关技术提出了挑战，数字出版产业的成长要求著作权制度进行相应的变革。

第二，数字出版产业链的多方利益失衡问题。数字技术不受出版规则的规制，然而数字出版产业却依靠数字技术发展。传统出版秩序在数字出版产业中失灵了，而在数字出版产业来看，传统的出版环境和制度已经成为了其发展的阻碍，传统出版环境与数字出版产业的不适应具体表现为数字出版产业链的种种利益关系的失衡。数字出版的产业链与价值链并行，产业链的发展失衡导致从上游的内容提供者和版权所有人到下游的数字出版商乃至用户都存在各自的利益诉求和价值判断。例如，版权所有人希望数字出版全过程地保护其著作权并获取合理的价值回报，内容提供商、数字出版商和平台运营商等希望能够获取更大的经济利益和市场地位，客户和用户则希望能够获取成本低廉、使用方便的优秀作品。当前，不同利益诉求和多种价值选择是我国数字出版产业前进发展的离心力，具体表现为：版权所有人作为出版产业的弱势群体被动地参与到数字出版产业链中来，其有关著作权的经济、声誉、精神等权益在互联网开放共享理念和数字化传播技术的环境下难以被有效保护。数字出版商和技术提供商等企业作为数字出版产业的强势群体，占据产业链的优势环节并牵动着数字出版的发展方向，在攫取巨大经济利益的同时又在避风港原则的庇护下屡屡成为著作权侵权事件的主体。数字时代的内容受众不再是知识分子等少部分群体，更多的是互联网免费共享文化下成长起来的新读者，网络用户对其他主体的侵权行为往往是无意识的，甚至觉得是理所应当的。总之，传统的出版秩序如果一成不变就难以维系数字出版产业的长远发展。

第三，数字出版中著作权的法律适用问题。在数字出版领域，著作权的法律适用问题与此领域内的其他法律适用问题相比具有与众不同的复杂性，具体来说：数字版权一方面受益于《伯尔尼公约》等规定的著作权独立保护原则，另一方面又受限于其国民待遇原则和避风港原则；数字版权依托互联网传播而在实际管辖中出现了多个连接点和重合域；数字版权法律适用的复杂性既表现在产权性质的版权主客体及其归属问题上，又表现在债权性质的版权合同协议和侵权问题上。我国应当在国际惯例的基础上借鉴欧盟、美国等著作权法律法规,结合自身实际创设一套具有中国特色的数字版权法律适用的理论体系和司法体系。

第四,技术措施在数字版权中的应用问题。面对数字出版产业对著作权权益的诸多挑战,越来越多的版权所有人选择DRM等技术措施作为其保护权利的重要手段。需要注意的是,以技术措施解决数字版权问题没有从版权利益平衡这一根基出发,仍然缺少不可或缺的法律保护和利益平衡机制,往往出现治标不治本的现象。技术措施甚至在产业链的部分环节加剧了利益失衡,给作品用户等其他主体和社会公共利益造成损害,可以说数字版权的技术措施是一把双刃剑,因此在反规避技术措施的同时又要对技术措施进行一定的规制。然而由于数字出版的利益关系复杂以及相关技术措施的快速发展,包括中国在内的大部分国家均对技术措施的反规避立法及技术措施的规制办法缺少立法经验和司法实践,仍然处于摸索阶段,难以满足数字出版发展的实际和数字版权保护的需求。

第五,网络服务提供商的侵权责任问题。数字出版产业链中的网络服务提供商在互联网和社会公众间扮演着桥梁的角色,正因如此,网络服务提供商在数字版权侵权纠纷中经常被版权所有人控诉为主要侵权方。进一步剖析网络服务提供商的侵权责任可以发现其背后的逻辑:互联网版权作品的盗版用户常常是海量的、变动的个体,侵权成本低且追偿成本大,难以对其进行一一追责。然而,提供服务的网络服务提供商和平台运营商往往是有限的、固定的,且这些受到指控的企业通常具有雄厚的资本和财力,版权所有人从其获得盗版补偿较为容易。另外,数字出版中的网络服务提供商常被版权所有人等其他主体类比为传统出版中的出版社,进而被认为应当承担类似于出版社侵权盗版的法律责任。事实上,网络出版商在频频出现的互联网版权侵权案件中发挥的作用和提供的服务是不同的,不能一刀切地进行处理,而应当具体问题具体分析,具体责任具体承担。这就要求政府等管理者应当明晰网络服务提供商等有关企业的行业规范及侵权责任,否则难以解决网络服务提供商的侵权责任问题。

总之,数字出版中的著作权保护问题已经严重影响了数字出版产业的健康成长,必须针对这一问题进行有效的研究以加强版权保护体系和保护制度的建设。我国著作权法中数字出版的版权保护机制较为模糊,法律法规的建设水平难以满足产业发展的实际需要。本书结合数字出版产业的发展实际,着重对数字出版中著作权的复制权问题、网络服务提供商的著作权法律责任规制等重点问题进行了研究。

3.2.3 数字出版中的著作权管理问题

数字出版中的著作权管理主要利用数字版权管理系统(Digital Rights Management, DRM),通常又称数字版权保护技术。数字技术是一把双刃剑,它在许可用户对数字内容进行浏览、复制与传播的同时,又能够控制甚至追踪数字内容的非法使用与盗版。数字版权管理者利用算法设置使用规则并将之绑定于软硬件设施,从而实现用户对内容的限制性利用,以达到遏制侵权盗版的目的。版权所有人和出版商在应用数字版权保护技术进行著作权管理的过程中,引发了一系列由该技术导致的新问题,如内容垄断问题、技术规避问题、技术措施兼容性问题等。值得关注的是著作权管理在数字出版中的无限扩张侵害了其他主体的利益乃至整个数字出版产业链的利益,需要对相关行径进行法律规制。为此,本书专门对DRM等技术措施在数字出版中的扩张和规制问题进行了详细探究。

DRM可以加强著作权人对作品的控制。著作权人不仅可以通过DRM限制没有经过授权的人接触其作品,还可以通过DRM提供的特殊工具限制用户对其作品的合法接触。可以说,DRM实现了著作权人可以在任何时间、地点限制用户以任何目的的使用。通过这种限制,DRM保护著作权人的权益,防止侵权行为发生,有效预防了数字环境下的大规模盗版问题。不仅如此,DRM还为著作权人创造了全新的盈利模式。内容提供商运用DRM可以根据用户使用权限的不同而收取不同的费用。例如,用户在线欣赏需支付的费用较低,但对数字内容进行复制或者下载,则需要支付相对高点的费用。此外,内容提供商还能够通过DRM实现根据用户观看、复制的次数收费。例如,内容提供商可以强制用户绑定信用卡或支付宝等第三方支付工具,然后根据其使用情况实时收取费用。

DRM由于能够有效保护数字作品,逐渐成为著作权人保护其作品的重要工具。著作权人只是从自己的利益出发,以获取更多的利益为主要目标,而用户的权益以及公共利益并不是著作权人主观想关注的。基于此,应用广泛的DRM逐渐引起了学者们的关注。著作权人利用DRM对用户接触和使用数字内容的严格限制,远远超出了著作权法所授予的权利界限,而全球范围内的反规避立法运动又为版权所有人等相关利益群体的权利扩张行为提供了法律支持。随着数字技术的迅速发展,如何防止DRM被滥用,如何平衡著作权人的权利和公共利益都是需要我们深入研究的问题。

3.3 我国数字出版著作权制度的现状与趋势

3.3.1 数字出版的管理制度概述

近年来,我国数字出版产业迅速扩张,其发展方向是产品形态与传播渠道的数字化、网络化,亟须采用新型的与之相适应的管理制度和法律体系进行规制。了解我国现行数字出版的管理制度与法律体系的特点并分析其发展趋势,对有效解决数字版权相关问题和推动数字出版制度深化改革具有重要意义。

政府、行业中介组织和数字出版企业三类产业管理组织在数字出版产业的管理过程中,起到维护数字著作权、平衡著作权利益和促进产业良性发展的重要作用。

1. 政府

目前,我国数字出版产业在国家层面主要的政府管理部门是国家新闻出版署,地方数字出版产业进行行政管理的主体是各省、自治区、直辖市等地方新闻出版管理部门及其他相关管理部门。然而,我国具体的政府产业管理部门的名称和职责范围不是固定不变的,如我国出版管理的行政主体自新中国成立以来经历了出版总署、国家版权局、新闻出版署、新闻出版总署、国家新闻出版广播电影电视总局、国家广播电视总局、国家新闻出版署的变化。行政主体是随着数字出版产品形态的变化而变化的,这也反映了产业发展的实际。20世纪80年代末,新闻出版总署内设音像电子出版管理司专门负责音像电子出版产业的管理,这是数字出版的早期形态;2002年机构改革后,国家版权局和新闻出版总署顺应产业发展变革的实际开始针对网络出版产业实施管理,内设音像电子和网络出版管理司专门负责音像、电子和网络出版产业的管理;2008年新一轮机构改革时,我国数字产业已进入高速发展期,产品形态不断丰富,产业规模不断扩大,产业链日益完善,数字出版的概念与数字版权的理念深入人心,专门设立科技与数字出版司负责数字出版产业的管理与发展,该司由此成为当前我国具体负责数字出版产业管理事务的政府部门。将科技进步与数字出版产业的管理和发展设置于同一部门充分体现了数字出版的产业特点,即数字出版是高新科技催生的新型出版业态,清晰地体现了中央所要求的发展是第一要务,管理是第一责任的指导思想。

2. 行业中介组织

近几年来,除了传统出版企业纷纷开展数字出版业务,众多技术开发商、终端提供商、渠道与平台运营商、网络服务提供商以及民营新媒体企业、自媒体力量等新势力也都积极进入数字出版领域,在繁荣了数字出版产业的同时也给稳定市场秩序提出了新挑战(表3.1)。面对这种情况,除政府部门要改善管理、加强引导外,行业中介组织也发挥了关键的作用,化解了许多不需要政府管理部门出面就可以解决的矛盾和问题,成为了数字出版产业重要的管理主体。

表3.1 我国数字出版行业主要的中介组织

行业中介组织名称	主要职能
中国音像与数字出版协会	前身是中国音像协会,其会员构成主要是传统出版企业专事数字出版业务的数字出版公司与具有一定规模和影响力的民营新媒体企业和产业链其他环节的企业
中国出版协会游戏工作委员会	协助政府开展游戏行业管理、帮助企业开拓游戏市场、建设优良游戏产业发展环境等。其会员包括国内主要的游戏出版商、开发商、运营商、渠道商、专业媒体等
全国新闻出版单位数字出版部门主任联盟	建立全国新闻出版单位数字出版业务部门负责人工作发展平台,为会员工作创造条件、提供便利,以联盟的形式促进会员间的信息交流和思想碰撞,整合资源,共谋发展
广东数字出版产业联合会	率先探索建立数字出版"跨地区、跨行业、跨媒体、跨所有制"的战略合作机制,集聚产业链上、中、下游合力打造网络时代文化生产与传播的新业态,建设"数字广东"和文化强省的主力军
上海市电子书产业发展联盟	在政府指导下通过建立联盟会员间的信息共享平台、协助解决联盟企业和行业发展遇到的问题,共同促进上海电子书产业的发展
上海市电子书包企业联盟	在政府指导和支持下促进会员企业的合作与交流,推动电子书包产业的发展。这是顺应电子书包作为数字出版产业未来发展战略的重点,推动上海市乃至我国电子书包的发展

3. **数字出版企业**

数字出版企业既是产业发展的主体也是政府管理和服务的对象,企业内部的自我管理与自我约束是当前数字出版产业管理中必不可少的重要一环。

通常,传统出版产业链与数字出版产业链相比较短,主要分为编辑、复制印刷和发行等新闻出版领域的模块。然而数字出版产业链较长,囊括了数字内容提供商、数字技术支持商、数字平台运营商、数字渠道服务商和硬件生产商等多个主体,其很多环节和很多主体都不在传统的新闻出版领域,这必然导致数字出版产业的管理和发展面临更多和更复杂的问题。目前,我国政府管理部门对数字出版企业的管理始终聚焦在内容这一环节上,严把内容发布关以确保传播出去的内容符合我国现行新闻出版法律法规的要求:对于内容生产者来说,传统的出版企业开展数字出版业务,除了要按照规定获得相应资质(网络出版许可),同时应在内部建立严格的内容审核把关机制;除试点批准的盛大文学和中文在线以外,目前尚未有其他民营企业获得数字出版领域的内容原创许可。而且这两家获得的内容原创许可也仅是网络原创文学这一单项的许可。也就是说,目前相关法律还不允许民营企业直接从事出版业务。对于渠道商和平台商作为内容的传播者来说,按现行规定,同样必须申请网络出版许可,而且只能对已经正式出版过的内容作品进行数字化传播,不得进行任何修改与编辑。对于展现内容的技术和终端商来说,按现行规定,只要涉及内容的生产、传播和加工,就要获得电子书复制的资质;单纯从事技术开发和服务或者未预置任何数字内容的终端设备制造商,是不用获取出版领域的相关资质的。未来,随着逐鹿数字出版战场的企业逐渐增多,在坚持分类管理标准的基础上,除严把内容生产关外,也应逐步放开内容发布、再加工、传播等其他环节的市场,从而提高数字出版产业竞争的有效性。

3.3.2 数字出版法律制度的现状

从数字出版产业发展初期,我国就从法律层面积极应对与数字版权保护有关的问题。在2001首次修改《著作权法》时,我国就在著作权的财产权中增设了"信息网络传播权"的内容,所谓信息网络传播权即以有线或者无线的方式向公众提供作品,使公众可以在其个人选定的时间和地点获得作品的权利。继而在2006年通过的《信息网络传播权保护条例》中进一步明确了该权利的行为、边界和侵权责任等有关内容。针对近年来新技术的发展态势和数字出版的实际需求,《著作权法》在2020年的第三次修订中也作出了积极回应。目前我国虽然缺少专门用于调节数字出版领域主体关系的法律法规,但是基于现有法律法规进行适当和适时的修改与补充可以为数字出版产业发展和数字版权保护适度地保驾护航(表3.2)。目前,我国已经构建起了以《著作权法》为砥柱,以其他若干著作权相关行政法律法规为辅助,以司法解释和一些部门规章为补充的相对独立完整的数字出版和数字版权法律体系。

除此之外,我国政府和有关部门还出台了一系列政策法规以促进数字出版的发展(表3.3)。从我国数字出版政策的发展现状来看,与之相关的政策在不断细化和补充,解决问题的针对性和可行性也都在不断增强。在政治上,数字出版产业规划被写入国家大政方针,得到了最充分、最有利的政策支持;在行政上,国家对数字出版的相关管理机构不断完善,从中央政府到地方政府都出台了相应的管理和扶持措施;在法律上,数字出版政策在原有的出版法律基础上不断修订,成为相应法律法规的有益补充;在技术上,数字出版统一标准的制定将是解决产业发展所面临的一系列难题的关键。

表 3.2　我国有关数字出版的版权法律体系

名称	年份	相关规定
《著作权法》	1990 年颁布，2001 年、2010 年、2020 年三次修订	在 2001 年第一次修订中增加了信息网络传播权；在 2020 年修订中增加了数字化的复制方式
《计算机软件保护条例》	1991 年颁布，2001 年、2011 年、2013 年三次修订	为了保护计算机软件著作权人的权益，调整计算机软件在开发、传播和使用中发生的利益关系，鼓励计算机软件的开发与应用，促进软件产业和国民经济信息化的发展而制定
《最高人民法院关于审理著作权民事纠纷案件适用法律若干问题的解释》	2002 年颁布，2020 年修订	为正确审理著作权民事纠纷案件而制定
《信息网络传播权保护条例》	2006 年颁布，2013 年修订	第二条规定权利人享有的信息网络传播权受著作权法和本条例保护。除法律、行政法规另有规定的外，任何组织或者个人将他人的作品、表演、录音录像制品通过信息网络向公众提供，应当取得权利人许可，并支付报酬。第四条规定为了保护信息网络传播权，权利人可以采取技术措施
《关于办理侵犯知识产权刑事案件适用法律若干问题的意见》	2011 年	规定了关于通过信息网络传播侵权作品行为的定罪处罚标准
《最高人民法院关于审理侵害信息网络传播权民事纠纷案件适用法律若干问题的规定》	2012 年颁布，2020 年修订	网络服务提供商接到权利人以书信、传真、电子邮件等方式提交的通知，未及时采取删除、屏蔽、断开链接等必要措施的，人民法院应当认定其明知相关侵害信息网络传播权行为
《网络安全法》	2016 年	第二十一条规定国家实行网络安全等级保护制度。网络运营者应当按照网络安全等级保护制度的要求，履行下列安全保护义务，保障网络免受干扰、破坏或者未经授权的访问，防止网络数据泄露或者被窃取、篡改……
《中华人民共和国电影产业促进法》	2016 年	第五十四条规定有下列情形之一的，依照有关法律、行政法规及国家有关规定予以处罚： （一）违反国家有关规定，擅自将未取得电影公映许可证的电影制作为音像制品的……
《网络出版服务管理规定》	2016 年	为了规范网络出版服务秩序，促进网络出版服务业健康有序发展而制定

表3.3 我国推进数字出版发展的相关政策

时间	政策	主要单位	简介
2006年9月	《国家"十一五"时期文化发展规划纲要》	中共中央办公厅、国务院办公厅	大力发展以数字化内容、数字化生产和网络化传播为主要特征的新兴文化。鼓励自主研发数字内容、数字传播、数字服务终端的产品和装备,开发数据处理、存储、传输、下载、数字互动等数字出版的增值业务,扩大数字出版的产业群体
2008年6月	《国家知识产权战略纲要》	国务院	第27条规定依法处置盗版行为,加大盗版行为处罚力度。重点打击大规模制售、传播盗版产品的行为,遏制盗版现象。第28条规定有效应对互联网等新技术发展对版权保护的挑战。妥善处理保护版权与保障信息传播的关系,既要依法保护版权,又要促进信息传播
2008年7月	新"三定"方案	国务院	对新闻出版总署机构进行了较大幅度的调整和整合,设立了科技与数字出版司,以加强对新媒体、新业态的研究、开发、利用,以更加积极的姿态和更加专业化的水准推动数字出版业又好又快地发展
2009年9月	《文化产业振兴规划》	国务院	进一步完善法律体系,依法加强对文化产业的规范管理。完善国家知识产权保护体系,严厉打击各类盗版侵权行为,促进国家文化创新能力建设
2010年1月	《关于进一步推动新闻出版产业发展的指导意见》	新闻出版总署	第二十八条规定改善和优化新闻出版市场环境。贯彻落实《国家知识产权战略纲要》,加大版权保护力度,探索建立在新技术条件下科学合理的数字出版授权和使用机制
2010年8月	《关于加快我国数字出版产业发展的若干意见》	新闻出版总署	第十八条规定加强版权保护。要加大版权保护宣传力度,强化版权保护意识;加大对数字版权侵权盗版行为的打击力度,切实保障著作权人合法权益;加快技术创新和标准制定,为版权保护提供有效的技术手段;积极建立以司法、行政、技术和标准相结合的版权保护体系
2010年10月	《关于发展电子书产业的意见》	新闻出版总署	通过促进电子书产业更好地发展,带动数字出版产业的发展,进而促进传统出版产业的数字化转型
2011年4月	《新闻出版业"十二五"时期发展规划》	新闻出版总署	加大出版保护力度。深入开展"扫黄打非"、打击侵权盗版和非法出版活动,整治市场环境
2015年1月	《关于推动网络文学健康发展的指导意见》	国家新闻出版广电总局	提出要建立完善作品管理制度,切实加强版权保护

续表

时间	政策	主要单位	简介
2015年1月	《深入实施国家知识产权战略行动计划》	国务院	要求加强对视听节目、文学、游戏网站和网络交易平台的版权监管,规范网络作品使用,严厉打击网络侵权盗版,优化网络监管技术手段
2015年4月	《关于规范网络转载版权秩序的通知》	国家版权局	明确著作权法律法规中涉及网络版权转载的几个重要问题
2015年12月	《关于新形势下加快知识产权强国建设的若干意见》	国务院	深化知识产权重点领域改革,实施更加严格的知识产权保护
2016年6月	《新闻出版业"十三五"时期发展规划》	国家新闻出版广电总局	重点任务:全面完成传统新闻出版业数字化转型升级;初步实现传统媒体与新兴媒体融合发展;大力提升数字出版产品质量;基本建成数字出版公共文化服务体系;积极拓展数字出版服务领域;积极探索新兴管理体制机制;继续推动数字出版"走出去";加强数字出版人才队伍建设
2016年7月	"剑网2016"专项行动	国家版权局	2016年将严重打击网络文学作品版权侵权
2016年7月	《关于新形势下加快知识产权强国建设的若干意见》重点任务分工方案	国务院	在管理体制机制改革、知识产权保护手段、知识产权对外合作等方面作了详细的分工规定
2017年9月	《新闻出版广播影视"十三五"发展规划》	国家新闻出版广电总局	加强版权管理,大力发展版权产业
2017年4月	《关于推动数字文化产业创新发展的指导意见》	文化部	积极建立数字文化知识产权保护体系,完善快速维权机制,加大管理和执法力度,打击数字文化领域盗版行为。规范数字文化产品版权交易市场,发挥版权交易激励原创、活跃市场、价值发现的作用
2019年4月	《公共数字文化工程融合创新发展实施方案》	文化和旅游部	加强现代科技应用,充分挖掘数字文化服务发展潜力,广泛吸纳社会力量参与,推动公共数字文化工程全面融合发展,提升工程的覆盖面和实效性
2020年11月	《关于推动数字文化产业高质量发展的意见》	文化和旅游部	顺应数字产业化和产业数字化发展趋势,实施文化产业数字化战略,加快发展新型文化企业、文化业态、文化消费模式,改造提升传统业态,提高质量效益和核心竞争力,健全现代文化产业体系
2020年6月	《关于加快推进媒体深度融合发展的指导意见》	中央全面深化改革委员会	要以先进技术引领驱动融合发展,用好5G、大数据、云计算、物联网、区块链、人工智能等信息技术革命成果,加强新技术在新闻传播领域的前瞻性研究和应用,推动关键核心技术自主创新

续表

时间	政策	主要单位	简介
2020年6月	《加强出版服务,助力打赢疫情防控阻击战》	国家新闻出版署	数字出版和融合发展异军突起,在科普传播、在线教育、新闻资讯、国际合作等方面表现亮眼
2021年6月	《"十四五"文化产业发展规划》	文化和旅游部	顺应数字产业化和产业数字化发展趋势,深度应用5G、大数据、云计算、人工智能、超高清、物联网、虚拟现实、增强现实等技术,推动数字文化产业高质量发展,培育壮大线上演播、数字创意、数字艺术、数字娱乐、沉浸式体验等新型文化业态

纵观其他发达国家的数字出版产业发展战略,美国、日本、英国、韩国等都及时制定了有关政策以扶植、鼓励和引导本国数字出版产业的发展。美国的数字出版产业主要依靠市场力量来进行管理,不断推动数字出版产业发展的是政府支持、技术进步和市场需求。日本也积极推动并倾力支持本国数字出版产业的发展,并把内容产业定位为"积极振兴的新型产业"。英国很早就重视数字内容产品的海外市场开拓,成立了针对目标国家出口事务的专家市场执行委员会来推动数字出版产品的出口。我国在近些年来通过制定、修改和施行一系列与数字出版和数字版权有关的法律法规和政策措施,将电子图书和电子报刊、云文件、互联网影音、网络游戏、数字出版物等多种形式的数字内容作品都纳入了规制范围,形成了一套较为完备的数字出版法律体系和数字出版管理制度。从目前我国正在应用的与数字出版相关的法规和规范性文件中可以看出,现阶段我国数字出版产业的发展特点如下:一是我国在加入《世界知识产权组织版权条约》(*World Intellectual Property Organization Copyright Treaty*,WCT)和《世界知识产权组织表演和录音制品条约》(*WIPO Performances and Phonograms Treaty*,WPPT)后将版权管理制度与之同步更新,这表明了我国的数字版权保护与管理具有相当的国际化视野。二是我国将鼓励和支持数字文化产业发展作为振兴经济和繁荣文化的一项重要政策,特别是知识产权强国战略将包括数字出版在内的知识产权行业确定为未来高成长性的重点产业。三是把扶持数字文化产业发展作为振兴经济的国策。我国把发展文化产业上升到国家战略,把知识产权保护作为国家强国战略,我国政府视数字内容产业为我国未来高成长性的重点产业。四是我国目前在数字出版管理领域既具备战略化和方向化的政策文件,又拥有策略化和具体化的实施办法。

3.3.3 我国当前数字出版法律制度的不足

我国的数字出版领域的法律制度与发达国家相比还明显存在问题:一是我国目前还缺少专门针对数字出版或数字版权领域的法律法规,相关立法分散。二是我国数字出版法律法规的行业立法与部门立法相比过少,仅有《中华人民共和国著作权法》这一部国家层面的法律,其余均为由国务院颁布的行政法规或由国家广播电视总局、最高人民法院等颁布的部门规章、司法解释。三是《著作权法》《出版管理条例》等法律法规颁布后虽然进行过修改,但仍难以跟上数字出版行业的发展进度,难以为数字出版产业的成长发展提供良好的治理环境和有力的法律支撑。四是在数字出版标准、技术措施规制等部分领域仍然有法律空白和制度缺失的现象，导致现有法律法规在实践中的可操作性差。

1. 数字版权制度不健全

发展数字出版产业的关键是保护数字出版中的著作权，但是目前我国的数字版权保护体系还不够完善，数字版权保护环境还不够优化，导致我国在数字出版热的同时版权纠纷多。保护好数字出版的著作权亟须进行三个方面的变革：一是当前我国对数字版权的保护和对数字出版产业的管理主要依据《著作权法》和《信息网络传播保护条例》等几部法律法规，法律体系分散，传统出版与数字出版并用并行，缺失专门立法。二是要加强对技术措施的保护与反规避立法。《著作权法》第二次修订增加了关于技术措施的原则性规定，第三次修订对技术措施、可以避开技术措施的情形以及技术措施反规避、违反技术措施的侵权责任作出了更加细致的规定，但针对实际情况的立法仍需加强。三是有效解决海量授权的问题。数字技术的进步使内容海量出版和数据海量传播成为现实，然而一对一的授权模式却无法满足数字出版海量化的实际需要，传统的著作权制度和法规体系又对海量授权模式的实施造成了阻碍，亟须通过完善法律法规解决相关的海量授权问题。

2. 现有法律制度可操作性不强

我国现有的与数字出版中著作权相关的法律法规多是指导性和原则性的，缺少可操作性和实践性的详细条款，导致这些法律法规在具体实施时难以落实。就此，笔者用以下几个例子进行阐释：一是避风港原则。《信息网络传播权保护条例》第二十三条中规定了与避风港原则相关的条款，但是目前对其理解存在较多争论，如"明知"则侵权，不"明知"则不侵权，但是对于网络运营商、平台运营商等主体是否"明知"还缺乏一个明确具体的判断方法，取证困难，导致相关规则和条款在实际操作中难以落实。《信息网络传播权保护条例》中与避风港原则相关的条款不仅没有有效地保护好版权所有人的著作权，理顺数字版权的利益关系，还导致其成为部分非法出版商、运营商逃避主动审核责任的保护伞。二是合理使用。互联网内容作品的合理使用范围在上传云盘存储、移动硬盘复制等情形下被扩大了。尽管现行《著作权法》列举了13种合理使用的情形且增加了信息网络传播权，但是仅对相关内容进行了简略说明，没有进行详略的解释和界限限定，在实际应用过程中找寻圭臬。另外，有关临时复制权的法律规制、网络作品的作者身份确认等方面也存在着法律条文模糊和界定不清等问题，给相关数字版权纠纷的有效解决带来了挑战。

3. 缺乏统一的数字化标准

标准化程度是一个产业的成熟度标志之一，因此要推动我国数字出版产业的长远可持续发展就必须尽早建立一套统一的数字出版标准。2019年国家新闻出版署发布了新闻出版行业标准，包括《专业内容数字阅读技术 标准体系表》(CY/T 179—2019)、《专业内容数字阅读技术 阅读功能与标签》(CY/T 180—2019)、《专业内容数字阅读技术 产品封装》(CY/T 181—2019)、《专业内容数字阅读技术 多窗口数据通讯》(CY/T 182—2019)，工业和信息化部信息化和软件服务业司为了尽快推动形成完备的区块链标准体系，做好ISO/TC 307技术对口工作也开展了筹建全国区块链和分布式记账技术标准化技术委员会的工作,我国数字出版标准的建立工作在近几年有了很大的进步,但形成统一完整的标准体系具体来说需要从三个方面入手:一是我国数字出版领域的一些基础性标准尚未完善,如数字出版物标识标准、字符集标准、信息分类等,同时我国数字出版物的质量堪忧,如错别字和标点符号误用等问题呈高发态势。二是除了基础性标准,我国的技术性标准、中介性标准等其他标准也存在缺陷,如元数据标准、编码标准、作品格式标准、网络出版标准、出版物物流标准等,特别是由我国主导制定的互联网领域的国际标准缺失严重,而数字出版必定与互联网不可分割。三是数字出版平台还没有统一。目前数字出版商之间还没有互联互通从而导致大量的内容资源和数据信息被浪费,必须要尽早发展数字出版业的配套服务业从而在系统整合的基础上形成统一的平台。提倡一次制作、多元应用的跨媒体出版难以在缺乏统一平台的基础上实现良好发展。

3.3.4 完善我国数字出版法律制度的经验借鉴

当前,我国应当在结合自身实际的基础上全面借鉴和吸收其他国家在数字出版领域发展过程中出现的经验和教训,从而更有动力、更有活力地将我国数字出版产业的发展向前推进。通过总结和对比中外数字出版产业的发展,特别是分析相关领域立法、司法和行政管理等方面的共性和异性,我国可以适当借鉴、防微杜渐,进而将中国特色的数字出版法律制度体系建设得更加科学和完善。

1. 完善数字版权法律制度

第一,要健全技术措施制度。虽然技术的进步往往是铢积寸累而非一蹴而就的,但是技术一旦成熟就能快速投入使用,一旦投入使用就能对社会发展造成重大影响。通过数字版权技术措施等手段可以有效地防范、制止和追究数字版权的侵权盗版问题,在目前数字出版产业中已经得到了广泛应用。在美国、日本等国家已经通过有关法律实现了对技术措施的反规避保护。例如,美国的《数字千年版权法》明确规定了保护数字版权的技术措施,禁止对设置的有关措施进行破解或毁坏,并在规避例外中进行了具体而明确的界定。目前,我国虽然支持数字版权技术措施的应用和发展,但是有关法律法规仍然不完善,缺乏可操作性,需要借鉴其他国家的法律法规,进一步增强有关法律制度的适用性、前瞻性和创新性以适应数字出版产业和数字版权保护技术的快速发展。第二,要努力变革传统的一对一授权模式,以集体管理组织为支点推动海量授权模式的形成。具体来说,需要进一步完善和健全数字内容作品版权协会等数字出版行业著作权集体管理组织的体制机制和与运营水准;需要在《著作权法》的基础上进一步出台著作权集体管理组织的专门法律法规,以更好地明确其组织性质和地位,规范其组织职能和权限;需要在集体管理组织的基础上疏通大规模乃至海量授权的渠道,切实发挥好集体管理组织在数字出版产业的重大作用;需要借鉴北欧等国家地区在集体管理方面灵活的延伸性创制,即在法律限定的特别情形和固定范围内使集体管理组织的职能范围扩大到非会员,从而更好地实现辅助海量授权职能的发挥,更好地防范数字出版市场的不正当竞争与垄断经营;还要提升数字版权授权许可、数字版权代理、数字版权认证等方面的制度建设,建立起完善的数字版权认证机制。同时,要维系好数字版权保护中的利益平衡,既要充分考虑内容创作者、内容传播者与内容使用者之间的利益关系,使得版权利益在三者间合理和适当地分配,又要将版权保护在出版产业中进行一定的限制,以推动产业内的各主体利益与产业外的全社会利益实现相对平衡。

2. 明确有关数字出版的法律条文

为使我国数字出版的法律法规更加行之有效,法律法规的条文内容还应当更加精细入微,而不该仅在宏观的原则性和导向性方面进行解释。特别是我国的《著作权法》应进一步减少表述的模糊程度,缩小限定空间,如在技术措施应用的条件、规避技术措施的责任、技术措施的有效性、技术措施的规避的判定等方面应当更加细致具体,当前依靠现有的《著作权法》难以系统有效地解决实践中出现的问题。另外,作为一种内容产业和文化产业,数字出版应当在内容出版乃至内容创作之前就能够通过法律法规清楚哪些内容生产是违法的,哪些内容生产是合法的,哪些出版行径是受鼓励的,哪些出版行径可能导致法律纠纷。近年来,《如懿传》等多部作品和数字产品难以过审或推迟过审,在给产业链主体的利益造成损失的同时,也浪费了大量的社会资源。一些企业为了实现自身利益,不合理地利用模糊化的法律条文和暗箱化的管理制度,通过钻空子的方式在数字出版产业里浑水摸鱼,搅乱整个行业的良好环境。

3. 加快数字化标准建设拥有统一的数字化标准

只有加快数字化标准建设拥有统一的数字化标准才能充分支撑资源信息流通的畅通和数字出版市场的规范发展。我国在数字出版及数字出版物标准化的建设过程中,要潜心关注以下几点:积极研究和借鉴国际标准,加快与国际标准接轨的步伐,通过标准统一和标准革新来促进国际贸易中技术壁垒的消除;要协调多方部门进行合力管理,明确与数字出版相关各方的职能权责;要促进政府与数字出版商、硬件厂商、技术支持人员、标准化专家等参与者的群策群力,在数字出版内容生产、传播、保护等过程中建立起符合行业规范的标准体系,创造公平、开放、有序的市场竞争环境。当前,我国数字出版的发展势头强劲,前景无垠,健全的法律环境与完善的法律体系是保障我国数字出版健康、稳定、可持续发展的基础。当务之急是要立足当前,着眼未来,对外部经验含英咀华,研究和构建与我国数字出版发展实际相适应的、完善的法律制度体系,以保障数字出版业在日新月异的发展中有章可循、有规可依、有法必依。

第4章 数字版权在数字资源使用中的作用与利益平衡

产业链是涵盖了价值链、供需链、企业链和空间链的四维关系链条,其中价值链的状态在很大程度上决定了产业链中的利益平衡能否实现。在数字出版产业链中,各节点主体的分工并不是一成不变的,同一主体可以同时触及产业链上、中、下游三个价值环节扮演不同的角色,这使得数字版权在数字资源使用中较难维持各方利益的平衡状态。因此,本章首先探讨了数字出版产业链中的版权利益,在此基础上对数字出版产业链中的版权利益失衡以及我国相关的法律制度进行分析,提出重塑我国数字版权产业的利益平衡机制。

4.1 数字出版产业链中的版权利益

产业链是一个来自产业经济学的概念,即在市场交易机制的作用下,为了实现或增高产业价值,以技术或经济为基础形成了内部具有确定联系的企业群结构,社会分工由此出现,并引起产业链的发展。产业链中存在着上、中、下游关系,上、中、下游各主体相互依存共生,相互进行价值交换,相互反馈信息。但是产业链中主体的多元化在一定程度上表示利益的多元化,冲突与矛盾在产业链上、中、下游各个环节以及各主体之间无法避免地进行着。

产业链是涵盖了价值链、供需链、企业链和空间链的四维关系链条,其中价值链的状态在很大程度上决定了产业链中利益平衡能否实现。虽然产业链中的各价值创造主体依存共生,但是由于价值链的不同环节所创造的价值量不同,因此在各种价值创造或增值活动中价值回报也是不同的。产业链在对产业价值分割的同时实现了价值增值,这种增值一般来自产业链的乘数效应,也就是说产业链中的任何一个环节的效益发生变化时,均会引起产业链中的其他关联产业相应地发生倍增效应。如果产业链不能进行合理的利益分配,不仅可能降低整个产业的生产效率和价值总量,甚至还会阻断产业链的生存与发展;只有对产业链的价值回报进行合理分配,特别是实现对增值部分的合理分配,才能进一步实现产业链的整合与发展,实现产业的长期稳定与繁荣。

4.1.1 版权在数字出版产业链中的作用

版权规范了数字资源的使用,保护了内容创作者的合法权益,它在数字传媒时代是必不可少的。在数字出版产业链体系中,数字资源的传播基于互联网等新兴传播媒介进行,可被多次存储、复制和传播而难以受到内容资源所有人的控制。因此,版权保护机制从法律上保护了著作权人的劳动成果和合法财产,维护了社会及市场的公平和正义,体现了社会对创作和知识的尊重。

版权在数字出版产业链(价值链)中起着基础性和决定性的作用,内容和市场称为数字出版产业的两大要素。基于版权完成的内容创作、传播和消费组成了一条最基本的数字出版产业链。版权是一种可被挖掘的资源和财富,它为数字出版产业提供了最直接的利益,是其产业链价值实现和增值的根源。提升版权价值可以提升数字出版产业的价值总量,进而提高数字出版版权产业在竞争中的优势。

再者,版权对数字出版产业的良性发展和运营起着促进和保护作用。在激烈竞争的市场环境中,版权促使产业价值链的各个环节都能较为有序地得到数字版权带来的收益,实现共赢。版权还提升了版权所有人、内容提供商等产业链上游主体的地位,这对以技术主导、渠道为王的数字出版产业链起到了平抑作用。版权利益的平衡能够实现数字版权产业链中各主体的共赢,版权利益失衡则会使少数企业获利,不利于数字版权产业链的健康运营,损害整体利益。

版权作为出版产业链中的价值源头,应当成为链条每个环节之间各主体进行经济利益平衡分配的重要根据。因此,出版产业界的经济利益分配模式应基于版权进行构建。

4.1.2 版权利益平衡的内涵

利益指的是人们对于特定对象的各种需求,这种需求受到客观规律的制约,目的是满足人们的生存和发展。版权利益满足了版权产业中各个主体的需求,驱动着各个主体的行为,在版权产业链中发挥着重要作用。各主体利益的分配、协调和平衡是版权产业协调发展的重要评判标准。利益平衡指在一定的利益格局和利益体系下,不同的利益主体之间达到一种良好共处、相对均衡的状态。版权利益平衡即版权产业内的版权利益得到相对合理的分配,使产业内各利益主体能够良好共处。版权利益平衡推动版权产业良性、长久的可持续发展。然而当前数字版权产业的快速发展打破了利益平衡,甚至产生了失衡状态。

数字版权利益平衡的内涵同传统出版产业的版权利益平衡的内涵一样,是多层次的。首先,要求数字出版产业链各环节的各主体均能够获得较为公平、合理的报酬,并保护其基本合法权益不受侵犯,缓解彼此之间的利益矛盾,使各主体能够实现利益的最大化。其次,数字版权利益平衡的状态追求的是整个数字出版产业链的可持续发展,并使产业链在创造价值方面实现质和量的优化。当然,需要强调的是,上述这种利益平衡只是一种相对的、动态的、协调的状态。最后,要实现这种相对平衡的状态还要考虑到社会利益和公共利益。

在版权产业链中,版权制度的存在是为了实现最优程度的利益平衡。在传统出版产业中,出版物通常仅依赖于单一的纸质媒介,控制好印刷就可以控制好版权,进而能够良好地维系版权主体间的利益平衡。但是,互联网时代的到来和数字技术的应用给版权利益分配模式的构建提出了挑战:传统出版基于版权而生的有序性和正当性,阻碍了数字出版产业在互联网上的发展,打破了产业链各环节利益关系的平衡,传统利益格局在数字时代面临着重大调整。

4.1.3 我国的数字版权利益分配模式

当前,我国数字出版产业链中分配利益的模式还不够完善,分配比例也不够稳定合理,比例从二八分到六四分,差距较大,极易引起主体间的恶性竞争,与欧美发达国家相比有很大不足。

数字出版产业链的主体多元化导致利益多元化,各环节、各主体均有其利益诉求,利益诉求出现分歧使数字版权利益分配出现了较为激烈的冲突。个别数字版权相关主体甚至只顾眼前利益,为了追求更多的自身利益而目光短浅地损害着其他主体的利益,损害着整个产业链的利益。

产业链各环节、各主体在利益分配格局中由于信息不对称等,优势地位不尽不同。例如,内容提供商等主体就自然处于经济利益分配中的弱势地位。作为产业链初阶的内容提供商,因为当下的数字技术和渠道不再具有话语权,所以就难以清楚地掌握销售信息,难以确保自身利益不受发行等其他环节的损害。掌握销售渠道和销售额的平台运营商则处于较优势的地位,可以更为便利地窃取数字版权利益,使整个产业链出现利益失衡。

再者,数字出版产业链中的同类主体如平台运营商之间,在分配利益的过程中也会发生较为惨烈的竞争。近年来,当当网、亚马逊等平台运营商为了争夺市场获得更多经济利益,在电子书业务上常打价格战,甚至以牺牲内容提供商的权益和破坏数字版权为代价。这种行为极大地加剧了数字版权产业链利益分配的不公,扰乱了该产业交易市场的经济格局。

整个数字版权产业链缺少利益分配相关的救济措施、制度保障和规范管理。虽然版权应当成为产业链各个环节间价值利益分配的重要依据,但是应该得到利益的各主体在无法分得合理比例的利益时,不仅缺乏足够的经验应对,而且找不到申诉渠道和解决途径。其次,我国数字出版产业链没有统一的信息平台,各环节各自为政,在利益分配上缺乏长期有效的协作,因此在价格制定、产业发展等追求自身经济利益的时候往往忽视整个产业链的状况。

4.2 数字出版产业链中的版权利益失衡

4.2.1 产业链各价值环节的利益失衡

一条完整的数字出版产业链由上游的内容提供商,中游的数字出版商、平台运营商和硬件生产商,下游的内容消费者以及网络运营商等组成。在数字出版产业链中,各节点主体的分工并不是一成不变的,同一主体可以同时触及产业链上、中、下游三个价值环节扮演不同的角色。虽然产业链中的经济利益和产品价值根源于产业链上游的内容资源,但是下游产业部门可以对上游产业部门的产品不断进行价值实现和增值,产业链各价值环节的利益竞争由此出现。

在产业链上游,包括传统出版企业在内的内容提供商和内容创作者十分重视内容的数字化出版,但是我国目前由内容提供商发起内容资源的数字出版还未形成一套成熟明晰的盈利模式,尚处于风险较高的投入大于产出的探索阶段。在技术和渠道占据优势的数字出版产业链中,这些主体更是处于利益分配的弱势地位,既难以获得产业链下游的销售信息,又可能因身处产业链上游缺乏技术和渠道而没有话语权和定价权,其应得的利益被肆意侵占。总之,缺乏版权价值回报保障的产业链上游主体所获得的经济利益通常低于其价值期望,这种贱卖内容的利益失衡在传统出版企业中更为严重,严重阻碍了产业链上游主体对数字出版的信心。

在产业链中游,数字出版商等各主体之间的同质化竞争乃至恶性竞争十分严重,又缺乏必要的沟通和协作,还开发了大量的相似内容资源,难以形成规模经济效应。这使得整个产业链的资源得不到合理分配,产品生产的效率低下,整体的经济利益降低,最终导致各主体均不能获得良好收益。此外,处于产业链中游的主体具有的相对优势的地位,是造成产业链边界模糊的主要动因:一方面,处于上游的内容提供企业和处于下游的硬件提供企业等大量企业开始涌入产业链中游;另一方面,大量中游厂商也开始借助自己的技术和渠道优势将业务逐步扩展到产业链两端。

在产业链下游,由于各主体版权保护和版权意识不足,再加上数字出版物的自身特点等多种原因,网络提供商和内容消费者等终端主体侵害版权利益的情况较为普遍,最终损害了产业链上游和产业链中游等主体应得的经济利益。

总之,以上种种表明我国数字出版产业链各个环节、各个主体在进行价值创造、竞争合作的过程中均存在缺陷和不足,为了实现数字出版产业发展的可持续,配套的制度和模型亟待完善。

4.2.2 版权所有人利益受到数字版权产业链其他主体的侵害

版权所有人是版权的所有者,在未进行版权信托等版权转让行为的一般情况下,版权所有人是内容资源的创作者和作品出版机构。在版权产业中,版权所有人拥有的价值利益很多时候会受到其他主体的侵害,从而引发利益冲突和失衡。

内容提供商侵占版权所有人的利益。在数字出版时代,内容作品的数字化形式是全媒体和多种多样的,而内容创作者和内容提供商之间的约定合同很可能是模糊的,权利边界是不明确的。同时,模糊的合同表述及版权所有人的理解偏差还可能导致不公正的违反版权所有人初衷的版权许可与权益转让。另外,内容提供商与内容创作者相比通常处于优势地位,前者以格式合同挟制版权所有人的利益,寻求作品的打包授权,侵占了版权所有人包括数字版权在内的全部版权。

数字出版商侵占版权所有人的利益。一是数字出版商不合法地占有内容创作者的利益。当数字出版商在短时间内难以获得有效授权时，经常会先侵权再获得版权所有人（作者）授权，如直接使用数字作品、内容资源数字化后出版使用和不按约定使用内容资源等，这种情况在数字出版产业中较为常见。除非版权所有人的版权利益受到较大侵害，高于维权成本时，版权所有人才会维护其合法利益，这纵容了数字出版商对版权所有人利益的侵占。因此，作为版权所有人的内容创作者难以从版权产业中获得应得的利益，其创作热情和公平感受到了打击。二是数字出版商侵占传统出版社的利益。在当前数字版权产业平台为王的时代，许多传统出版社没有占据渠道和平台，缺失互联网时代的数字传媒技术，其庞大的内容资源难以独自获得盈利，但却成为了数字出版商招揽的重要目标。数字出版商通过与传统出版社合作以获得海量数字资源，然而由于传统出版社在轻内容、重渠道的数字版权产业中没有占据有利地位，通常签订的合约协议是有失公平的，后者获得的利益较少。同时，一些数字出版商还开始绕过传统出版社直接与内容创作者合作，向产业链上游进军，进一步打压了传统出版社的生存空间，进一步弱化了传统出版社在价值链中的地位。

网络服务提供商侵犯版权所有人的利益。目前很多网络服务提供商为作品上传和下载、复制和传播提供了免费平台，间接侵犯了包括版权所有人在内的整个数字版权产业链的利益，扰乱了正常的数字出版产业市场。一般来说，网络服务提供商通过这种形式获得了知名度、影响力、点击率、广告费、移动APP绑定、同平台资源下载量等其他实际收益，但并没有给予版权所有人任何报酬。部分非营利性的网络服务提供商虽然没有侵犯版权的初衷，但是却消极地造成了侵犯版权所有人正当权益的实际后果。在我国，网络服务提供商在不知道侵犯网络版权的情境下，没有直接获得经济利益且发现侵权后及时采取措施防止进一步侵犯版权所有人权利的可以不承担经济责任。这样的制度规定使网络服务提供商的版权意识更加淡薄，在进行内容把关时故意放水，甚至加剧了利益失衡和利益冲突，不利于维护版权所有人的合法权益。在尊重互联网共享、开放、发展的基础上必须要加强对版权内容的筛选和把关，协调好版权所有人和网络服务提供商之间的关系。

处于产业链终端的内容消费者或使用者侵犯版权所有人的利益。版权产品最终要输送到内容消费者手中，但是数字版权作品的可传播、可复制、可加工等技术特征没有改变，数字版权作品的产品价值仍可以继续挖掘。很多用户在使用数字作品时，远远超出了其付费使用的正当范围，如未经许可在网络上传分享版权作品，滥用复制权大面积地在公共领域传播版权作品，对数字版权作品进行再加工并获得盈利等。数字版权作品价值的实现在于消费者合理的付费使用，我国固有的网络免费的价值观损害了版权所有人的权益，版权作品的经济价值被非法攫取。但过度的版权保护会限制版权作品的传播和影响力，反而可能降低内容作品的经济价值。更重要的是，内容消费者的行为失范加剧了版权的过度保护，还可能限制部分合法用户的便捷使用，最终反而伤害公共利益，加剧版权利益失衡。因此，必须要处理好权利人和使用者、个体利益与公共利益的关系，扭转当前数字版权产业链两端失衡的现状。

4.2.3 同类利益主体之间的冲突

通常扮演版权所有人角色的内容创作者与出版机构之间也存在着利益冲突,两者之间的博弈关系是十分复杂的。这里仅就能够影响到整个数字出版产业的部分情况和问题进行讨论。一是数字版权的归属问题。当前,在整个数字出版产业有双方签订协议后,数字版权同样归属于出版单位的不成文的规定。内容出版单位和内容创作者之间签订的协议往往忽视了数字版权的归属,没有明确数字版权的所有者,更没有详细说明数字版权的权利范围、内容、收益方式、利益分成以及授权期限等,这往往导致后期双方在数字版权领域的矛盾冲突和利益失衡。二是数字版权的维权问题。部分作者对自身作品数字版权的相关概念和知识认识不足,忽视了数字版权的重要性,不仅处于明显的弱势地位且损失了正当利益。在他们要保护自身数字版权的时候,又缺少专业知识、法律证据、时间精力和资本去应对出版企业等其他的侵权行为。数字版权的维权成本过高导致部分作者不得不放弃数字版权,甚至产生了对数字作品的抵触情绪,阻碍了数字版权产业的长久发展。

数字出版商之间同样存在着利益矛盾和冲突,加剧了版权产业的利益不平衡。一是它们之间无序化、同质化竞争非常严重。很多数字作品没有形成独家传播的机制,数字出版商不受复制传播的限制,特别是在数字出版商追求大而全的整体市场环境下,发展模式趋于相同,内容千篇一律,竞争杂乱无序。二是数字出版商之间相互设置技术壁垒,缺少协调合作。例如,数字出版商为了使自己的版权不受侵害,也方便利用自身的技术标准和渠道占有更多的客户和市场,均各自为营地开发了与其他数字出版商不兼容的软件平台和内容格式。数字出版商应用的数字技术标准复杂多样,这不仅降低了消费者对数字作品的体验,而且给数字出版产业链的整合和进一步发展设置了障碍。

4.3 审视我国数字出版中版权利益平衡的法律制度

利益平衡是知识产权制度的理论基础,也是著作权立法的基础。对著作权进行立法必须调整各个利益既得者之间的利益关系,但是不同利益主体的立场不一样,导致立法较难向前推进。

4.3.1 我国数字出版中版权利益平衡制度面临的新挑战

在数字传播时代,由于出版的权利主体不再单一,因此固有的版权与出版之间的平衡状态遭受到一定的挑战。这种挑战主要表现在以下几种情况:第一,客观上很难保护好内容创作者的权益;第二,传播者缺乏强有力的技术保护版权;第三,使用者在使用信息资源时出现过分受限或不合理滥用的问题。

1. 数字时代创作的独特性导致作者授权出现困难

数字时代打破了传统版权时代创作者团队由少数精英写手组成的范式，大量作品都是由可变性的作者共同完成的，如维基百科（Wikipedia）就是数字技术衍生出的典型代表。正是因为这些作者人数较多，很是分散，所以数字出版商在获得版权时存在一定的困难，甚至出现纠纷。这大多是由版权授权引起的。

而且，不同以往的版权环境也阻碍了部分创作者主动维权。阻碍一是创作者很难在庞大的信息中主动发现侵害自己版权的事情，因为他无法做到时刻关注着自己的版权，而且在界定不清晰、非法机构技术拦截的情况下，分清楚自己的产品是否授权传播难度更大。阻碍二是创作者无法得到确切的证据证明自己的作品被侵权。原因有两个，一是由于大部分网站都在技术或地域上设有障碍，无法在一定的时间和空间内得到有效的证据；二是创作者自身在创作时比较随意，无原稿，无登记，这也造成了版权认证的技术困难。阻碍三是部分网站对产品的传播并不是以营利为目的的，这就无法计算创作者的利益损失，也无法量化侵占者的违法行为，再加上诉讼成本非常高，大部分创作者也没有很强的维权意识，所以被侵害者的权益仍无法很好地得到保护。以上种种，造成很多草根创作者就算作品被抄袭、版权被侵害，也无可奈何。

2. 出版商合法权益维护手段薄弱

数字出版时代，不仅要使创作者的权益得到最大程度的保护，还要适度减小网络服务提供商所负的责任，以便实现该产业的良性可持续发展。正是由于这个原因，避风港原则顺势而生，成为网络时代版权权益调节的主要依据。这一原则的核心在于其特殊的通知与删除机制。当然，这一制度的存在本身是为了促进知识的数字传播和保护版权的利益平衡，但是由于其允许数字出版商在不知情的条件下规避侵权，按规则行使就不需承担侵权责任，这使得很多出版商钻了规则的空子，并成为一些非法商家恶性传播信息、故意逃避责任的避风港。所以，版权制度要解决的最紧要的现实问题就是，制定什么样的制度才能既促进信息传播，又不侵害创作者和数字出版商的合法权益。

3. 使用者过分受限与过分滥用之间的矛盾

为了防止使用者过分受限或滥用，维持创作和使用之间的利益平衡，并维护版权所有人的权益，版权法制定了一系列鼓励和限制制度，如合理使用制度、法定许可制度、强制使用制度等。但是，由于当下不同的国家对版权制定的法律差异较大，只有小部分国家明确指出要将不被允许的规避行为与侵权事件联系起来，所以基于默认的没有禁止就是允许的既定"规则"，所有产品都受限于版权技术措施，这相当于在技术防线之下，限制制度形同虚设。

再者，为了限制使用者过分滥用作品，版权所有人存在滥用版权技术措施的嫌疑，导致了使用者就算通过版权制度也无法合理使用作品的过分受限情况。甚至有部分版权所有人对逾期产品依旧设定技术措施，拒绝解码，导致大众接触不到或者使用不了公共领域的产品，实际上等同于延长了作品保护期。这种手段的过度扩张不仅不利于发挥使用权的效用，也对社会大众合理使用知识造成不良影响，长此以往甚至造成文化的垄断，最终成为文化传播和发展的障碍。

4.3.2 我国数字出版中版权利益平衡制度的新考量

2012年,为应对数字出版界日益增多的用户创造内容(User-Generated Content,UGC)模式问题,美国与欧盟联力制定新一轮网络信息时代数字出版保护法案《禁止网络盗版法案》(Stop Online Piracy Act,SOPA)、《保护知识产权法案》(Preventing Real Online Threats to Economic Creativity and Theft of Intellectual Property Act of 2011,PIPA)和《反假冒贸易协定》(Anti-Counterfeiting Trade Agreement,ACTA)等,但最终均因在境内或关涉区域引起激烈反对和抗议而被否决或搁置。其中一个重要的原因就是:其所提出的网络服务提供商不管出于何种原因都必须承担侵权责任的要求,打破了避风港原则基于网络服务提供商的保护效力。在这场传统出版行业和数字出版行业的博弈中,传播者的地位不断上升,并一跃和公众一起成为社会公共利益的组成部分,而数字出版商也逐渐演变为推动利益平衡制度发展的中坚力量。

基于传统利益平衡格局和网络时代的发展,寻找差异并有所突破是新的利益平衡制度的主要考量。虽然国内相关的著作法中已经体现了网络著作权利益的平衡,然而数字出版中的利益要想达到平衡则要在版权所有人、传播者和社会大众间达成平衡,因此审视国内数字出版现有的利益平衡制度,也即正视当下数字出版立法面临的新问题。

1. 已有授权模式与著作权集体管理制度的缺陷

获得优秀高质的作品资源关乎数字出版商的生存与发展,而如何进行权利授予和既定的授权模式共同决定了出版商能不能获得优秀高质的作品资源。国内相关法律明确规定,不包括法定许可和合理使用在内的所有出版商都要遵循"先授权后使用"的模式。即著作权人与数字出版商签订具有法律效力的授权合同,前者可通过此获得一定的报酬,后者通过此获得该产品的印发权、传播权等。授权使用又称作许可使用,国际上称之为版权许可证贸易。然而,网络时代出现了大量作品和大量创作者,传统出版界著作权一对一授权、交叉授权和要约授权等模式已不能满足当下的要求,庞大的授权问题严重阻碍了数字出版产业的良性发展。

数字出版企业为了规避侵权的风险,往往一次性从信托组织处打包授权获取作品的相应使用权。然而,在信托组织具体运营和管理中往往出现以下四个问题:第一,信托组织仅能代替组织内成员行使相应的权利,依然有大量的非组织内成员的权利该组织无法行使。第二,信托组织的非营利性特征使之规避市场竞争,导致授权管理作品的转化率和报酬率较低,更加不利于其他创作者加入,从而造成恶性循环。第三,管理内部查询功能形同虚设,收费标准、费用的管理和分配不够透明,达不到成员的要求。第四,缺乏监督审计机制。综上所述,信托组织的作用和功能十分有限,对著作权集体管理制度进行改进优化亟待解决。

2. 技术措施制度的限制与滥用之间的矛盾

网络技术的迅速发展,不仅加快了作品的传播速度,也增大了版权被侵害的风险,与此同时也给版权所有人使用技术措施进行自我保护提供了机会。所谓技术措施,指的是版权所有人为了维护其著作权而采用的自助行为,如版权所有人使用反复制设备、电子水印、数字签名或数字指纹技术、数字权利管理系统、追踪系统等一系列方法措施,加大出版企业直接获得作品的难度,进而促使出版企业以授权形式使用该作品。这种措施对经济价值高的作品,如软件作品、电视、电影等有很大的必要性。但是,正所谓"上有政策,下有对策",种种反技术措施顺势而生,用户破解后对作品再传播加大了版权利益的不平衡。种种博弈之后,往往出现作品过分被保护,反技术措施过分猖狂,利益失衡更严重的现象。因此,为了减少或避免二者博弈浪费海量资源,相关法律要对技术措施进行确认和保护。再者,为了避免过分被保护和盲目滥用,并保护创作者和使用者的合法权益,法律在确认技术措施的同时也要对其加以一定程度的限制。

21世纪初,技术措施第一次被写入《著作权法》中。《著作权法》(2001年)第四十七条第(六)项明文规定,未经著作权人或者与著作权有关的权利人许可,故意避开或者破坏权利人为其作品、录音录像制品等采取的保护著作权或者与著作权有关的权利的技术措施的,法律、行政法规另有规定的除外。但是当时法律条文上并没有对技术措施和权利管理信息进行明确的界定,相应的义务也模糊不清,导致该规定不符合逻辑。2013年《信息网络传播权保护条例》(以下简称《条例》)详细界定了技术措施并对权利管理电子信息进行了规范。这表明接触控制技术措施已被纳入法律保护。但是在如何限制技术措施方面却与著作权其他制度出现了矛盾。例如,《著作权法》针对合理使用信息网络传播权提出13种情形,《条例》却只规定了8种,这就给使用者造成了比较大的困难。其次,《条例》对作品信息网络传播权的技术措施进行了限制性规定,即以下四种情形可以破解技术措施:课堂教学或科研;非营利性地向盲人提供作品;国家机关依法执行公务;计算机及其系统或网络的安全性能测试等,但不能向其他人提供相应的技术和装备。这意味着使用者要想破解技术措施,必须自己掌握技术,但是事实上很难达到,这相当于阻碍了有合理使用目的的使用者的权益。在《著作权法》的第三次修改中对技术措施的保护与反规避作出了更加具体的规定,但仍然难以解决现存的一些实际问题。毫无疑问,我国现有的法律法规仍在技术措施的保护和社会大众的合理使用方面存在漏洞。

3. 避风港原则的具体适用问题

版权中的避风港是个典型的舶来词,美国《数字千年版权法》(Digital Millennium Copyright Act, DMCA)首次提出这个概念并被我国公众接受。

数字出版时代,传播者即网络服务提供商主要通过避开侵权间接达到获利的目的,但无形中侵占了版权所有人的利益。如时下比较流行的网络服务提供商为了提高网页点击率和网站的影响力,一般都会提供免费的平台供用户上传、下载,用户通过此不仅可以达到分享的目的,而且可以获得积分用来下载该网站的其他资源。以上两种行为均无侵害版权的嫌疑,但大量的文档集中在一起处于无保护的状态,反而给不良商家提供了可乘之机,进而造成作品权益被侵占。

前文有讲到,网络服务提供商在不知情的情况下或在不知侵权的情况下未获得直接利益,并及时采取补救措施的侵权行为通常不受法律约束,也不承担赔偿责任。这在我国《条例》中也有提到。

《条例》并没有界定直接获利的范畴和标准,依据法理,直接获利的主要形式是网络服务提供商直接租赁或销售版权所有人的作品。众所周知,当下网络服务提供商主要通过点击量带来的广告收益、服务接入费以及用户上传的信息达到获利的目的,但这种并不符合直接获利的条件。一旦被告知侵权,网络服务提供商就会以不知情为理由,迅速删除相关作品及链接,但这种操作并无任何实用价值。网络服务提供商照样重复已有的模式获利,版权所有人权益被侵害的现实依然存在。因此,相关制度必须尽快作出调整,否则会造成更多的利益矛盾和冲突,利益失衡现象也会更加严重。

为了促进网络服务业的发展,DMCA以中立的原则对网络服务提供商侵占版权所要承担的责任作了限制性规定。避风港原则即是对相关主体的一种保护,其一在于保护网络服务提供商;其二是协助版权所有人趁早发现侵权人,鼓励两种主体之间进行合作从而缓解侵权危机。但因为版权所有人对自己的作品比较了解和熟悉,网络服务提供商和用户之间的关系特殊,避风港通常将发现侵权行为的任务放在版权所有人身上,将终止和屏蔽的任务交给网络服务提供商,网络服务提供商可以通过删除相关网页、冻结用户账号等很容易地达到制止侵权行为的目的。然而,很多网络服务提供商却将此当成规避侵权和逃避责任的避风港。因此,我国相关法律需要对避风港原则在具体使用中加以界定和规范。

第一,关于直接获利。《条例》规定承担赔偿责任的条件之一即为直接获利。但当前网络服务提供商盈利的方式大多并不符合直接获利的范畴,《条例》对直接获利也没有详细、明确的界定,这为侵权举证增加了很大的困难。可否获得经济利益、获得的多少与认定侵权性质及赔偿责任几者之间密切相关,只有将网络平台盈利的特点作为考察获利情况的原点,才可能避免造成司法的疏漏或者不公。关于部分侵权案件出现的"官司赢了利益依旧受损"的状况,则说明法庭赔偿金额不足以弥补被侵权人的利益损害,这可能要从完善法律的赔偿机制入手解决。

第二,关于侵权通知。毫无疑问,网络服务提供商在接到权利人的合格侵权通知时必须快速对侵权内容作出反应和处理,否则就要承担相应的责任。当然,如果权利人发出的通知并不合格,那么网络服务提供商可不予理会。也就是说,"合格不合格"是需要网络服务提供商审核的。《条例》第十四条规定被侵权者可以向该网络服务提供者提交书面通知,内容应当包括权利人的姓名(名称)、联系方式和地址;要求删除或者断开链接的侵权作品、表演、录音录像制品的名称和网络地址以及构成侵权的初步证明材料。关于侵权通知这项条例有两点不足:一是《条例》中要求权利人所写的通知必须包括侵权作品的网络地址,这在实际操作中是很难实现的。随着P2P技术和虚拟服务器技术的普及,用户会获得随机分配的网络地址,这使用户每次登录的网络地址都与上次不同,这也意味着被侵权内容的网络地址是处在动态变化中的。实际上,不需要网络地址,通过搜索关键词或者数字指纹,网络服务提供商就可进行删除、通知等操作。这点表明《条例》对侵权通知的规定过于僵化,并不适合实际操作。二是《条例》要求侵权通知应当载明初步证明材料。权利人在发出书面通知前要搜集证据材料,不仅增加了维权人的工作量和成本,同时也给网络服务提供商的审查增加了难度。网络服务提供商并不具有司法机关或准司法机关的性质,没有权利和义务对侵权的初步证明材料进行审查。从这点来说,《条例》关于此的规定也不合理。

第三,关于明知或应该知道的规则。《条例》第二十三条吸纳了红旗标准,网络服务提供商"明知或者应知所链接的作品、表演、录音录像制品侵权的,应当承担共同侵权责任。红旗标准作为避风港原则的例外受到学术界的肯定,意思就是侵权事实就像一面红旗飘在网络服务提供商面前,其却对此视而不见,这种情况下就算权利人没有发现,网络服务提供商依然需要承担共同侵权的法律责任。这项规则是法律强制给予网络服务提供商的合理注意义务。在当前的司法实践中,判断是否遵守该项条例的依据是网络服务提供商对侵权通知的审查程度。但这无疑增加了网络服务提供商的审查负担,第二点中有说到这并非网络服务提供商的权利和义务。因此,法律对此应当有明确的界定,同时也需要有具体的、便于操作的法律使红旗起到该有的警示作用。

综上,笔者认为避风港原则的适用条件应该作详细的界定和规范,一方面不能让网络服务提供商担负比较重的责任,从而影响互联网行业的发展;另一方面,不可放任网络服务提供商随意侵害他人权益,尽可能地平衡二者之间的利益,避免冲突。

4.4 重塑我国数字版权产业的利益平衡机制

4.4.1 数字出版中利益平衡机制的新理念

保护著作权的首要任务就是使各主体利益平衡,而平衡的重心在于如何与时俱进地激励创新和创造。数字出版是互联网产业和网络新技术衍生的产物,探讨数字出版语境下著作权保护的新机制是出版业界的要求,也是当下亟需解决的问题。保护的意图是鼓励创作和创新,但数字出版时代不同于传统的著作权保护,过度保护又会限制其创作和创新,这个悖论也正是实现利益平衡的根源。

1. 利益平衡机制经济学的引入

数字出版过程中有多个主体参与,而参与的主体会为了追求最大化的经济利益而不可避免地造成彼此间的利益冲突。对此,根据利益平衡原则,可采用经济学视角进行分析。

(1)帕累托最优理论在利益平衡中的使用对策

帕累托最优理论又称帕累托效率,指的是一种资源已经处于无论作何种改变都不能使个体变得更好或更差的最好的配置状态了。这个理论在经济学中一直占有重要的地位。如果将该理论运用到数字版权利益平衡方面,可如图4.1直观形象地表示:横坐标表示版权所有人的利益,纵坐标表示公共利益,A点为二者原平衡点。如果二者发生利益矛盾或冲突致使原本的利益平衡被打破,此时就要确定新的平衡点即A'点,并且A'点只能在下图阴影和边线处移动,如此才可以满足帕累托最优理论的要求。

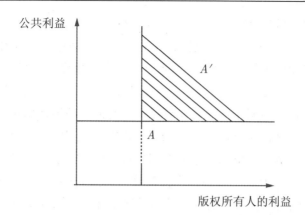

图4.1 数字版权利益平衡中的帕累托最优理论

在数字信息时代,只有满足了帕累托最优理论的要求才可以最大程度地实现数字出版版权利益的平衡,即平衡点处于帕累托最优状态,任何改变都不会破坏参与主体的利益,与此同时还可以增加社会总体利益。制定出版版权法律时也可以使用这个理论,调整、平衡好版权体系,使之达到最优状态,保证任何改变都不会损害版权参与主体的利益,最终实现双赢甚至多赢。

(2) 使用卡尔多-希克斯补偿理论的平衡对策

卡尔多-希克斯补偿理论是指在追求相关参与主体利益平衡的目标情境下,对帕累托最优理论进行补偿或妥协,从而达到一种次优的平衡方案。这种理论显然更符合现实,参与主体任何一方作出让步可使整体利益达到一种暂时的、相对的平衡,新的平衡点不仅可以在阴影部分移动,还可以在更大范围内移动。在移动时只要满足 $x_2 + y_2 > x_1 + y_1$ 的条件,任何一方参与主体利益受损都可以得到补偿,一方进行增值时,这种理论是一种改良的帕累托最优理论。当然,在实践中,很多时候管理和运营并不能满足帕累托最优的要求,这个时候相关法律规定就应该采用补偿理论:一是让已经获利的一方作出让步,增加另一方的利益,达到新的平衡和双赢局面;二是让强势一方作出让步,保护弱势一方的利益,并给予一定的经济补偿。当然,法律的调整和偏向应该是有原则、有实效的,既不能出现得不偿失,也不能出现一方让利而另一方并不能得到补偿的情况,最终使社会整体利益下降而成为无用的调整。出版版权保护体系中存在多个相互依存、相互作用并相互影响的矛盾主体,因此协调好各方利益是保护版权所有人的合法权益,使使用者公平合理地使用信息,最终达到共赢的必然选择。出版版权保护系统中存在多个矛盾双方,这些矛盾双方是互相依存、互相作用且互相影响的,是一种对立统一的关系,因此在数字出版的过程中,应该协调好各方利益,其中任何一方都不能过分地强调其自身利益。如果这个版权系统中的三方都各退一步的话,版权所有人的合法权益就会得到使用者的尊重,并给予使用者更好、更多的合理空间。使用者此时接触信息多且不控制信息,如果提高出版作品的发行数量,就能收到各方利益共赢的良好结果。

2. 数字出版著作权保护利益平衡的新方向

在数字出版领域,对著作权的保护已经超越了传统意义上单纯的文学、艺术和科学作品的创作,著作权与商业、经济和科技关系密切,它可以塑造新的商业模式,可以促进科技创新,反过来又成为约束和激励它们的重要力量。鉴于此,如何促进商业发展和科技创新成为利益平衡新的重要支点,将其纳入版权利益平衡的热议话题和重要考量也就顺理成章了。知识经济时代把知识作为最重要的资源,数字出版的对象则是信息与知识,即产品的生产、流通和消费整个过程均是以数字内容为中心开展的。从这个角度上讲,数字出版产业符合知识经济的本质特性。不同于传统著作权保护与生俱来的温文尔雅的书卷气,数字出版时代保护著作权的利益平衡具有市场气息和商业杀机,这也从另一个角度说明了著作权法的功利性或实用性。传统出版的内容掌握在创作者和出版商手中,出版被确定,很难再修改;而在数字时代,作品在创作、引发阶段允许被修改,更甚者使用者也可随意处理作品内容。因此,出版商常常未获得有效授权就出现侵犯版权所有人利益的现象,而且还会出现强势的网络服务提供商不尊重版权所有人的利益,采用格式合同将其作品权利打包。所以,数字时代的网络服务提供商在对终版产品进行制作、包装、分销并且被使用的背后往往会引发重新调整利益格局的法律纷争。

而且,著作权保护与产业发展二者从来都是密不可分的,产业发展推动着著作权法律制度的制定,著作权法律制度反映着产业的声音和利益。对版权进行保护的意义是为了促进社会高效地配置和使用知识和信息资源,但毫无疑问,数字出版产业内容复制和传播的零成本对其版权保护和管理提出了更高的要求。当前,不同国家和地区数字出版产业链的各个环节、各个主体都常常出现侵权的现象。部分原因是各环节、各主体均很容易盗版数字版权,而且在数字时代,对版权的保护采用法律手段和技术手段(即DRM)相结合,但通过技术手段筑起的版权壁垒优惠引发了各种错综复杂的利益关系,这就需要重新梳理版权的参与主体,重新建立起新的利益平衡机制。诚然,保护数字版权的技术和法律手段都不会臻于完美,但相关利益主体的利益获取却只通过版权保护和管理才能实现,否则数字出版产业也行之不远。

4.4.2 数字版权利益平衡协调机制的重构

数字时代,出版产业和版权保护二者的矛盾限制了人类文明的生产与发展,解决冲突、重构二者间的利益平衡机制势在必行。版权利益平衡可以通过著作权法或授权许可合同这两种方法实现,前者称为分配机制,核心要素是权利限制和例外,后者称为市场机制,主要通过使权利人和用户各自得到自己想要的而实现双方利益的平衡。解决二者间的矛盾既需要政府管理部门的强制性调节,也需要市场的自发性调节,就出版产业的属性而言,后者将起到更大的作用。

1. 完善利益平衡框架下的法律制度

传统版权保护模式主要是从私权理念出发,以复制权保护为核心,通过合理使用和法定许可等权利限制制度来实现作品权利人与使用者之间的利益平衡。换句话说就是,传统版权利益平衡只需在版权所有人与社会大众之间达成,传播者的作用并不明显。然而在数字时代,技术快速更新换代,版权利益平衡也打破了原有的静止状态,簇拥着知识产权加速发展。传播者的地位步步高升,一跃和公众一起成为社会公共利益的重要组成部分。制定数字出版法律首要的任务是实现传播者和公众之间利益的平衡,也即寻找适合自己的新的数字版权平衡点。

第一,扩大创作者的权利范围。在收缩权利保护时限的网络空间下,版权所有人的权利在整个网络体系快速膨胀,并拥有信息网络传播权、技术措施权、权利信息管理权、电子数据库保护权等各项权利,也就是说只要有新技术产生,他们就能拥有新的技术措施权。

第二,著作权法第三次修订中加入了技术措施的保护和限制,加快作品的传播速度,也增大了被侵害的风险,但与此同时也给了权利人用技术措施进行自我保护提供了机会。换句话说,权利人可以利用技术措施的限制获取,达到保护自己的权益不被侵害的目的。但是,种种反技术措施顺势而生,照样侵害了权利人的权益。前文有讲到,种种博弈之后,往往出现作品过分被保护,反技术措施过分猖狂,利益失衡更严重的现象。因此,为了减少或避免二者博弈浪费海量资源,相关法律要对技术措施进行确认和保护。再者,为了避免过分保护和盲目滥用,并保护创作者和使用者的合法权益,法律在确认技术措施的同时也要对其加以一定程度的限制。前文4.3.2一节中的第2点"技术措施制度的限制与滥用之间的矛盾"部分详细介绍了我国现有法律法规仍在技术措施的保护和社会大众合理使用方面存在许多漏洞。为了解决这些漏洞,笔者建议进一步完善《著作权法》中关于技术措施的规定。一是《著作权法》应明确界定技术措施的有效性。所谓有效性指的是该技术措施在不依靠法律责任的保证时,自身可以给予作品一定程度上的保护,如果该技术措施极容易被破解,或者说破解方法已经成为常识,根本不能给予作品最低程度的保护,那么这些都不能称为具备有效性。当然,这并不意味着有效性要求技术措施强大无敌,只是说它能够给予作品一定程度的保护即为有效,具体标准则由立法和司法机关根据利益平衡的需要进行明确的界定。二是基于利益平衡框架,构建一种机制可以在合理使用时移除技术措施。为免除用户合理使用和出版商实际保护措施之间的矛盾,有学者提出通知和移除程序。意思是,用户在合理合法地使用作品之前,可以根据程序向权利人发出要求其暂时移除对该作品设置的技术措施的通知。权利人则需要在特定的期限内对用户的请求作出回应,无论是允许还是拒绝。当然,若是后者,用户可向司法机关提出诉讼,要求权利人将技术措施移除。

第三,避风港原则相关条款的进一步明确。如前所述,虽然我国版权制度中对避风港原则已经有了相关的规定,但是直到目前,我国依然没有形成专门的《网络著作权保护法》,《条例》只是暂时在一定程度上代替了该法案。因此,在《著作权法》中对于数字技术的版权问题建议用法律的形式对我国的避风港原则进行明确和完善。并结合前文中关于避风港原则的分析和讨论,提出以下几方面建议。

首先,关于直接获利的规定。《条例》第二十二条关于直接获利的条件不满足当下时代网络营运的实际,甚至很多时候会使网络服务提供商钻空子,借此规避侵权,损害权利人的利益。因此,应将直接获利的条件予以删除。

其次,关于通知和移除的规定。《条例》第十四条关于通知和移除的规定存在一定程度的不足。一是应该把权利人发出的书面侵权通知中要求载有被侵权作品的网络地址和初步证明材料(第十六条)这些要求去掉。如此,权利人只需要指出被侵权的作品或者要求删除或断开链接的侵权内容即可,这样既可以降低权利人维权的难度,也可以减轻网络服务提供商审查的负担,其不必再对通知和反通知进行实质的审查,只需满足避风港原则格式的要求就可以了。当然,对于出现的权利人滥用通知与反通知等事件,可借鉴美国DMCA对侵权通知的规定:权利人要保证自己发出通知的真实性,不得弄虚作假、捕风捉影,否则一经查出,将需承担因此给其他当事人或者利益主体带来的全部利益损失,甚至严重者构成伪证罪。二是改书面通知为线上通知,为我国未来构建一套完整的在线诉讼通道打好基础。实际上在现实中,侵权通知已经开始向线上迁移,不同的网络服务提供商对于接受通知的渠道也有不同的安排。有的只接受线下通知,如开设线下邮寄通道等,这也是大多数商家在当前法律制度下的普遍做法。当然,也有采用线上线下双规并行的方法,如百度网站,除了建立普遍的线下邮寄通道,还开设了线上投诉中心,虽然侵权投诉窗口还未开通,但这无疑将是未来的一个趋势。所以,取消书面通知,改线下为线上势在必行。这方面,可以借鉴美国网络服务提供商接受侵权诉讼所建立的信息查询系统。三是对网络服务提供商删除侵权作品的时间进行明确规定。在实际操作中,网络服务提供商不一定能对权利人发出的通知作出及时回应和处理,经济利益是影响其作出回应速度的主要因素。毕竟,作为注意力经济,互联网盈利主要取决于用户访问量,换句话说,拖延删除侵权作品的时间可以为其带来更大的访问量,尤其是在各方面法律和技术不能很好匹配的情况下,网络平台的影响力与侵权内容的威胁成正比例关系。这个时候,在利益面前,法律又不具备强制性的删除时间的规定,网络服务提供商就可以自己把握删除时间,进而损害权利人的利益。

最后,关于应当知道(应知)的标准。网络服务提供商应承担侵权之责,是由"应知"这一主观故意之因决定的,虽然仍有少数学者不支持这样的判定,可是"应知"是网络服务提供商承担侵权责任的前提这一认知在实际事务早已被验证。通过理论与实际的结合,人们将应知的认定标准定为红旗标准,同时就应知亦有了统一认识。红旗标准旨在把客观标准提供给错过认定的网络服务提供商,以提醒他们科学友善地管理自己的平台,尽到合理管理的义务,而不是关注于事先他们是否有尽到实质审查的义务。网络服务提供商的应知指的是无论是哪个民众,只要进入该网页就可以察觉到那些像红旗一般飘在眼前的侵权事件。如果网络服务提供商没有就显而易见的侵权行为作出应对,即"主观故意",在此情形下,哪怕已经符合了避风港原则的其他条件,也同样要为侵权进行赔偿。网络服务提供商的合理注意义务能够进行一定的提高,这是由其专业性决定的。鼓励网络发展的政策出台、受技术的限制这两个因素使被网络服务提供商服务的主体提交的作品无须审查。那时候,技术水平尚不能满足精确检测作品的目的,而现在,得力于电子指纹和数字水印等网络服务提供商必需的高科技手段,权利人对自己的作品能够进行有效的保护。如若网络服务提供商忽视合理的过滤技术造成侵权行为,就是并未履行合理注意这一义务。此外,就侵权事件而言,要考察网络服务提供商的主观过错,可以凭借辨别他们是否已经施行了基本的技术检测等手段来履行合理注意义务这个方式来判定,这也是对红旗标准的一种补充,之所以会有这样客观的要求,是因为作为专业平台的提供商,网络服务提供商要有基本的检测技术,这是他们履行合理注意义务的保证,同时,这一客观要求也没有让网络服务提供商承担事前审查的义务,网络技术依然保有中立原则。基于以上原因,立法者可以把其纳入修法范畴,并以此考察应知准则,为解决实际难题提供条件。

2. 构建数字出版利益平衡的市场机制

在数字出版背景下,版权所有人的合法权益能得到多少既取决于减免侵权的程度,也在一定程度上与增加的授权密切相关。学术界有人提出,当下完成知识产权价值的最佳路径不是无限地添加技术措施,而是把权利下放到市场,借市场的手来完成。至于作品如何使用、如何付费由版权所有人和用户共同商量决定,而其财产价值实现了多少则交给市场决定。

(1) 构建多元化授权模式

我国对于著作权的处理应该构建以集体管理授权为主,以文学经纪人代理授权、授权要约模式、超星模式、开放共享模式为辅的多元授权模式。当前我国存在多种多样的授权方式,每一种都有不足和缺陷,集体管理模式是最符合我国国情的,其不管是对作品的保护还是对权益的最终实现都比其他模式更合理有效,也必将长期存在下去。当下我们迫切要做的就是,如何创新我国主要授权模式的管理制度,如淡化行政功能,加强透明化运营,增加其延伸性等,并完善其工作机制,如利用国内大型版权交易平台及对方的网络技术创建云平台,进而在此平台上实现一点通式的集体授权。其次,应再建立一个在全国统一的有影响力的数字版权交易系统,人们只需要在这个系统进行一次检索即可确定一项文化产品的版权状态,包含在全国范围内的权利以及权利持有人的信息,它也是保障集中授权健康运营的条件之一。因为当前集体管理模式主要盈利的方式是组织在管理中通过集体授权、收支费用、诉讼维权等获取一定数量的费用。然而网络数字技术的快速发展,对传统的盈利模式以及权利人的权益造成很大的冲击,去中间化的著作权许可逐渐被节省搜索成本的个别许可取代。当然,个别许可也有一定的局限,即在网上缺乏搜索资源的情况下,此种许可方法是没有办法进行的。因此,构建一套完整的网络服务平台相关系统是亟待解决的。如此,不仅可以提高著作权集体管理相关组织的服务效率与服务质量,也可以给予版权所有人和用户很大的方便。

(2) 构建完整的版权交易担保制度

第一,构建数字版权交易担保的保证金制度。对于线上授权这一方式,保证金的存在是为了保证数字出版商合法合理支付作品价格进而取得作品使用权。数字出版商在版权交易平台上进行注册时即需缴纳一定额度的保证金,以确保该企业可以遵守用户协议,合法合理地按照既定规则使用平台上的作品,一旦不遵守合约出现违约使用,其所支付的保证金将暂时失去效益,待核实后,依据损害权益的多少和程度,该笔保证金将用来补偿版权所有人,不足部分额外支付。需要说明的是,该笔保证金的数量与赔偿版权所有人的比值是要经过科学的计算的。

第二,构建一套交易担保的信用评价系统。易趣网(eBay)创建了信用评价系统,使得用户每进行一笔交易,买卖双方均可在平台上双向对此作出评价。作者建议,可以在数字版权集中交易授权的平台上借用易趣网的信用评价系统,出版商即买方。但因为买方需要多次购买平台的作品来实现进一步的盈利,所以必须高度重视自己的信用度。因为在这个过程中,版权所有人可以对出版商对自己作品的使用情况作出评价,这些评价又与出版商得到的积分有关,如果出版商得到的评价每次比较消极,积分则比较低,在交易平台的信用排名将会比较靠后,以后也将很难再从卖方处得到资源。如此,信息公开透明不仅最大程度地保护了版权,也为平台吸引到了更多的版权所有人加入。

除此之外,信用评价系统能够协助平台对出版商的历史信用额度形成记录,并将信用额度与缴纳的保证金相联系,前者越高缴纳的保证金就越低,进而对版权所有人的利益进行保护。

3. 破解数字出版利益平衡的其他方式

尊重市场规律,发挥市场作用,使数字出版产业链各环节、各主体都能够为重塑版权利益平衡发挥作用。市场可以实现自发性调节,产业链中存在的利益失衡问题可能会随着市场机制而逐渐获得调整。如百度文库、盛大文学等很多平台和渠道近年来都在积极探索和尝试,主动减少分成,以内容和质量换取市场。与行政和司法等刚性手段相比,市场更具时效性和灵活性。市场的理性要求驱动着数字出版产业链内的各个主体在追逐商业利益的过程中尽可能地维护出版产业链的利益平衡,实现产业链的长久可持续发展。与市场接触最为紧密的数字出版商、平台运营商等产业链中游主体更能够发挥出显著作用。另外,我们还要注意到市场调节的局限性,针对市场自身难以解决的问题,果断运用其他手段调节利益关系。

充分发挥政府职能单位与行业协会等的作用进行利益再分配和利益调节。在数字版权产业经济利益初次分配的基础上以及数字出版产业市场经济的良性竞争作用下,政府对数字出版产业的经济利益进行谨慎、稳重、适度的调整和重构是重新实现利益平衡的一个有效办法。对数字出版产业加强监管首先要从转变政府职能开始,关注重点要从传统出版产业转变为新兴数字出版产业,身份要从管理者转变为服务者和协调者,同时要发挥数字出版相关行业协会的职能作用,因为行业协会在数字出版产业发展过程中的地位和话语权不断增强。当然,通过出台与法律法规相配套的行业准则来加强行业自律,特别是要加强对技术标准和定价模式等突出问题的解决也是必需的。

技术手段可以应对数字版权利益失衡的部分问题。在数字出版产业,我国要利用技术优先的特点,充分发挥技术产业利益平衡的作用。版权保护是利益平衡的前提,而数字技术是保护和管理数字版权的主要手段。只有不断提高数字管理技术的水平,充分发挥新技术的价值和优势,才能不断提高我国数字版权保护与管理的能力,才能更好地保护版权所有人和其他参与主体的正当权益。技术是一把双刃剑,为了防止技术滥用对公共利益和他人正当利益造成损害,或为了防止技术破译针对技术保护进行反制,相关法律法规必须对相关技术措施设置一定的限制。

综上所述,法律调节可以重塑数字版权利益平衡。法律的重要功能即调节社会各种利益,维护社会稳定发展。在数字出版领域,国家既可以通过法律自身的调节和保护功能来缓解利益失衡,又可以通过修缮法律来重塑利益平衡。前者依靠国家行政和司法机关实现,而要实现后者离不开国家立法机关。为了更好地实现数字出版产业的利益平衡,我国目前亟须出台专门的数字版权法律,并对相关法律进行修改和完善。法律要特别关注数字版权产业的特殊性,特别关注我国数字版权利益失衡的现实国情,特别关注其他国家的立法技巧和经验。有一点需要注意,法律既应是灵活的又应具有足以实现规范的边界。因此,法律的框架要足够大,而边界又要适当,这个边界决定了利益天平的倾斜方向。美国版权法的合理使用(Fair Use)原则与英国版权法的公平交易(Fair Dealing)原则间最显著的差异正在于前者是一般性原则,框架较为模糊,而后者是排他性原则,法律的边界更小。作为政策执行迅速有力的国家,我国的数字版权法律更应当学习美国,侧重指导性,在调整利益关系时留给市场、技术与政府更多的空间。

第5章　数字出版中复制权的法律规制

前数字时代,盗版者为了制造复制件,必须付出材料、人工、复制设备等成本的费用。而在数字时代,人们可以在网上通过几次点击制作一份复制件,并通过电子邮件、即时通信工具或者P2P软件实现共享。数字技术的出现不仅丰富了复制的内涵,更扰乱了著作权体系之前所维系的平衡。复制将不会再是侵权的预兆,因此,借助对复制活动的限制来规制违法操作显然已不再适用。本书首先从数字出版中复制权的定义入手,在分析数字出版物的复制权权限重构的基础上,对数字版权中的临时复制和私人复制两大现实中的复制问题展开研究。

5.1　数字出版中复制权的定义

在对复制权的历史进行追溯的基础上,引出数字出版技术对复制行为的影响,通过对比国内外著作权法中对复制权的定义,对我国正在进行修订的著作权法提出有关完善复制权定义的建议。

5.1.1　前数字时代以复制权保护为核心的著作权制度形成过程

著作权制度自产生至今已历经三次大的冲击。第一次是印刷术的出现,直接促进了初期著作权制度的产生。第二次是电子化技术的涌现,使得著作权制度随之发生变化。第三次是数字化的冲击,对著作权制度产生了深刻的影响。按此可以将技术时代分为印刷时代、电子时代和数字时代。其中印刷时代和电子时代统称为前数字时代。

在前数字时代,自第一部现代著作权法《安娜法令》建立的300年时间里,复制权一直处于著作权的核心位置。《安娜法令》的立法宗旨即"鼓励学术、作者版权和有期限的权利",这一理念在美国著作权法中亦得到了继承。从1790年第一部著作权法到1909年第二部著作权法,著作权一直被认为是在商业环境下控制作品复制的一项权利。1790年的著作权法仅仅给予新创作的图书、地图和图表著作权,所授予的权利内容包括印刷、复制、发行和出售。这是由早期的复制方式决定的,早期的技术环境主要是通过印刷实现对图书等的商业使用,而对作品的其他权利的保护亦是依据其能否进行印刷和复制。掌握印刷技术的多为正式出版商,而非法复制也仅是一些私人小范围的活动,他们对作者、出版商并不会产生较大的利益侵害。因此,排他性的印刷和重印权是针对其他未被授权的出版商而言的。

然而留声机、收音机和电影放映机的发明,使原来无法保留的声音和影像也变为了可能,这标志着传播进入了一个新的时代。表演者、音像制品生产者、广播组织都希望在作品的传播过程中分享利益。经过30多年的博弈,三个利益团体的权利要求得到了承认。这个权利被称为邻接权,且随后在1961年写入了与《伯尔尼公约》相关的《保护表演者、录音制品制作者和广播组织罗马公约》之中。而邻接权,从本质上来说是传播者对传播媒介的复制专有权。我国《著作权法》第十条也规定:"复制权,即以印刷、复印、拓印、录音、录像、翻录、翻拍、数字化等方式将作品制作一份或者多份的权利。"通过列举确立了复制的许多方式,这在某种程度上也确定了邻接权人的有关权利。在电子时代,邻接权对保持创作者、邻接权人、出版商三者之间的平衡起到了关键作用。

5.1.2 数字出版技术对复制行为的影响

20世纪后半叶,数字出版技术的发展对版权制度产生了深远的影响。首先是模糊了传统著作权作品的分类,文字、图片、音乐和影像经过数字化,转变为数字作品,变成了储存在计算机系统中的字符——0或者1,区分不再像以前那么明显。其次,人们在线感受这些数字化作品时,会在计算机中逐渐留下这些作品的临时复制件,而这些临时复制件又能随着系统的关闭、重启等操作自动消失。而且,当用户需要访问存储在服务器上的数字作品时,网络数据传输过程必然会在所使用的服务器、路由器上留下数据的临时复制件。如果数字复制权和传统复制权一样是属于著作权人的专有权,那么这一系列的行为都存在潜在的侵权风险。

复制的特征使得传统著作权法将复制作为其基础。复制作为发行的前提,而发行又是复制的目的,所以在发行前肯定会出现复制活动。复制活动一定会形成一个有形的复制件,著作权作品销售实际上就是这个有形的复制件。这样看来,复制是一个确凿无疑的侵权预兆,而著作权人限制复制活动不失为一种保护其合法权益的有效途径。不仅如此,一部作品被非法复制也是侵犯著作权的最直接的证据,而数字出版技术的出现改变了复制行为的特点,具体如下:

复制件质量不会降低。利用模拟技术制作出的复制件和原件比会有一定程度的差距。如书籍的复印和音乐的翻录在质量上都会与原件存在差异,而且随着复制份数的增多,失真度就会变大。数字出版技术可以把作品,无论是文字、音乐还是视频,转化为二进制代码,所以不管进行多少次复制,质量没有丝毫减损。

成本接近于零。在前数字时代,盗版者为了制造复制件,必须付出材料、人工、复制设备等这些成本的费用。而在数字环境中,人们可以在网上通过几次点击制作一份复制件,并通过电子邮件、即时通信工具或者P2P软件实现共享。在这个过程中几乎是不需要花费成本的。

数字技术的出现动摇了复制权的基础地位,扰乱了著作权体系的完美构建。复制将不会再是侵权的预兆,进而借助对复制活动的限制来规制违法操作显然已行不通了。以前人们需要获得复制件来查看作品内容,现在将不用依靠实物载体,直接借助服务器的访问来实现对作品的欣赏。有形复制件的消失使侵犯著作权完全可以与复制件无关,因此,也不能再依据复制件来判断著作权人的合法权益是否受到损害。

复制权的动摇引起了多方面的担忧。一方面,版权产业公司密切关注在数字环境中著作权法是否有能力保护其投资,作者也担心自己对作品的专有权是否能延续到数字环境中;另一方面,社会公众担忧一旦将一切数字化复制形式都纳入复制权的规制范畴,就会导致对著作权人的权益保护过多,进而损害社会公共利益。无论如何,复制权在数字时代都需要新的定义。

5.1.3　国外著作权法对复制权的定义

各国法律对于复制权的界定都是为了平衡著作权人和公众之间的利益。研究其法律中有关复制权的详细规定,有利于我国著作权法更好地修订。通过总结,可以将各国及国际公约中的复制权的定义方式分为概括式、列举式和混合式三种。

德国的著作权法中对复制权的定义方式就属于概括式。《德国著作权法与邻接权法》第十六条规定,"(一)复制权指制作作品复制件的权利。"即不论是临时的还是永久的,以何种方式以及复制多少数量的复制行为,都在此限。"(二)将作品以重复再现为目的而录制到音像制品上的行为也是复制。"即不论是将作品录制到音像制品上还是将作品从一种载体转录到其他载体上的行为,都在此限。美国版权法对复制权的定义方式也属于概括式,其规定:"复制品,指以现在已知或将来出现的方法固定作品的物体,通过这种物体人们可以直接或借助器械或者装置感知、复制或者以其他方式传播作品。"

《伯尔尼公约》和《世界知识产权组织版权条约》对复制权也使用了概括式定义。《伯尔尼公约》第九条第一款规定:"受本公约保护的文学艺术作品的作者,享有授权以任何方式和采取任何形式复制这些作品的专有权利。"第九条第三款规定:"所有录音或录像均视为本公约所指的复制。"

日本和中国台湾地区对复制权的规定属于列举式。《日本著作权法》第二条中规定:"复制,是指用印刷、摄影、复印、录音、录像等方法进行有形的再制作。"中国台湾地区《著作权法》第三条中规定:"五、重制:指以印刷、复印、录音、录影、摄影、笔录或其他方法直接、间接、永久或暂时之重复制作。于剧本、音乐著作或其他类似著作演出或播送时予以录音或录影;或依建筑设计图或建筑模型建造建筑物者,亦属之。"

混合式是概括式和列举式的结合。法国对复制权的定义属于此类型。《法国知识产权法典》第122条中规定:"复制是指以一切方式将作品固定在物质上以便间接向公众传播。复制尤其可以通过下列方式进行:印刷、绘画、雕刻、照相、刻模及一切平面和立体艺术的手段、机械、电影或磁性录制。对建筑作品而言,重复实施一份设计图纸或施工模型也构成复制。"1981年《意大利版权法》也属于此类型,第13条规定:"专有复制权的对象是用任何方式制作作品的复制品,如通过手抄、印刷、石印、版刻、摄影、录音、摄片,以及其他任何复制过程。"《俄罗斯联邦著作权法》中规定:"作品的复制,即以任何物质形式制作一部作品或者该作品之一部分的一份或更多复制件,其中包括录音、录像形式,将二维作品制成一份或更多份的三维作品,将三维作品制作成一份或更多份的二维作品,将作品录入电子计算机储存器也是复制。"

从上述内容可以看出,列举式是将法律调整对象详加列举,优点在于对象清晰明确,缺点在于随着数字出版技术的发展,复制权不断出现新的调整对象要求法律作出相应的修改,导致法律频繁变动,不稳定。同时,随着时间推移,复制权的定义不断扩充加长,不利于保持法律条文上的简洁。而概括式只对概念进行抽象概括,如美国版权法规定了"以现在已知或将来出现的方法",有效避免了新技术出现后法律无法及时调整造成的漏洞。但由于其规定的不明确,实际操作性较差。混合式不仅有抽象概括的定义,同时还进行了一定的列举,显示出了一定的科学性和操作性,方法值得借鉴。

5.1.4 我国新修订的著作权法对复制权的界定

《著作权法》(2010年)中对复制权的相关规定只有第十条,即:"(五)复制权,即以印刷、复印、拓印、录音、录像、翻录、翻拍等方式将作品制作一份或者多份的权利。"此项规定已经不能体现复制权在数字出版环境中的变化。

经过第三次修订,最新的《著作权法》中已将此款改为:"复制权,即以印刷、复印、拓印、录音、录像、翻录、翻拍、数字化等方式将作品制作一份或者多份的权利。"由上看出,此款属于混合式的定义。在列举方式中加入"数字化",属于合理的定义扩充。其实在《著作权法》(2020年)的送审稿中,关于复制权的表述为"复制权,即以印刷、复印、录制、翻拍以及数字化等方式将作品固定在有形载体上的权利。"其中"固定"的含义,没有将"临时复制"的内容考虑在内。在数字环境中,很多情况下行为人对数字出版物的获取并不一定需要实物的形式,而是可以直接在线阅读、欣赏、观看。在线观看的过程,数字内容只是短暂地保存于计算机之中,如果排除了"临时复制",这些行为便不再落在复制权的规制范围内,这样可能会导致规定上的漏洞。各国著作权法中关于"临时复制"的规定也并不统一,尤其在对于"固定"这个要件的理解上存在着争议,美国将复制权概括性的定义修改为"为向公众进行商业性传播而复制版权作品的权利",我国新《著作权法》在最后公布的正式文件中没有采用"固定"的说法,也规避了"临时复制"的争议问题。本书将在后文具体探讨数字出版物的临时复制问题。

5.2 数字出版物的复制权与传播权的权限重构

数字技术的出现对复制权和传播权均产生了重要影响,在我国正在进行新一轮著作权法修订的情况下,通过对数字技术所产生影响的分析,并对比国外的成熟经验,对我国的相关修订工作提出理论建议。

5.2.1 著作权中复制权和传播权的权限均衡

在前数字时代，复制权作为著作权法的基础是有原因的。在印刷技术下，"复制"和"传播"有着紧密的联系，复制的主要目的是广泛传播。在印刷术时代，因为复制装备比较贵，一般个人无法承担，所以印刷几乎都是商业活动，并以印刷物的广泛传播为主要目标。此时，掌握作品的复制权就代表着掌握了其进一步传播的关键。在一定程度上，发行权（一种传播权）是可有可无的。

因为只要复制就会出现有形复制件（即印刷物），而印刷物这一动产的所有权则通过印刷活动原始取得，所以合法进行印刷活动的人也就自然拥有印刷物的动产所有权，进而掌握其全部动产的首次销售（即发行）。将掌控范围从传播自身（也就是印刷物的出售）扩展到为传播而实施的准备活动（也就是复制活动）上，会取得比只是限制传播活动更佳的执行效果。因此，印刷术时代的复制权不仅产生了良好的效果，更对作品的传播起到了重要的作用。因为这个时期印刷物的发行是其得以传播仅有的方式。

在印刷术时代，以复制权为基础的著作权法可以很好地满足那个时期的需要。在声音、影像复制技术流行初期，印刷术时代的复制权继续得到了使用，并和传播权协同配合保护著作权人的财产权，直到新技术的出现以及家庭复制技术的流行。

5.2.2 数字技术对复制权和传播权的影响

首先改变复制与传播之间关系的是无线广播技术的出现。不论是文字或音像出版物都脱离了通过印刷、印制等方式传播的限制。大量复制不再是传播的必要前提。随着录音机、复印机、DVR的出现，复制技术开始逐渐摆脱出版商的控制、垄断，私人复制变得简单容易。私人复制使得之前的复制活动不再仅仅具有商业性质，还多了一个"合理使用"的特点。到了20世纪末，数字技术的流行更是使得早期的技术相形见绌。一旦作品被制成数字格式，复制行为就几乎可以在瞬间完成，而且不会随着复制次数的增加而导致复制件质量下降，这是此前模拟技术没法做到的。

数字技术对复制和传播的影响是巨大的。首先复制行为开始出现在生活的各个角落，计算机如果不能进行复制将失去许多功能。这使得复制行为和传播行为的关系愈加疏远。上述改变动摇了复制权在著作权中的基础地位，使复制权陷入了名不副实的困境。

一方面，复制权的控制能力减弱了。在数字时代，复制人的身份由出版商迁移到普通用户身上，之前用来限制出版商的复制权转眼就成了社会敌视对象。结果是维权成本增加，侵权责任对象难以追踪。除此之外，鉴于普通用户的复制活动大多在个人电脑上进行，如果强行执法有可能威胁到公民隐私。此外，复制和传播关系的脱离，造成很多复制活动拥有了自身独立性，且不会对著作权人的合法利益产生威胁。

另一方面，传播权所包含的具体权利类型正在伴随数字技术的进步而不断丰富。信息网络传播权的出现可以说与数字技术密切相关。在数字环境下，复制权阻挡侵权行为的能力正在受到摧残,导致传播权面临着更大的压力。

5.2.3　国外著作权法对复制权和传播权的权限重构

在学术界,金斯伯格和李特曼等学者在综合考量数字技术的发展等多方面因素的基础上,提出了各自的看法,这对新体系的重构具有重要的指导作用。金斯伯格表示,数字技术的发展使得作品数字化已成为全球范围内的发展趋势,人们也逐渐开始更享受"体验"作品的感觉。因此她建议弱化传统的复制权,建立新的控制接触权和报酬取得权的二元权利结构以适应数字时代的发展要求。李特曼则表示数字技术的发展会使作品的使用方式、途径越来越多元化,应当将著作财产权融合为一项"商业利用权"。这两位学者的观点对现有法律制度会产生比较大的冲击,但是如果对我国现有的著作权体系作出如此巨大的调整,可能会导致整个法律体系产生较大的动荡,严重威胁着立法的稳定性,所以不建议采用这种修改方法。

为了规范网络传播行为,解决数字技术发展给传统著作权体系造成的冲击,世界各国纷纷履行缔约国义务,参照《世界知识产权组织版权条约》(WCT)中的相关规定修改国内立法,促使本国著作权的保护水平和条约要求的保持一致。

在复制权和传播权重构问题上,美国是解读原有权利的代表。1995年美国发布的《知识产权和国家信息基础设施》中就表示要利用拓宽现有权利内涵及外延的方法,把作品的网络传播权加进现有的权利体系中。在WCT第八条的讨论中,美国更表示如果数字传输不能使用户在异地获得复制品,则数字传输就被涵盖在发行权或复制权中。即使是涵盖在向公众传播权中,缔约方也可以在其国内立法中采用任何专有权的方式来实施,不必非得采用向公众传播权。1998年,美国在其制定的《数字千年版权法》中,借助重新解释表演权和展览权来处理网络传播的权利争端。美国的处理方式与其作为判例法国家的法律传统是分不开的。美国版权法在版权所有人的权利内容方面,仅规定了6项较为基本的权利类型。这种模式兼具开放性与灵活性,在司法实践中遇到新问题时,可以用判例的形式不断丰富权利内容。而在我国的著作权体系中,无论是复制权还是传播权,所有著作财产权的内涵和外延都限定得较为详细具体,缺乏扩展空间,以致很难将网络传播权加进原有的体系中。因此,美国的方法在我国无法实现,但其创建抽象性的权利概念的做法,仍值得我国借鉴。

欧盟采用的方法是设立新的权利,2000年6月,欧盟委员会颁布了《版权指令草案》,其中引入"向公众传播权"的概念。"向公众传播权"和WCT第八条有相同的规制效果。我国虽然也是采用设立新权利的做法,但规制效果却远不如欧盟。因为我国传统的著作权体系中对于传播权还没有一个明确的概念,新出现的信息网络传播权也只针对交互性传播。

澳大利亚也根据WCT的要求修改了国内版权法。1999年,澳大利亚正式发布了《版权法修正案》,即《数字日程法》。法案大幅调整了1968年版权法中和传播权有关的规定。在原版权法中,对于传播权的内容规定得比较凌乱,各权利的权限范围有着交叉重叠的现象,所以新法案合并之前的广播权和发送权为"公开传播权"。这样的做法虽然解决了权限重叠的问题,但由于"公共传播权"的概念过于抽象,在司法实践中权利人和使用者需要花费大量时间与精力分辨哪些行为属于权限范围内，这就有必要对"公众传播权"采用混合式的定义，即在概括性的概念下列举具体的权利项。

5.2.4 我国新修订的著作权法对复制权和传播权的权限重构

我国《著作权法》关于信息网络传播权的表述虽然参照了WCT关于"向公众传播的权利"的表述，但也没有全部照搬。WCT第八条关于"向公众传播的权利"的规定为："……文学和艺术作品的作者应享有专有权，以授权将其作品以有线或无线方式向公众传播，包括将其作品向公众提供，使公众中的成员在其选定的时间和地点可获得这些作品。"我国《著作权法》第九条中规定："（十二）信息网络传播权，即以有线或者无线方式向公众提供，使公众可以在其选定的时间和地点获得作品的权利。"在WCT定义"向公众传播的权利"时，交互性传播是以举例的方式放在"包括"里的，意味着传播权既包含传统的非交互性传播，也包含新出现的交互性传播。但在我国的《著作权法》里就变成了只包含交互性传播的方式了。

但目前的著作权法体系仍然没有为传播权建立起一个上位概念，即设计一个可以涵盖所有传播行为的传播权。数字出版技术飞速发展，对于我国这样的成文法国家而言，意味着立法速度难以跟上技术更新的速度，所以在立法的时候需要有一定的超前意识。如果采用和复制权类似的混合式定义来确定传播权，把已有的表演权、广播权、信息网络传播权等融合为一项权利，既可以满足利用抽象的定义来灵活应对司法实践的需要，又避免了不会因为出现新的传播技术而需要对法律频频作出调整。数字时代复制权的衰弱已经是不争的事实，作为复制目的的传播行为有必要在法律中承担更大的责任。若如上文所述将复制权修改为"为向公众进行商业性传播而复制版权作品的权利"，那么设定一个上位概念的传播权是必需的。于2020年4月28日生效的《视听表演北京条约》规定了广播和向公众传播的权利，我国的《著作权法》也需要考虑传播权的设定。

5.3 数字版权的临时复制问题研究

临时复制是在数字技术环境下生成的一种全新的行为，同时，这种行为对复制权的权限产生了重要影响。因此，对比国外对临时复制行为的许可和限制，对我国的复制权相关法律修订提出修改建议。

5.3.1 临时复制的概念界定

临时复制是伴随着数字技术而出现的一种全新的行为，当下，学术界对临时复制的定义还没有达成一个普遍共识。有些人表示，所谓临时复制是指作品在被欣赏、传播期间在计算机中形成的一种虚拟产物,由此形成的复制件会在关机、重启下消失,且在计算机工作时会被后期出现的信息覆盖;有些人表示,临时复制是指计算机浏览、使用作品时在计算机存储器中自然形成复制件的情形,如果关闭正在使用的作品或计算机,复制件就会消失。

这些概念都不是很准确的。首先,临时复制现象并不是仅仅存在于计算机设备中,如DVD影碟机在播放视频的过程中也有一个缓存区临时存储数据。使用可以进行临时复制的装备定义临时复制并没有什么不当之处。其次,一旦只将临时复制限制在某种具体的电子元件里,如计算机存储器,显示器上的复制行为就将会被摒除。因此,通过具体的电子元件来对临时复制进行定义同样是不全面的。最后,临时复制件也未必会因用户计算机的关机重启而自动消失,如外部存储中的临时复制件。因此,依据临时复制件是否会随着关机重启而消失这一现象来定义临时复制是不科学的。

综上所述,可以进行临时复制的装备、电子元件以及关机重启后临时复制件是否会消失都不能全面地概括临时复制。本书认为临时复制的概念应该定义为:在使用作品时计算机自动产生复制件而且复制件能够被后进入的信息自动覆盖的情形。

5.3.2 国外对临时复制行为的许可和限制

面对数字时代中临时复制这种新现象,理论研究尚处在起步阶段,很多问题还不明确,尤其是对于是否要将临时复制行为归入传统复制权的理论范畴,更是引发了学术界以及各国立法者的激烈探讨。有部分国家认为应当把临时复制活动归入传统复制权中,再利用合理复制等制度进行限定;还有些国家认为应当彻底废除临时复制的侵权特性。目前,国际公约更愿意将所有数字复制活动全部加入复制权的约束范围。1967年《保护文学艺术作品伯尔尼公约》斯德哥尔摩文本第九条第一次将复制权定义为"以任何方式和采取任何形式复制这些作品的专有权"。随后,在世界知识产权组织修订的《伯尔尼公约指南》中更是明确地将复制活动规定为"包括所有的复制方法,以及所有已知和未知的复制过程"。

1. 欧盟:原则上归入复制权规制范围,但要实施条件限定

在英国PRCA案件中,法官表示:"从技术角度来说,浏览网页时要把页面临时复制到用户的计算机显示器和互联网缓存区的计算机存储器上。退出页面时,用户在计算机显示器上的临时复制件将会消失。而计算机存储器里的复制件也许会被用户专门删除,或者被后来进入的信息替换。"依据欧盟2001年《信息社会版权指令》5.1条规定,"临时复制"行为如果满足下列5个适用条件可以不必负侵权的法律责任:(1)复制必须是临时的;(2)复制必须是偶然的或短暂的;(3)复制必须是整个技术过程不可获缺的组成部分;(4)复制的唯一目的在于通过媒介在第三方之间实现网络资源的传输或是合理使用受保护的作品;(5)复制必须没有独立的经济意义。

2. 美国和澳大利亚:进入复制权范围,但对责任承担主体认定不同

(1)美国Cablevision案

美国有线电视系统公司(Cablevision Systems Corporation)可以为用户提供一种服务,即远程数字录像并对内容实施保存,并准许用户通过预告目录向感兴趣的节目发出录像命令。美国有线电视系统公司将电视节目信号转换成数字信息流并将录像的信息流发送到缓存器,然后马上流入云存储器,用户根据自己的时间,可以选择任何时候观看节目内容。这项服务引起了差不多全部的美国影视传媒公司的抗议,他们用侵犯复制权这个理由向美国有线电视系统公司提起诉讼。本案的争议焦点是:美国有线电视系统公司的存储器中形成的缓存是不是已被"固定"保存,到底是美国有线电视系统公司还是用户实施了录制节目内容的行为。初审法院裁定美国有线电视系统公司违法侵权,第二巡回上诉法院推翻了该判决。第二巡回上诉法院认为:根据美国《版权法》第101条规定,复制需要同时满足"有形载体"和"固定期间"这两个条件。初审法院只是探讨了"有形载体"这个条件,并没有在意"固定期间"这一条件。原告的作品只是在被告存储器中缓存了1秒左右即被替代,从时间上来说不是美国版权法限定的"固定期间"的条件。不仅如此,美国有线电视系统公司所供应的服务是自助性质的,复制活动完全由用户自己主导,属于用户自主行为,而美国有线电视系统公司仅仅扮演了技术服务的角色。因此,美国有线电视系统公司不承担直接侵权责任。

(2) 澳大利亚Optus案

澳大利亚新电信澳都斯(Optus)公司的TV Now服务同样遇到疑似侵权的问题。该服务准许用户自行录制节目内容,复制件则保存在澳都斯公司的云存储服务器中,之后再利用流技术把录制的内容传送给用户,用户可按照自己的时间表任意选择时间播放录制的节目内容,时间上仅比广播节目的首播迟延2分钟。澳大利亚足球联盟(AFL)和国家橄榄球联盟(NRL)拥有他们自己电视比赛节目的著作权。澳大利亚足球联盟和国家橄榄球联盟表示,澳都斯公司的TV Now服务在没有经过他们允许的情况下擅自录制其电视比赛节目,且私自把复制件散播给其用户,这种行为已经严重损害了他们的合法权益,侵犯其著作权。澳都斯公司辩解道:"复制件不是公司提供的,是公司用户自行复制了他们的体育比赛节目,用户行为与澳都斯公司无关。"此外,根据澳大利亚《版权法》第111条有关"私人家庭合理使用"的规定,其复制是在私人的合理使用范围内,所以并没有侵权。本案争议的焦点在于:究竟是用户还是云存储服务供给方或者双方一起复制了电视比赛节目。初审法院拉莱士(Rares)法官表示,从根本上来说TV Now的技术和VCR技术几乎是一样的,虽然澳都斯公司供应了全部用户进行录制、存储和传送复制件的关键技术,但这属于私人自行在家里录制节目的状况,在私人合理使用范围内。不仅如此,用户观看自身录制在云服务器的内容也不牵扯公开传播,所以澳都斯公司并没有侵犯版权。但是,澳大利亚联邦法院不认同这个看法,根据澳大利亚《版权法》第111条规定,私人不以谋利为目的暗自录制节目供自己闲暇之余欣赏,上述这种"时移行为"在合理使用范围内。由于这条有关"私人家庭合理使用"的制度没有包含为个人供应商业复制服务的情况,澳都斯公司在没有给出相关许可费的情形下擅自通过网络散播明显是不正当的。

5.3.3 对我国著作权法中增加临时复制行为的建议

当技术发展迫使著作权有所改变时,一般情况下会实行以下三种解决办法:一是创建新的权利类型;二是拓宽之前权利内容的解释范围,这也是最普遍的做法;三是非著作权的解决办法。

在数字时代,学术界也有三种对著作权制度进一步完善的建议。如有学者表示,数字出版中运用技术传送作品的途径不易被包含在著作权人的传统财产权中,技术供应方不太可能直接负起相应的责任。因此,为促进作品的创造和散播,可以考虑拓宽出租权的范畴以维护著作权人的切身利益。还有学者表示,建议给予著作权人真正意义上的"接触权",基于此,著作权人能够利用反规避制度与公开传播权限制用户触及作品,同时通过接触权推进数字化著作权市场实行以次数收费的市场秩序产生。更有学者建议搁置著作权制度,提倡构建适合信息产权的维权办法。

数字时代,复制活动具有速度快、覆盖面广、频率高、主体范围广、无法避免等特点。由于作品的使用方式产生了巨大变化,之前以复制权为基础的著作权跟不上时代发展的步伐,因此再次修订著作权制度应做到观念转变先行。著作权法成立的初衷在于促进作品的创造与散播。在处理著作权和新技术的关系时,如果可以让著作权人因新作品的散播途径而获利,那么就应当给予其合法的法律地位。著作权保护制度随意摒弃新出现的技术实属不明智之举,我们应大力促进技术发展与竞争,与此同时努力达成作者、技术供应方和用户三者间的利益平衡,最终实现共赢的效果。数字出版技术不仅加快了作品的散播速度,还为版权经济的进一步发展增添了动力,同时也改变了作品权益分配的方式。综合上述分析,将"接触权"加进著作权人权利范围的完善建议并不可行。首先,对著作权人的权益保护过度将会使用户在访问网页时随时面临侵权风险,这明显不合适。其次,"接触权"起源于西方资本主义发达国家,其设立的初衷也是为了拥有更多垄断性利益。

至于发展中国家,由于和西方发达国家的自主创新技术积累差距大,所以未来这种制度的完善建议不太适合中国目前的发展现状。本书希望基于当下的著作权制度,利用拓宽合理使用范畴的方式,解决数字环境下的临时复制对现有著作权制度带来的挑战。拓宽合理使用范畴并限制,合乎以下要件的临时复制才能称为合理使用:一是复制具有临时性的特点;二是复制一定要是全部过程中必不可少的一部分;三是复制的目标是借助媒介实现信息内容的传递;四是复制不能以营利为目的。

5.4 数字版权的私人复制问题研究

学术界目前还没有对"私人复制"的定义达成共识,但私人复制问题却一直都是复制的重要节点所在。复制行为对于著作权人来说是一种权益上的侵害,尤其是数字环境下的私人复制行为严重侵害了版权所有人的合法利益。因此,对现阶段有关私人复制的立法进程与发展困境进行分析,有助于完善我国著作权法中的相关规定,进而使得更多的私人复制问题可以有法可依,提高司法的公正性。

5.4.1 私人复制概述

我国法律条文还不存在所谓的"私人复制"这一名词,学术界针对"私人复制"的概念及相关解释也没有达成共识。然而,深入研究"私人复制"问题对著作权法相关条文的修订以及发展意义远大。

曹世华教授在《数字环境下私人复制制度危机和重建》中就提到了"私人复制"这一重要问题,并表示,他在其著作中所研究的"私人复制"是指私人或家庭不以营利为目的,且复制拥有版权的作品仅供自己欣赏的一种行为。一般情况下,公众在研究私人复制的问题时,存在因个人理解而差异性地使用不同词汇表示的现象,如"私人使用""家庭录制"等不同的用语,但它们所指涉的行为大致相同。但由于其他国家的立法基础与习惯不同,它们在法律定位上存在一定的差异。

张今教授在其相关著作中对"私人复制"的有关问题作出如下分析:私人复制一般指被私人少量使用的经过一些手段得以重现的受版权保护的作品,在《伯尔尼公约》中,私人复制特指非著作权人出于某种非营利性的个人目的而产生的一种复制行为,这种复制数量较少,且未损害著作权人的合法权益。此外,张今教授也表示私人复制在大多数时候还被叫作个人使用。

虽然学术界还没有对"私人复制"的定义达成共识,但仍旧以下列要点为中心进行研究:一是主体"私人"或者说非权利人的具体范围;二是使用复制作品需要有前提条件,必须是非营利、非商业性的;三是必须是以复制的使用方式来重现作品;四是有些国家法律中还对作品的使用量进行限定;五是不能损害著作权人的合法利益,这是依据"三步检验法"来确定是否符合合理使用的范围。

对上述要点的认识层面不同,就产生了许多和"私人复制"类似的概念。譬如"私人"和"个人"的具体范围是否存在不同之处,"家庭"能不能包含在"私"的范畴之内。一种理解表示"个人使用"只是由用户本人使用,但"私人使用"除了用户本人以外,还含有其家庭成员和亲朋好友间的空间范围使用。另一种理解则认为"个人"和"私人"其实是相同的,它们都是指私人空间范围的使用。至于非营利性目的条件下的"私"又该怎样解释,我国著作权法详细罗列出个人使用的目的,即出于个人的"学习、研究、欣赏",但是这些非营利性的行为是不是完全不会损害著作权人的合法利益,本书认为有待进一步考证。"复制"与"使用"在我国著作权法中是不能等而视之的,相比较而言,"使用"的概念与含义要宽泛得多,"使用作品"不单含有复制作品这个行为,对作品进行出版、改编、浏览、阅读、参考等都算是对作品的使用,所以,在不同主体的理解中,"使用"这个词的具体法律意义也不尽等同。

5.4.2 私人复制的立法进程与现实困境

1. "私人复制"的立法变化发展

纵观著作权立法史,我国一直以来都在致力于进一步发展和完善著作权相关制度。因此,有关"私人复制"的法律制度也在不断变更。前文提到我国自实行著作权法后,先后修订了三次,接下来本书将对我国著作权法修订历史中有关"私人复制"问题的变化进行整理和对比。

1990年《著作权法》第二十二条关于合理使用条款第(一)项把私人复制问题加进了法律制度体系内。此外,1991年颁布的《著作权法实施条例》对1990年《著作权法》第二十二条第(二)项引用作品、第(三)项新闻报道列明了详细的要件与目的。而对于这个时候的"私人复制"或者说是以个人目的为前提的合理使用行为,并没有别的约束性条件。

我国《著作权法》中和"私人复制"相关的规定,放置在合理使用规定中,虽然这个规定自设立以来持续引发了众多学者的关注和争论,不过2001年和2010年对著作权法的两次修订并没有对该项目规定的内容进行改动。仅仅是在2002年修订的《著作权法实施条例》中拓宽了三步检验法的适用范畴,此举不单是有关著作权合理使用的一般项目,更是所有条文罗列情形的兜底性限定。因此,和之前相比,鉴定一个私人复制活动是不是在合理使用的范围已经有了一个更加严谨的参考标准。很多学者也经常倡议把这一规定尽早加进著作权法的法律体系之中。

2. 私人复制的现实困境

(1) 现实状态

有关私人复制的合法性问题的争论并不完全是因为数字技术的产生,但数字技术的产生确实加剧了学者们对这一问题的争议程度。当作品用数字的形式呈现于众时,和过去传统的作品形式完全迥异,不仅如此,作品本身的质量并不会由于复制次数的增多而下降,还可以利用数字技术的先进性实现更加广泛的散播。需要肯定的是,数字出版中私人复制所产生的转变,进一步加强了权利人的风险意识,也由此使得这个问题备受大众关注。而如今正在使用的法律制度确实还有着一定程度的滞后性,这也是这个时期私人复制问题复杂、争议多的关键原因。

① 数字时代私人复制的特殊性。

首先,数字技术让复制主体更加广泛,所有拥有网络在线终端的个人,皆能够变成复制主体。仅就庞大的复制主体群体来说,已然和传统环境的复制增长趋势有着天壤之别,而且这些复制主体的确为作品的广泛散播开创了新局面。即使私人复制被控制在个人所用的学习、研究、欣赏等目的下,但如果出现了复制主体数量控制不住的局面,这将和传统环境下的私人复制行为迥然不同,而这也一定会影响拥有权利人授权的作品在市场中的销售份额,进而侵害数字版权所有人、数字出版商的预期利益。依然认为其复制活动属于合理范围的用户,如果仍然继续保持着他们的一贯心态,就和买盗版的人未被追责那样觉得"法不责众"便毫不收敛,权利人将一定会受到更加严重的伤害。

其次,在数字时代,保存作品复制件的载体与介质同传统复制环境相比增加了很多新方式。作品可以借助数字技术的形式呈现,被数字化的作品将不用巨大的实体空间来安置载体或介质,作品会用我们不可见的方法进入储存介质里。电子模拟复制时期就有了复制机器再加上空白磁带等的配合来实现复制,把音乐或影视内容存入介质里,伴随着技术的发展与进步,这些介质慢慢变成了计算机、手机、阅读器、平板电脑等有着存储作用的设备终端,此外,另有内存大小不一的移动存储设备,如软盘、U盘、移动硬盘等,这些设备不仅小巧易携带,而且内存空间也在逐渐变大,为的是更好地适应人们的使用需求。不仅如此,还有目前最流行的云储存技术,它是利用云计算技术逐渐发展而来的产物,使用者借助移动的网络终端与云端相连,只要有需要,任何时间、地点都能实现对个人数据信息的使用和复制。

再次,数字时代下,伴随着作品散播速度的大幅提升,私人复制的不可控风险也随之增加。我们都知道,用数字技术进行复制的关键在于方便省事,这样得到的复制品不仅在质量上毫无差别,且复制的速度也令人惊叹,但复制和散播这两个行为是相辅相成的,带有这些优点的数字复制虽然极大地提升了作品的散播效率,但同时,在私人空间里对作品复制、分享的行为也越来越不受控制,这种行为在一定程度上也难以被数字版权所有人限制。

最后,数字技术特殊的复制方法使得私人复制的复杂程度增加。在数字技术的广泛应用下,复制方法已经和传统复制迥然不同,作品经过数字技术处理,使用者的上传、下载、存储等行为都要借助数字、网络技术进行,这是一种特殊的作品复制方法。本书把数字环境下的复制方法分为以下几种类型:一是转换型复制,借助扫描、转码等技术把传统作品转存到数字载体中的一种复制活动;二是单机型复制,在不必要借助网络的情况下,把数字作品通过再复制后依旧保存在之前的数字载体中;三是拷贝型复制,此种行为也不必借助于网络进行操作,但与单机型复制的不同之处在于,其发生了存储介质转移活动,例如把计算机中的内容复制到U盘或移动硬盘里,把音像作品刻录到光盘中;四是交互型复制,把作品的数字复制件传送到网络空间存储器中,或者从网络空间下载数字化作品并保存在数字终端上,以及通过网络或者通信平台把作品传送给别人等复制活动;五是临时型复制,是指数字终端在工作时形成的临时缓存数据,这个活动有着使用主体的被动性和复制件载体的主动性,因此,不是使用者主动操作的行为,而是装置在工作中为了进行系统任务而自主产生的复制。

针对上文所提到的复制种类,是否能构成私人复制,本书认为还要对具体案件进行剖析,而不是完全否定一切数字技术条件下私人复制的合理性,也不可以完全认同哪一种类型都是在合理使用范畴内的私人复制。例如,关于计算机形成的临时复制问题,许多国家的法律制度都对其存在一定的争议性,本书认为还要依据使用者怎样使用那些临时形成的复制信息。临时复制有一定的存在合理性,但也会被人不正当操作,所以说,数字技术加剧了维护数字出版中各主体合法权益的保护难度。

不仅如此,在数字环境下产生的新作品存在形式,有学者提出能作为一种作品的新形式。德国学者雷炳德把这种形式称为多媒体作品,因为它有着数字化、融合性和包容性的特点,但目前还没有被法律当成特殊作品进行立法限制。在数字环境下,多媒体作品借助数字技术把之前彼此隔绝的信息结合在一起,也就是说把文字、声音、图像等不同类型的作品融合在一起,并于一个新媒体中全部表现出来,而所谓的新媒体就是计算机这个数字网络平台,它不仅实现了多种技术设备间无障碍连接,更达到了复合供应的效果,公众可以利用多媒体作品更加自主地决定信息融合,进而促进大众媒体向个人媒体转变。

② 现行著作权法私人复制规定的滞后性。

如今数字、网络技术正在快速发展着,在这种背景下,数字、网络技术对著作权的各个主体和权利内容都会造成一定程度的影响,并且和发达国家经常进行著作权法修订相比,我国著作权法的修订与完善进程相对落后且缓慢。由于此前一直没有对私人复制的法律规定进行过修订,但在如今的数字环境下,有关法律条文也一直都在使用状态中,且条文规定大多存在简单、笼统等问题,具体问题如下:第一,使用目的太过笼统,没有合理进行有差别划分;第二,未根据作品类型将具体使用方式区别开来;第三,对各个类型的作品应明确地、有区别地规定被合理复制使用的范畴和数量;第四,未限制要求所使用复制件的来源是否必须有合法条件的限制。由于数字出版作品在网络上的使用活动比较复杂,因此在修订相关法律条文之前必须要想出上述问题的解决对策,这样才能获得良好的修订效果。在获得作品非常便捷的数字环境下,使用者不易对自己免费得到的资源进行合理复制、应用和散播的行为进行约束,而《著作权法》中合理使用的相关条款却正好给予个人学习、研究和欣赏的理由,但是法律的修订具有滞后性,很难使得制度的更新跟得上新技术的出现。

现行法律制度中还未明确列出使用目的是"非商业性"的条件,但这正好是构成私人复制的条件之一,因此有学者表示,在修订著作权法时应该将作品的商业性使用以及非商业性使用区别开来,并且还要在上述问题的基础上决断出使用作品会对著作权人和数字出版商产生的具体影响。本书认为对使用作品商业性与否的裁判是比较复杂且主观的一种行为,一般情况下,对商业性的判断会以能否获利为主要依据,但从其他角度来理解,免费使用本来应该支付对价的作品的行为属于商业性使用,使用者意图在不支付对价的情况下擅自使用拥有著作权的作品,这种行为仍然会得到利益,因此,美国教授金斯伯格表示,判断商业性与非商业性使用的依据不应该是使用者的使用目的是否是营利,如果按照这种评判标准,就没有非商业性的使用了。数字、网络环境下的"商业性"含义要比传统环境下的更加复杂,然而本书认为,过去传统环境下的商业性标准依然能成为判断私人复制行为合理性的一种依据。网络使得作品的商业化出现新局面,从实体到虚拟,从线上到线下,作品的散播空间更加广泛,而与之相对应的是数字版权所有人、数字出版商新的商业性利益,所以有很多学者们都提议,在这个数字技术盛行的环境下,以个人"欣赏"为目的的使用可以考虑摒除于我国的合理使用范畴。

(2) 发展困境

① 作者复制权与私人复制权的矛盾。

在著作权中,复制权是一项很重要的内容,当下许多著作权纠纷案件都和复制权紧密相关。美国保罗·戈斯汀(Paul Gostin)教授说过,著作权法自产生以来,其主要内涵就同它的名字copyright所呈现出的:可以进行复制特定作品或禁止他人复制的权利。纵观著作权制度的发展历史,复制权就是作者本人复制以及授权他人复制的权利,它一直以来也是权利人所拥有合法权利的核心所在。著作权法的意义不仅在于以法律设置权利的方式实现维护权利人合法利益的目的,还在于要实现促进社会文化和科学事业的可持续发展。

从权利属性的角度来看,法律给予了权利人有着垄断性质的权利,但著作权和民法里所保护的其他私权相同却也不同,著作权不仅有着人格权,还有财产权,但和物权的绝对性以及债权的相对性相比又有所不同。想要分析其属性,可以和物权中的房屋所有权这一典型的财产权进行对比研究,首先权利人可以禁止他人侵犯其房屋上的其他权利,其次权利人可借助房屋出租等许多形式来获取经济利益,著作权人亦是如此,他们也不愿意让其权利受到侵犯,此外还能够利用其权利取得收益,然而私人复制正好破坏了权利人的这个美好想法,在现行的著作权法环境下,私人复制不但不构成侵权,而且不用向权利人支付费用。但有一点和物权不一样,从人权的角度出发来分析,著作权制度中的"私人复制"是为了合理约束著作权而产生的,这是基于平衡公共利益的角度而得来的结果,是出于所有人都可以拥有自由获得信息、文化散播、社会进步带来生活品质提升的权利,然而,恰恰是公众获取作品信息的自由权与身为私权的著作权之间有着许多不易折中的矛盾。

私人复制是合理使用范畴的形式之一,从法律层面探讨私人复制,其实和探讨合理使用类似,合理的私人复制可不可以是一种积极的权利? 一旦法律肯定作品的使用者拥有"私人复制权",当权利人的权利被使用者侵害时,使用者可以向法院提起诉讼,通过法律的强制性可以保障其有关行为的顺利实行。例如,若法律肯定了个别使用者能够躲避技术措施,当其在合乎法律制度的前提下想复制使用技术措施保护的作品时,他是不是就拥有强制要求权利人给出复制件的权利呢? 假使私人复制权仅是使用者进行侵权的一个"依仗",那么他能不能成功进行私人复制还要根据法律给予权利人的权利范围和权利人具体对作品设定了多大的使用范围。如果著作权人对于其数字化作品拥有了使用技术措施的许可,那么在这种条件下没有私人复制权的使用者的自由获取信息权就存在着被剥夺的嫌疑。

上述分析中有关私人复制存在的一些问题在我国《著作权法》的规定表述中找不到明确的答案,且《信息网络传播保护条例》中对于可以避开技术措施的规定,也未确切答复私人复制和技术措施相比是不是存在优先级的问题。吴汉东教授在他的文中表示,使用者权利包括利益、自由、意志这三种权利,且使用者权利有着和一般民事权利类似的特点:主体拥有特定范畴之内的意志自由,且可实行一定程度利益的可能性,以及法律保障性。不仅如此,使用者还必须履行相对应的义务,也就是当作品在法律允许条件下使用时,需要明确指出作品的出处,且保证不损害著作权人的合法权益,上述制度可以当作是法律对"使用者权"的明文规定。即使上述分析仅仅是对使用者权的一种讨论,但我们不能否认的是使用者权产生是有一定可能性的,或者私人复制的产生是不可避免的。此外,伴随着对这种相关权益的保护,其与著作权人的权利保护(具体到复制权)之间会一直存在着难以调和的矛盾与冲突。

② 著作权人维权困难与救济措施缺位。

以著作权人的视角来分析私人复制问题时可以发现一直都有一个非常复杂的难题需要解决。在数字、网络技术不断发展的条件下,权利人如果遭受了其作品被大量私人复制的情形,即便认定实施私人复制者侵犯了其著作权,但著作权人也只能等到侵权行为发生后进行维权,且维权之路会很艰难。如果权利人在侵权事实确定之前进行维权并采取一定的措施,如用传递通知的办法要求私人复制者对侵权作品实行删除、断开侵权链接的操作,或寻求其连带责任,这样做的后果是,对那些已散播的作品难以获得更多的补偿,这需要对直接侵权主体,即私人复制的操作者提出赔偿,以避免其产生二次侵权复制行为。因为侵权主体人数众多、范围较大,导致维权成本高,所以多数情况下受到侵害的权利人会选择"息事宁人",且还涉及私人范围内的使用问题,致使权利人更加难以深入调查。复杂的网络空间以及惊人的数字信息化散播速度都难以让人准确地预估数字作品的潜在价值。因此,我们应该提高自己的著作权法律意识,并于日常生活中严守法律界限,以维护权利人的合法权益。

从权利人的经济利益角度出发,探讨不同种类的作品在不同时期有着不全然相同的权利需求。网络以及数字技术的发展加快了各种类型作品的散播速度,这对于权利人来说是个非常好的广泛传播、推广作品的机会,但与此同时,也给权利人带来了困扰:盗版作品的出现概率增加。尤其是在新的作品发行时,其经济价值就如同过山车,正处在一个急速上升阶段,因此这个特殊时期的著作权要实行严密周全的保护。当作品面市一段时间之后,其经济价值会慢慢降低,同时相关权利人亦会逐渐缩减对著作权维权方面的投入,但法律赋予的作品保护期还没有到期,这代表着作者依然能够借助对作品的散播而进一步获利,这段时间的作品该怎样得到和它自身价值相称的保护,是当下法律制度在平衡权利人和使用者利益时亟需解决的问题。

③ 价值选择困难:是否需要提高著作权保护水平。

在数字、网络环境下,需不需要以复制权为基础建立更加严格的著作权保护体系呢?曾有学者提出"获得作品权"的观点,在美国的《数字千年版权法》中也有禁止解除获取作品的技术措施的相关制度,美国金斯伯格教授表示,在著作权体系内,这一制度可以当作是著作权制度之外新产生的一种获得作品权。这一看法认为权利人对使用者得到作品拥有控制权,代表着权利人对权利客体的一种垄断行为。然而,此种观点受到了严重质疑,认为获得作品权推翻了著作权制度的中心价值——平衡权利人和使用者之间的利益。在当下数字、网络环境中,立法者所要考量的关键因素仍是权利人与使用者间的利益平衡,不能有所侧重与失衡,但是数字作品的复制权本身的权利范围和涉及的保护范围要进行相应的调整。

从作品使用者的角度看待私人复制问题,如果把著作权有关法律中的"使用"变成"复制",会存在过于束缚个人使用方式的情况,进而使得大众需求得不到合理的满足。例如,个人会出于学习的目的,对作品进行改编、翻译等。同时,若有些使用全部都被限定在私人范围内,这样的话也不必再限定于作品片段,如翻译一整篇新闻报道。所以,要对作品复制后的使用层面进行更加周密的考虑,同时对这种复制的阐释还不能过于狭隘。

5.4.3 我国私人复制规制的完善

1. 建立补偿金制度

补偿金制度是当前国际上运用较为广泛的一项解决私人复制问题的制度,其优点在于支付补偿金后,公众可以自由使用作品且不受法律追责。许多发达国家或是著作权保护水平较高的国家已经采纳和使用了补偿金制度,据世界知识产权组织(WIPO)托付荷兰著作权集体管理组织家庭复制基金会(Stichting de Thuiskopie)所做的私人复制国际报告(2015年版)统计,已有34个国家采用了补偿金制度,而我国需不需要引入并使用补偿金制度目前仍处于探讨阶段。

著作权保护的国际化趋势对各国的著作权制度体系是一种冲击和挑战,尤其针对发展中国家。由于我国著作权制度建设起步较晚,修改周期长且间隔时间较久,不能很好地与国际发展保持一致步调。此外,当引进那些已建立完善补偿金制度的国家的作品时,原本这些作品的作者在其本国内可以得到补偿金和完备的著作权保护,但进入我国之后就没有补偿金来弥补其损失和保护其权益,这种明显的差别也在一定程度上影响了我国版权贸易的顺利进行。据统计,2019年引入版权15977项,输出版权14816项,引入的版权主要来自美、英、日、韩等发达国家,对于音像、电子出版物以及电视节目、电影,无论是进口量还是进口额都超过了出口量和出口额。

目前,我国更多扮演的是作品使用者的角色,而向我国输入作品的发达国家更多的是处在作品权利人的位置。数字、网络技术的发展使得著作权范围不断扩张,而发展中国家和发达国家的著作权保护水平确实还有着一定的差距。所以,在上述背景下,权利人和使用者之间的利益平衡,也体现为发达国家和发展中国家之间的利益平衡。发达国家在著作权贸易过程中是处在优势地位的。例如,美国凭借其著作权产业的优势地位使本国经济开始向信息产业转变,这种现象也在其《数字千年版权法》中被充分地反映出来。国际贸易需求使我国完善著作权保护制度的工作迫在眉睫,而引进补偿金制度不失为一个好方法。

2. 开发付费许可模式

数字、网络技术正在快速发展着,与之相随的是著作权产业的生态环境也在变化着。针对之前发生的私人使用授权的市场失灵现象,我国亟需一种更为科学的著作权许可方式,以维护权利人的利益。

苹果公司是最早尝试以设备为中心的授权模式的企业,用户要想获取音乐作品,就必须使用苹果公司生产的音乐播放器,否则将不能使用。虽然苹果这种授权模式引发了许多讨论,但与此同时也正好启示了权利人:著作权付费许可的模式在现阶段是可行的,且存在一定程度的开发空间。如今,很多发行传播的媒体平台都开发了自己的应用程序平台,包括数字化的文字、音乐和视听作品,都有得以应用的程序。权利人可以将自己的作品授权许可给这些应用程序平台,还可以按照自己的意愿约定作品被使用的方式及许可使用费。对于应用程序平台上的数字作品,使用者可以选择在线试用,这时耗费的是终端的网络使用费或运营商的流量费,如果使用者想要离线使用,就要按照权利人的具体授权许可办法,例如,部分作品采用批量许可的办法,使用者需提前向应用程序平台支付费用,然后可以自主使用批量的作品;有的作品则采用独立付费的方式,需支付权利人与应用程序平台约定的费用后才能进行使用。但上述这些使用都限定在此应用程序平台内,这样做的目的在于运营商可以通过特定的技术措施控制用户的复制和传播。

因此,在数字、网络环境下,用户要想完全免费合法地获取作品是十分艰难的,即便该作品不用付费购买,但仍会产生一定的网络使用费。在如今这样的大环境下,著作权付费许可模式约束了社会公众接触、获得信息的范畴,没有经过授权的私人使用很难再被认为是合理的。因此,著作权付费许可模式是值得尝试的。

3. 建立数字环境与传统环境的双轨模式

数字环境下,私人复制主要借助网络平台来使用数字作品。目前,我国《信息网络传播权保护条例》明确表示未经许可传播网络作品属于非法行为,但个人下载未经许可传播的网络作品的行为却并没有明确界定,因此复制作品的来源是否合法直接影响着数字环境下私人复制性质的判断。

数字出版显著提升了作品的传播、使用率,而与此同时,作者对其作品的控制力也会相对减弱,因此,数字出版中的著作权,应从禁止使用的方式转向补偿费用则许可的方式。首先,认可私人主体出于非商业营利性目的使用作品,至于用户在数字、网络环境下的分享行为,宜采取补偿许可费用的方式,费用的多少要以著作权人对他人授权许可所收取的使用费为参考标准;对于超出合理范围的使用,可以考虑实行禁止使用的方式。当然,要想这一转变能够顺利进行,需要很多成熟的前期工作作为铺垫,例如,向使用者收取补偿费用,需要有完善的法律制度;对于探测用户在数字、网络环境下的分享行为,需要便捷合法的技术支持;而灵活的市场调节有助于发现更多的作品许可和分享方式,从而降低作品的使用成本。这一转变需要付出高成本,同时对技术也提出了高要求,虽然目前的现实状况使得这一转变还无法完全实现,但随着社会的进步,一定会成为现实。

第6章 数字出版中授权的问题与模式的整合

数字时代,不仅传统版权制度受到重大挑战,而且现有的版权授权机制亟须解决海量授权的难题。本章通过解析传统授权模式在数字出版中的适用范围,结合数字技术的特点和授权实况,从法律制度和技术应用两个角度来提出构建新时代的混合授权模式:法律上以集体管理为主、默示许可为辅,从技术上打造数字版权交易市场,加之数字权利管理,希冀缓解版权纠纷、推动数字出版产业的发展。

6.1 数字出版中的授权问题

6.1.1 版权授权的概念界定

授权是指权利的授予和让渡。

版权授权就是版权所有人与被授权人通过意思自治的形式实现版权让渡,将作品的专有使用权独占或者非独占地转移到被授权人手中。

著作权是一种智力创造(即精神劳动)的结果,它具有财产权与精神权的特征,该财产权是著作权人通过授予他人使用其作品的权利来实现的,这是因为依照我国法律,能够将各项权能分离开来,被授权人可在规定的时限和地域内,用特定的方法行使这项权利,而著作权人则可以获得报酬。

作为一种法律行为,版权的授权是著作权交易和运作中的主要步骤。著作权人通过版权授权来实现著作权权益。同时,著作权人不仅有权将著作权财产权中的内容(可以是一项或多项内容)授予他人使用,只要这份授权合同经由双方同意,而且还可以通过收取一定数额使用费的方式,使著作权的财产利益得以实现。

1. 相关概念辨析

(1) 版权授权与版权许可

版权授权偏向于版权私法的性质,它等同于版权的自愿许可,因为它强调的是版权所有人、被授权人二者的意思自治。

版权许可指的是在不超过版权保护有效期的前提下,版权所有人针对他人通过一定的方式对自己的作品进行使用的行为予以许可,其类型除了自愿许可和强制许可外,还有法定许可。

(2) 版权授权与版权转让

版权所有人的著作财产权有两个实现方法：一是版权授权；二是版权转让。以法律关系及法律后果为据，两者的不同在于：

其一，就在法律关系中主体的变更而言，这一变更是版权转让的结果，版权授权不会造成主体变更。

其二，就法律后果而言，版权授权包括专有和非专有两种授权情况。从非专有授权来看，针对已被授权的版权财产权的使用权，版权所有人仍有支配的权利。也就是说，被授权人拥有使用权，但没有再度转让已得使用权的资格；即使是专有授权，被授权人没有征得授权人的许可，也不能转让这一使用权。但是，授权人能够将一样的权利授权给第三人，哪怕是在合同的有效期内，或者是在同一个地域内。在版权转让的情况下，受让人的权利就大得多，既对作品具有使用权，又可以同意他人使用这项权利，或者是将该使用权转让出去。相反，出让人对已经转让出去的使用权是不具备支配权利的。

2. 版权授权的基础意思自治

从本质上看，著作权是私权，具有特殊性。作者版权和公众对作品的使用权由社会提供，但公众只能在特殊情况下行使。版权的限制措施（如合理地使用版权、版权的法定和强制许可等）限制了版权授权的范围，即版权立法是就利益进行的分配。这项分配是在版权所有人、传播者和公众三者间，乃至他们在版权产业链条的各个环节间落实的。在国家层面上，版权有关主体的划分在授权范围确定后趋于稳定。如此，仍可给予版权授权的领域，就只有版权所有人在合法、正当地依据市场手段实现自己利益的方面了。

所以，版权授权以市场为基础，同时，著作权人、被授权人之间的意思自治也是版权授权的基础。著作权及其交易市场受国家公权力的承认和保护，这一因素对于版权授权的前提——权利本身及其市场的依法存有具有深厚影响。著作权授权时，以市场为媒介，权利的转移得以实现。在意思自治的前提下，一种许可使用的协议在著作权人、被授权人之间达成。

版权授权方式是一种典型的、意思自治的市场行为，包括一对一谈判、版权代理、版权集体管理制度等。著作权人依法采取各种方式来实现版权授权，即选取最优的方式后，著作权人进行授权或被授权人获取授权。

6.1.2 数字出版中授权问题的新特点

1. 版权授权的发展史

技术进步，如信息的复制、传播技术的发展等，对著作权制度的产生及发展有核心影响；而著作权授权作为其中一部分也不例外。

这种核心影响经历了三个具有飞跃性特征的阶段：

一是纸媒时代。著作权制度是现代印刷技术诞生的结果。在这个时期，以纸张为媒介的作品，其传播受到地域限制，并且大多数作者欠缺使用作品的经济与技术手段的能力，只能以一对一协商的方法授权出版商出版、发行作品。此时,出版商具有规定作品使用方式的权利,使用者需要遵从。但是,由于受到已有授权协议的限制,这些使用方式亦是非常单一或稀少的。

二是模拟技术时代。此阶段,向公众远程提供作品的目标得以实现,原因在于磁介质的出现(如录音带、录像带等)、广播电视技术的发展。亦是因此,使用作品的地域拓宽,出现新的市场,复制和传播作品变得更加便利。集体许可制度地位之重和补偿金制度都在这个时期呈现。集体许可制度,指著作权人授予集体管理组织著作权,他们负责有偿发放许可证给使用者。补偿金制度也就是将录音、复印设备等在一定时期分配到著作权集体手中,抑或征收私人录制版税和复印版税。

三是数字技术时代。具有交互式特征的多媒体电子出版物是作品的载体,如包装类载体、在线类(即网络)载体。传播和复制作品成为一件易事,可能会出现著作权人无法控制的局面。基于网络的自由共享理念,诞生了公共许可的模式——著作权人不以商业为目的,自主舍掉财产权,共享作品的数字版本给大众。另外,默示许可的模式相继出现——哪怕著作权人从未许可他人对作品的使用权,仍旧可以通过著作权人的行为或沉默来推断他不会反对别人对其作品的使用。

在这三个阶段,授权不断地产生新的模式,这些模式并非相继取代,而是处于共存的平衡状态——同一时空解决不同问题。作品的复制和快速发展的传播方式是这些模式出现的原因。但不可否认,以"作者-出版商"为模式的传统授权依旧发挥着作用。

2. 数字出版中版权授权的新特点

作品被大量地数字化的现象,出现在数字与互联网技术发展成熟时期。著作权法规就此现状不断进行调整,如在《著作权法》第三次修订中,第十条第(五)项关于复制权的内容,新增加了数字化的复制方式。数字著作权是在数字时代背景下,产生的一种具有数字特性的著作权,这种权利包括对作品的数字化保存、复制、发行等。此外,数字出版实际上是作品复制,因为只是将数字代码作为作品新的表现形式,对原有作品进行传播或稳固,并没有对作品的具体思想和内容进行再创造。如今,数字出版是一条产业链,具有以下环节:对作品进行数字化、产生资源库、向大众提供资源。并且,数字出版必须运用到已出版或未出版的作品中,这就要求需要在著作权人许可的前提下,使用这些作品。

著作权制度也因此受到严重挑战,毕竟大量作品被使用导致多种授权要求出现。版权问题随着数字出版的发展面临很多争议,如对数字作品的版权保护问题等,但数字作品获取版权授权的方式成为版权问题的核心。原因在于,相对于传统环境,授权问题在数字时代呈现出了许多新的特点。

(1) 版权所有人多量又难找

版权所有人在数字时代猛增,只要发表数字作品就能获得版权所有人的身份,数字作品的大量使用也不能精准表现出版权所有人的情况,甚至有的作品的版权所有人难觅。所以,很难掌握版权所有人对作品的授权状态。

(2) 不易确定权利人的权利范围

在传统的版权制度背景下,复制权占据权利的核心地位,当其根基崩塌在数字环境中,我们再也无法统一认可它的适用范畴,这是复制权的困境所在。使用者获取授权也变得困难,这是因为扩大了的权利范围和权利复合(如发行、传播等权利之复合)的问题让使用者必须和作者协商,还必须和邻接权人协商。

(3) 大量使用者及低侵权成本

数字时代到来,作品的使用者数量上升。已变的复制手段让大众可以自由便捷地复制和使用作品。又因为法律对虚拟网络里的非法复制进行管制的效力极低,版权所有人就权利的管理与行使没有得心应手,所以侵权行为频生且侵权成本低。

(4) 高交易成本

交易成本是在授权过程中处于核心地位的概念,它由搜寻信息、协商签约、监督执行等成本组成。此中有些包含于制度成本中,也就是由授权效率低、无效沟通等产生的开支。版权交易的成本急剧增加,是由数字环境特点、传统授权效率低两个因素造成的,并且由此而来的侵权行为盛行对产业的发展产生影响。

综上所述,作品层出不穷的根源在于数字技术的发展和网络技术的发展。同时,伴随着便利飞速的作品传播现象,著作权人和使用者之间的交易以级数的数量增长,使得著作权人无法自如控制其作品:一是著作权人不清楚正在使用自己作品的人员的身份或数量;二是使用者也不认识自己使用的作品出自谁,如果想联系上著作权人,使用者就需要付出极大的时间、精力和物质(即金钱)等代价。此外,还存在使用者在未经著作权人许可的前提下使用作品的现象,原因在于交易的成本十分昂贵,使用者无法通过逐步签订合同的渠道获得授权。因此,巨大的矛盾在"对大规模作品的著作权予以保护"和"数字时代里信息的快速传播的性质"二者之间产生。要想解决这一矛盾,主要就是构建合理的数字时代著作权的授权模式,在使用者与著作权人之间建立一种联系机制。但是,传统的授权模式早就不再完全适用于现存的关于技术的环境。

6.1.3 我国著作权法中授权规定的合理性分析

1. 我国著作权法律体系概况

我国现有的关于著作权的法律规范有一部法律、六部法规。其中,《中华人民共和国著作权法》(简称为《著作权法》)是一部法律,而六部法规分别指的是《中华人民共和国著作权法实施条例》(简称为《著作权法实施条例》)、《信息网络传播权保护条例》、《著作权集体管理条例》、《计算机软件保护条例》、《实施国际著作权条约的规定》和《广播电台电视台播放录音制品支付报酬暂行办法》,这六部法规都出自国务院。此类关于法律法规的主次分明的设计方式,是由我国传统的立法习惯直接导致的,也就是说,将《著作权法》看为主要部分,其他的著作权法规处于次要地位,并借助于一些别的司法阐释、行政规章制度等。

《著作权法》自1990年颁布施行以来,历经了2001年、2010年和2020年的三次修订,前两次修订是适应加入世贸的要求和在国际压力背景下产生的行为,第三次修订是为了适应新时期技术变革和产业发展的诉求,我国于2012年3月31日开始展开对该法的第三次修订工作,并于2020年完成。《计算机软件保护条例》《实施国际著作权条约的规定》和《著作权法》有相同的内容或是被该法规定,可在适当的时候宣布废止。另外,上述四部法规在第三次修订中选择了"一拖四"的办法,这种办法是把四部法规里比较成熟的内容和对具有一般性特征的问题的规定置于《著作权法》之中,之后一步步地对有关著作权的条例进行修订。因此,对《著作权法》进行的第三次修订,既针对了其自身的内容,也吸收了著作权条例中的某些条款,具体来看,主要涉及的有著作权产生的时间、技术措施、权利管理信息、网络传播信息权等比较成熟且具有一般性的条款。

2. 解析我国《著作权法》的授权规定

《著作权法》中主要涉及版权授权的规定有两条:第二十六条指出,使用他人作品应当同著作权人订立许可使用合同,本法规定可以不经许可的除外。第八条还声明,著作权人和与著作权有关的权利人可以授权著作权集体管理组织行使著作权或者与著作权有关的权利。依法设立的著作权集体管理组织是非营利法人,被授权后可以以自己的名义为著作权人和与著作权有关的权利人主张权利,并可以作为当事人进行涉及著作权或者与著作权有关的权利的诉讼、仲裁、调解活动。这个过程中著作权集体管理组织是以自己的名义行事的。

由此可见,这一现行著作权法体系确认了著作权授权的两种模式:一是在使用者与权利人之间进行一对一谈判;二是使用者和权利人的代理人二者之间的集体管理。在数字出版阶段,我们国家现在实行的著作权法对于版权授权的规定存在着以下不足:

第一,直接授权存在很大局限性。传统上使用的一对一谈判的授权模式虽然可靠,但对于数字出版产业提出的需求不能满足,同时,这一模式的局限还在于,要想使出版商在较短的时间里拿到大量作品的使用授权是不可能的,即使能够取得授权,授权交易的成本也会十分高,这会增加数字出版这一产业运营的成本,阻碍数字出版产业的发展。

第二,集体管理存在不足,管理规范不健全。集体管理模式是解决大量作品授权问题比较成熟和有效的模式,但集体管理组织服务于很少人,这是由于这一组织与这部分人可以很容易地获得联系;但就大部分普通的著作权人而言,想全部参加这个组织是不切实际的。并且,不健全的组织机构、不畅通的授权渠道等亦是集体管理组织现存的一些问题,它们的存在使得组织的功能难以起作用。

第三,授权模式比较单一,授权规定比较简单。面对数字出版时代的海量授权难题,版权授权模式在不断探索前进中,而现行著作权法体系仅确认了传统的直接授权和集体管理两种授权模式,缺乏对代理授权、要约授权、默示许可和补偿金制度等的规定,不能满足数字出版时代海量授权的要求。并且,与国外著作权立法相比,我国现行著作权法对于版权授权的规定比较简单,可操作性很低。

6.2 解析数字出版中传统授权模式的适用性

数字出版时期,参与授权的主体主要有版权所有人和使用者,也会涉及具有服务性质的出版社和集体管理组织等,数字技术平台商、开发商也可能被列入授权关系里。其中,授权有六个模式最为典型,下面将分别解析它们的特点、发展情况、优点与不足。

6.2.1 传统授权模式的特点与历史背景

1. 直接授权模式

直接授权也就是一对一授权,在保护著作权的条例里,这一模式是自愿许可的模式且最为基本。直接授权是一种权利人、使用者之间出于自愿产生协议的模式,协议内容一般包含作品使用的方式、范围以及报酬等。一般来说,除非著作权法规定的可以不经许可的事项,使用他人作品应当先同著作权人订立许可使用合同,许可使用合同在遵循著作权法的前提下囊括的主要内容有:作品名称;许可使用的权利种类和使用方式;许可使用分为两种类型:专有和非专有;许可使用的地域范围、期间;付酬标准和办法;违约责任;双方认为需要约定的其他内容。

直接授权模式几乎同维护著作权的制度同时产生。1710年英国下议院通过《安娜法令》,将印刷特许权这个制度废止,具有现代意义的新的版权制度由此出现,它不仅认可在法定期限里著作权人对印刷、支配图书复制品拥有的专项权利,还规定出版商印刷作品的权利需要著作权人认可,也就是说,出版商要经过作者的直接授权才能使用作品。

实践中,还产生了交叉授权模式,就是用著作权换著作权,即著作权人把自己作品的使用权拿来交换得到对他人作品的使用权,不同作品的著作权人之间因相互交换权利而免去了付酬的过程,这个方法使得不同著作权人之间的资源共享成为可能。从本质上看,直接授权的发展演化催生了交叉授权。

2. 代理授权模式

代理授权模式是在有关委托授权的法规指导下,著作权人把自己的版权(部分抑或所有)委托于代理机构,作为被代理人,代理机构可以行使权利并获得费用,同时向作者转交使用作品获得的报酬。代理的形式有两种:一是以出版商作为版权代理机构;二是以专业性版权代理公司作为版权代理机构。

代理授权模式与集体管理组织模式都是通过第三方与使用者协商,具有一定的相似性,但在法律关系性质上不同,代理模式授权指基于民法上代理的关系,集体管理组织具有信托的性质,即用自己的名义对作品行使相应的权利。一般情况下,版权代理机构与集体管理组织不同,前者是营利性组织,后者是非营利性组织。版权代理主要涉及一些基本的财产权,如复制、发行的权利和改编的权利等,而集体管理主要涉及版权中那些较小的权利,如公开表演和机械复制的权利、影印复制的权利等,这些权利往往是个人无法管理的。

一直拓宽的著作权范围让著作权人需要消耗越来越多的时间与精力,以应对在经济权利与法律上的事情。基于使著作权人专心创作的目的,产生了专业的版权代理人。他们代替著作权人办理各种业务,如出版作品、有偿许可或转让版权等。1875年,AP瓦特公司在英国成立,它是由亚历山大·帕特森·瓦特创办的,也是世界上第一个文学经纪公司。这个公司初步定义了版权授权的相关运营规则,由此开始出现现代的版权代理活动。

3. 授权要约模式

授权要约是一个全新的授权模式,指的是在版权作品中,权利人有关版权的声明指明了权利人经由要约,自愿地规定公众使用其作品的条件和方式,使用者一旦接受该条件就与权利人形成合同关系,他们理应采用权利人规定的使用作品的方式。授权要约的原理是合同理论,它与直接授权模式在本质上是一样的,都是由权利人与使用者签订许可使用合同,然而直接授权是使用者和权利人之间通过谈判敲定合同,要约授权则不同,它是权利人将想和他人进行授权交易的意愿传达给不固定的多数人,这就意味着一经对方同意与接受,授权合同便产生且在法律上生效。

2004年,在版权侵权事件得到解决之后,书生数字图书公司想要采用宣传和普及授权要约模式来应付许可大量授权的问题。2004年,《最后一根稻草》出版于北京,授权要约以新模式的面貌出现,书中的一项特殊声明规定了使用这本书的条件:① 授权范围:以数字为形式的复制权和发行权、网络传播权;② 授权费用:收入的5%;③ 支付方式:获得的收入需委托中华著作权代理总公司收转,时限约为180天;④ 使用方式:标记作品来源及其作者,确保作品内容完整;⑤ 保留其他权利。权利人面对大量不确定的作品使用者需要获得授权的局面,授权要约模式在这种局面里能发挥举足轻重的作用,这个模式能体现出权利人与使用者的意思自治,同时减少交易成本、提高效率。

4. 集体管理模式

集体管理模式是指权利人将自己的权利授予著作权的集体管理组织,让该组织代为行使与使用者谈判、发放作品使用证明、对作品的使用进行监视、合理收费且分配报酬等权利。集体管理组织的两个特点——非营利性、垄断性,主要有以下四项功能:取得权利人的授权;向使用者发放许可;收取许可费用;根据固定的标准向权利人分配获得的费用。

在法律上,权利人、集体管理组织双方呈现出信托的关系。按照这种关系,权利人出于信任与集体管理组织签订一个旨在授权、具有信托关系的合同,让该组织可用自身名义行使版权。也就是说,集体管理组织可以向使用作品的表演者、商业者等收取费用,然后把这些收入按照一定的办法向权利人进行分配。这样既能保证权利人对作品的权利不受太大影响,也能获得最多的经济效益。

随着现代版权制度的出现,作品日趋多样化,对作品的使用也变得更为频繁。并且随着技术的不断进步,特别是机械复制技术、机械播放技术、影印复制技术的出现和广泛使用,权利人已经没有能力检查作品被使用的情况,导致难以把控作品的复制和传播的局面。权利人意识到要解决这个问题只有联合起来,建立能代表自己的组织,并授权该组织管理自己难以管理的权利,然后由该组织来检查使用者使用作品的情况,代表自己与使用者谈判和收取使用费,然后该组织依据分配标准支付给权利人,同时该组织还可以代表权利人处理纠纷。因此,诞生了集体管理制度。集体管理组织最初只是由权利人自发形成的民间团体,随着版权制度的发展与演变,逐步显示出集体管理的重要地位,二战后,欧美国家慢慢认可了这个组织的法律地位,这就标志着集体管理制度成为重要的与版权有关的制度之一。

5. 版权补偿金制度

版权补偿金制度指针对使用大量私人复制作品的情况,而产生的对于特定的复制工具、存储介质等进行收费,然后经由规定的方法分配收入给权利人的一种制度。因为权利人无法进行分别授权,其权益是没有保障的。这一制度强调,只要是个人使用,权利人就不能够反对那个人复制作品,只允许获得一些经济补偿。实际上,私人购入复制工具时,只要支付补偿金就可以复制作品了,这是为了在权利人和复制者之间达到平衡。

1960年之后,家庭复制逐渐成为人们普遍的选择,私人复制的作品已经完全可以替代市场上的正版作品。此外,过度的复制也导致了利益冲突,这种冲突存在于复制者和出版者、权利人之间。版权补偿金制度产生的条件有二:一是隐私权在宪法中得到保护;二是以衡量个别授权的成本与收益之间的比例为基点。德国是最先建构这一制度的国家。1965年,德国修订的《著作权法》中有规定,德国文字与科学作品集体管理协会(VG Wort)代表所有作品的作者,应对生产或进口录音录像设备、用来复制的材料介质等征税。社会之所以普遍认可这一版权补偿金制度,是因为它不仅符合大众欣赏版权作品的口味,而且保证了权利人的利益,该制度也因此逐步走上世界的舞台。

6. 默示许可模式

在权利人并未通过公开的方式授权的情况下,依权利人的行为、特殊沉默等方式来确认著作权的授权许可可以成立的模式称为默示许可。作为协调利益平衡的合理使用体系以及默示许可制度,它们在本质上是相异的:合理使用体系下,使用者使用作品不必需要权利人的授权(或称许可),此二者没有许可关系,合理使用只是一种著作权限制的制度。与之有别,默示许可具有特殊性,权利人和使用者的权利许可关系是存在的。合理使用作品的使用者无须经过权利人的许可,这意味着合理使用是不受限于权利人的。相反,从默示许可来说,权利人对作品享有完全的操控权,因为权利人和使用者之间有着许可合同的关系,权利人具有解除合同的权利,一旦解除合同使用者便不能继续使用该作品。

默示许可主要致力于探究权利人的隐性意愿,以期对原来的合同进行补充。默示许可来源于合同制度,这一制度从《合同法》而来,并最早由美国以判例的方式建立。早在1927年,联邦最高法院在 De Forest Radio Telephone Co.V. United States 专利侵权纠纷案中确立了默示许可。默示许可的基本准则是:要想取得许可使用权,不止可通过正式授予的途径,还可以从权利人的言行正当地确认他对于别人使用其作品进行再造或是出售都是许可的。那么,权利人特定的言行表现就会被看成是一个默示许可。因此,在具体的司法实践面前,默示许可被自然而然地引入到著作权的领域之中。

6.2.2 解析数字出版中授权模式的适用性

现在,著作权的传统授权模式是高成本、低效率的,这就阻碍了人们传播和利用大量作品,因为这一模式无法与数字出版对作品数量的需求相适应,同时也无法解决授权中的冲突。而为了有效地解决这一问题,将对现有授权模式在数字出版中的适用性逐一进行分析,从而实现作品的充分利用和价值最大化;不可忽视的是,这一行为也会为达到权利人、数字出版商以及社会公众之间的平衡提供条件。

1. 直接授权模式

一对一模式就是直接授权，直接授权在权利人和使用者之间存在，他们自愿协商并接受作品在使用形式、范畴和回报等方面的协议。交叉授权是两个或多个权利人交换使用作品的模式，是一种在直接授权的过程中衍生出的模式，即以权易权。

交叉授权的典型代表是"超星模式"。超星获取授权有两个方法：一是赠十年读书卡给权利人，使其能免费使用超星资源，十年后自动延续；二是事先给权利人60~300元不等的书费，接着经营该书，得到的收入还分配63%给权利人。实践表明第一种方式多被选择。现在的超星是世界第一大在线中文图书馆，图书有上百万本，签约的权利人也在35万之上。然而，其不足之处在于：第一，超星在作品信息网络传播权的获取上极其被动，如果权利人不愿意与超星签约，那么超星不能拥有其作品在信息网络上的传播权，也不能将作品数字化后放进超星数字图书馆；第二，权利人把自己作品的诸如传播权这类权利授权给数字出版商，目的在于实现著作权中的财产权，这种财产权往往体现为数字出版商给付相应的报酬或者对价，而不仅仅是为权利人提供数字作品资源的阅读和使用权。

直接授权是解决不了数字时代的海量授权困境的，因为它的成本与效率成反比，前者高后者反而低。但这并不会埋没它可靠且规范的优势，这种自愿许可有书面合同，权利人、使用者自身及其意愿都能得到尊重。

2. 代理授权模式

代理授权是代理机构充当中介的一种模式，即权利人委托代理机构代理作品的权利，可以是全部也可以是部分权利，代理机构成为代理人后就可以行使权利，如跟使用者谈判作品的授权事项等。

代理机构一般有两种：版权代理公司和出版社。出版社是我国现存最普遍的代理机构，可是缺乏专业性。相比于西方国家制度完善、公司发达的优点，我国很欠缺发展充分的专业性版权代理公司，规模小、数量少、影响弱和义务少的困境让代理公司无从发展。但也正是由于这些弊端存在，我国只要有足够完善的版权代理制度，版权代理公司的发展前景就更广。

专业性、中介性是版权代理的两个特性，这使得它在海量许可版权的问题上能发挥作用，正是这样，进入数字时代的西方版权代理很发达，这便缓解了传统著作权制度受到的冲击。但是，传统的著作权制度并非被代理授权完全取代，毕竟后者仍旧不能让海量授权的问题迎刃而解。

3. 授权要约模式

授权要约指权利人提出版权声明，凭借要约方法，对使用作品需要满足的条件作出说明，使用者一旦接受那些条目要求，就能和权利人自动地形成授权合同的关系。

《最后一根稻草》便是记载了有关授权要约内容的作品，它于2004年在北京出版后，让授权要约这种新的模式广受关注，传统模式的交易成本因这个新模式的使用而降低。因为授权要约不再专注于个别使用者，而是广泛撒网，权利人与自愿同意作品使用要求的人自动形成合同关系，所以有的专家称它超越了传统，在数字时期给授权界带来质的飞跃，具有里程碑式的意义。

遗憾的是，直到现在，授权要约还是没有让海量授权成为现实，这有多种原因：首先，使用者要想得到授权，就只能接受权利人提出的条件，如果要具体协商，依旧需采用传统模式沟通；其次，出版商并不看好授权要约，因为这种方式无疑将威胁到他们的利益；再次，多数权利人仍旧不具备单方拟定合理要约的知识与能力；最后，法律与保障机制并没有能够同步产生来及时解决在支付费用、违约赔偿等方面出现的问题。不可忽略的是，数字时代的版权会朝着明确权利人信息与权利、监督使用者使用作品的方向发展。

4. 集体管理模式

集体管理意味着权利人授权集体管理组织代为行使多种权利，处理相关事宜，如与使用者洽谈、收分报酬、处理纠纷等具体的活动。与代理授权的委托代理关系不同，权利人、集体管理组织二者并不是像与代理公司那样的代理关系，而是存在着信托关系，这种关系体现出非营利的性质和垄断的性质，也就是让该组织能以自己的名义行使相关权利。

法国在18世纪70年代末成立起来的SACD，是第一个针对版权管理的组织，其在数字时代的地位越来越重要。集体管理组织作为一个中介组织，具备集中版权和规模经营的能力，因此在使交易成本下降方面采取的措施卓有成效。将维护版权以及授权的相应成本减少的举措，无疑是服务了权利人、使用者双方。对于权利人来说，有些权利借助集体管理组织之手更能有效地得到行使，同时对使用者来说想拿到授权自然也相对容易一点。故而，集体管理组织的自身优势能够一直起着不可磨灭的作用。但是，集体管理组织也具有一定的危险性，因为它处于垄断位置，可能会滥用权力，私权自治或许不能如愿进行，如何管理非会员的权利亦给这个组织提出很大诘难。

我国现存的集体管理组织都是以德国模式来配置的，即在著作权范围的特定区域，有且仅有一家集体管理组织可以合法管理。我们不能不认识到的是，集体管理在我国有多个弊端，如浓厚的行政色彩、非会员管理的盲区、垄断地位的权利滥用等，这些都对集体管理组织的功能发挥造成严重阻碍。

5. 授权的默示许可与开放式模式

合同法造就默示许可，也就是在缺少权利人明确授权的情况下，根据其行为或沉默来推断成立授权许可的模式。目前有三种方法可以达到平衡利益的目标，即默示的或法定的许可、合理使用。前两者与后者有本质的不同：从授权许可形式来看，前两者是特定的授权制度，权利人的意思能决定授权是否成功，且他有解除合作的权利；后者则相反，它属于版权限制之制度，使用者使用作品不需要得到权利人的许可，只要合理合法。从报酬支付与否来看，后者不用花费金钱就能使用作品，前者要支付报酬给权利人才能使用作品。

默示许可和在信息网络中使用作品的模式相符，当事人的权利义务在默示许可的选择退出机制中达到平衡。从某种意义上看，作为一个开放式的规定，默示许可有望突破信息时代的授权困境。但是就开放式网络共享时代作为一种新的授权模式而言，其又具有自己独特的模式与特点。开放式模式是伴随着互联网上绝大部分内容都具有公开、开放的特点而产生的，copyleft、CC和Open Access等Open(开放)系列都是涉及开放共享理念和基于开源的一种授权模式。它们与默示许可具有相同点，都是新的作品权利人自动放弃著作权中的财产权，且使用其版权作品的行为不得用于营利性目的。copyleft(译为著佐权)并非

copyright,一个在左,一个在右,也并非与版权针锋相对,而是以现有版权的授权方式来挑战版权本身。copyleft 主张从授权上放弃对财产的权利,采用 copyleft 作品的使用者能够按照 copyleft 许可证的要求对该作品及其衍生品进行利用、修正与重新发布,随即把修正好的版本回馈给社区,然后继续按照许可证的具体要求保有一样的授权条例。所以,从这个层面上来说,copyleft 的授权许可具有传染性。CC 是创作共用(Creative Commons)的缩写,有知识共享之意。虽然传统的版权模式规定进入公有领域作品的合理使用也具有开放共享的理念,但是这个理念的适用范围非常狭窄;CC 能够提供的授权模式和条款组合是多种多样的,旨在分享创作的同时,既保留某些权利,又允许他人再次传播。Open Access(简称 OA),通常被译作开放存取,是一种不以传统出版模式为基础的模式,体现了开源思想在学术出版中的具体应用。它解决了价格缺陷(订阅的费用、按次计费中的费用)的问题以及许可的障碍(大部分对版权许可的限制),OA 正逐渐成为学术期刊、论文和专著的一种新的出版与使用形式,权利人提供作品使公众可以在公共网络上使用,不期望得到直接的金钱回报,而是推动科学信息传播的步伐,提升科研共享的利用程度,保障信息的长期保存。

默示许可制在我们国家的法律上还没有得到完善,出自《著作权法》或《信息网络传播权保护条例》的一些规定被定义为准法定许可,不仅如此,默示和法定两个许可模式杂糅在一起,没有统一的逻辑体系,明显存在小适用范围、少保障机制之不足。

另外,为了处理因私人复制导致权利人权利受侵的行为,版权补偿金制度应运而生。这个制度是凭借向存储介质、复制工具等收取费用,再经由集体管理组织等途径分配一定收入到权利人手中的制度。版权补偿金制度致力于达到给权利人补偿和合理使用作品两个目的,具有合理平衡各主体利益的优点。也就是说,它经过集中处理报酬请求权、合法地管理税收来满足各方需要。需要关注的是,在数字时代,版权补偿金制度存在的前提被普遍怀疑,因为它是以模拟技术时代的方式而建立的制度。从建立新的制度所需成本去考虑,补偿金制度还是有必要存在的,但为了更好地适应社会需要,它就得和集体管理、合理使用等配合运作才能更好地实现功用。

综上所述,在数字时期,无论哪个类型的授权模式都具有适用性,直接、代理两种授权模式虽然在应对海量授权问题上有不足,可是就我国来说版权代理是有发展必要的;从理论上看,授权要约的适用性确实高,但其局限却会在实践上显露;有高适用性的是集体管理、默示许可二者,它们引领着数字时代如何解决授权问题的方向;版权补偿金多用来辅助集体管理才能有效果,这是因为它单独使用的适用性不高。

6.2.3 国外版权授权的实践经验

1. 版权结算中心(以美国 CCC 为例)

美国版权结算中心(Copyright Clearance Center,CCC)成立于 1978 年,是世界上最大的以处理文字作品为主的非营利性组织,对世界上最受欢迎的网络和出版内容(如书、报和博客等)进行授权和许可。CCC 致力于为全球组织服务,努力将授权流程简单化,支持作者的知识产权,并集中提供复制许可和支付费用等业务项目。十年时间里,支付给权利人的版税在10亿美元之上。这类版权结算中心有公司、学术机构或政府机构等,如英国的版权授权代理有限公司(Copyright Licensing Agency, Ltd., CLA)就是以版权代理公司的名义来打造的版权结算中心。

在版权结算中心里,不仅该中心与权利人之间的合同可达成授权,而且该中心作为权利人的代理人,它和使用者之间的合同也可达成授权。权利人具有使用费的决定权是CCC模式的一大特征。CCC模式实际上扮演的是中间人的角色,即权利人把作品拿到CCC提供的平台上展示,明码标价任人挑选,使用者在选择之后需把相应的费用付给CCC,CCC再交由权利人。不同于美国作家与出版商协会(American Society of Composers, Authors and Publishers, ASCAP)和广播音乐联合会(Broadcast Music Incorporated, BMI),CCC不需要为权利人支付保险、福利等费用,在收取到的使用费中除去应拿的管理费用后,会悉数交到出版商和权利人手中。

在版权结算中心制定的版权解决方案的指导下,个人和主体部门都能够分享使用那些被保护起来的资料,权利人和使用者由此可获得很多便利,这种便利也是权利人获取版税的地缘变广、交易成本大幅度下降的结果。区别于传统信托的模式,CCC具备下列几个优势:

一是权利人定价是遵循合同自治原则的体现。权利人的邻接权受到传统模式的阻碍,变成报酬请求权。合同签订后,权利人的权益难以获得保护,因为作品不再受权利人的控制。CCC模式正是因此而诞生的,无论是否加入CCC组织,权利人都拥有作品的控制权,这是意思自治原则的具体展现,有利于保障权利人的私权力。

二是整个行业在价格竞争的推动下获得发展。在CCC模式中,使用者拥有选择的权利,如此,使用者想少花钱与权利人想要多挣钱的心理产生冲突,权利人之间就会基于作品的质量进行价格竞争,但竞争的结果又会使使用者受益,并推动著作权市场的发展。

三是废除著作权传统模式中收取其他管理费的条款,权利人因此获利。诸如ASCAP、BMI一类的集体管理组织,会从管理费里拿出一些作为扶持新作品或新作者的基金,这种做法显然侵犯了权利人的权益。基于此,CCC的模式更有吸引力,因为它能够最大化地实现他们的利益。

四是开放的管理模式使权利人便于监督集体管理组织。在CCC模式中,权利人能够掌控作品,了解使用者对作品的使用情况以及管理费的收取情况,进而达到对集体管理组织的有效监督。

2. 扩展集体管理组织的职能(以北欧的延伸性集体管理为例)

会员登记制度是集体管理组织的管理方式,有的西方国家还在此基础上进行扩充,创建有延展性的管理。这种扩充了的管理方式具有特殊性,即在得到行政部门授权后,集体管理组织代表入会的作者展开尚无明确授权的业务。其核心是已取得足够代表资格的集体管理组织代表广大作者包括非会员进行权利的管制。此外,以这种办法获得的版权收入应当合理地分配给权利人、集体管理组织与第三人。延伸性集体管理作为一种法律手段,在北欧各国已经建立并逐步发展成熟。

延伸性集体许可是一个基于专有权、支持自由协商许可合同的机制。西方国家(以北欧为例)的延伸性集体管理制度既有差别又有共性,其共性如均具有代表性、具有延伸性的许可使用协议等。具体来看,延伸性集体许可的要素如下:集体管理组织与用户基于协商谈判达成许可使用协议;特定领域里的集体管理组织具有全国代表性;用户合法使用了所有资料因而无须单独面对非会员的起诉或被刑事制裁;非会员有权要求单独获得报酬;非会员受到法律的约束;在各方对条款及条件无法达成一致的情况下,延伸性集体许可可由调解、仲裁、审判程序或者其他类似的法律程序补充。

这种介于自治与政府干预之间的著作权的延伸性集体管理模式,可以提高大规模的权利许可的效率,也可以保障权利人对作品的控制权,这种介于自愿与强制之间的管理模式显然优于传统的和个人的许可模式。

延伸性集体管理具有排他性,它只是致力于给使用者提供便利以促使作品的广泛传播,从而使权利人、使用者和公众三方的效益达到平衡状态。第一,非会员个人许可得到的利益受到排他性约束,其权益在延伸性集体管理的保护下将获得更多。第二,这一制度也能够保护使用者的利益,使用者因此扩充了支配作品的合法途径。同时,在延伸性集体管理制度下,集体许可的优点凸显:非会员作品在集体许可的协议里有法律效力,使用者对作品的使用更为便捷。同时,非会员受到法律的约束后,对使用者的侵权指控陡然减少。第三,延伸性集体管理可以增加社会公共利益。《著作权法》将激励创造、传播作品和维护产业发展等作为目标,而延伸性集体管理模式的运用就是为实现《著作权法》的目标提供可能与帮助的。

6.3 数字出版中授权机制的构建

6.3.1 构建授权机制的理论原则

1. 私法自治原则(版权授权的基础)

私法自治原则与著作权这一私权密不可分。《与贸易有关的知识产权协定》(TRIPs)中将知识产权定作私权,而包括在知识产权里的著作权也是私权无疑。判定著作权为一种私权已成为英美与大陆法系的共同立场。无论是在标志着近代著作权制度产生的《安娜法令》,还是作为全球知识产权制度基本框架的TRIPs协议中都可以得到证明。前者是著作权制度从封建特权到确认作者私权的开端,而后者不仅继承了私权的精神,而且使世界上更多的国家承认著作权是私权。

"私法自治"作为一种理念,是私人以自身意志为指导,处理自己事情的原则,它是行使私权需首要遵守的。另外,具体的规范中也有"私法自治",就制度、精神层面来说,它指政治、法律等秩序的私法自治,使有价值的"私"得以突出。就法律法规层面来说,法律法规的具体化(如指导、约束民事行为等)就是私法自治。在法律的基础上产生的私法自治,也指意思自治,就是合同自由。

对著作权的使用,需要以私法自治为指导原则。限制版权是为了维护公共权益,但这并非是否定私权保护,私法自治仍旧被自愿的授权依循。权利人能自决或通过和使用者商量,解决授权的对象、方法、内容及收费等问题。

2. 利益平衡原则协调相关利益关系

著作权是一种私权,但在著作权这一私权中还涉及公众自由的权利和公共利益。著作权的行使不得损害公共利益,对版权的保护可能会与社会的公正律令发生冲突,这对于缩短知识的差距,或者是对知识的扩散与创新都没有好处。因此,著作权是特殊的、非绝对的一种私权,它致力于保护著作权人的利益,并探寻个人与社会之间的利益平衡,是具有独占性、排他性、时间性等特征的著作权。

为了达到权利人与公众之间、专有利益与公共利益之间的平衡,并以此为基本点,力求推动文化与科技、经济三者的发展,我国建立起了利益平衡的机制。权利人的利益得不到相应的保护,会造成很多后果,例如,消磨写作的热情、制约文化的发展与经济的繁荣。相反,如若疏忽公众的权益,也会不利于知识的传授、扩充等。所以,对于权利人本人及大众来说,他们的利益相辅相成,为平衡这些利益,《著作权法》为不二选择。

利益平衡原则不仅含有价值判断,而且含有利益分配。在价值判断层面,利益平衡试图确立利益权利调节机制,以协调各种冲突性利益,在保障各种利益共赢的同时,实现总体利益的最大化;在利益分配层面,利益平衡意味着设计权利和义务来合理配置各种利益,以形成一个均衡,进而维护它们的共存与发展。

利益平衡原则的实现需要从两方面着手:一是限制权利人的权利,以合理使用、法定或强制许可等手段来达成这一限制;二是作品使用的利益补偿,对私人的复制补偿属于直接利益补偿,还有间接利益补偿,如版权转让、版权许可、版权授权等,其中通过当事人意思自治的版权授权,是实现利益和私法自治的体现。

在数字技术环境下,集中行使著作权逐渐成为必须,而一旦实行集中行使著作权,一些法律关系难免会发生变化,即对集中行使的部分,原则上权利人自己不行使权利(这由许可的性质、范围决定),而成为一种单纯的对价收取权。

3. 风险效率原则

版权授权制度与风险和效率问题息息相关。现在,作品数量很多,建立授权机制最先需要想到的问题是怎样让使用者能快速得到授权且法律风险最小。经济学领域用"帕累托最优"来描述权利人的利益最大化,当然,这是以不牺牲别人的利益为前提的。版权制度对这个概念的使用具体在于寻求权利人权利的实际价值、使用者高效使用作品、大众自由选择作品三者的共赢点。

在著作权制度里,交易成本是导致大量问题出现的原因。对使用者来说,获得授权付出的金钱比使用作品拿到的金钱少,他就不会致力于取得授权。换句话说,交易的成本偏多,许可协议就面临结束。继而,权利人没有收入,大众就不能分享作品,侵权事件等恶果显现。

在构建版权授权制度时,必须要遵循风险效率原则:第一,这个原则是选择、改进或重组授权机制的指路灯,益于孕育适当的授权体制;第二,授权原则要有风险小、使用费低、方法简洁、收益大等特点,在操作时就将它和授权成本、对象和评价结合起来。

6.3.2 基于数字出版环境，建构授权模式的建议

面对版权的授权现状，对谈模式不太适应数字时代里版权授权趋势的发展，所以要建立起新的模式。有以下两种途径可供选择来建立新模式：法律上，选取集体管理、默示许可相混合的模式，前者为主，后者辅之；技术应用上，建立数字版权交易市场，同时结合权利管理。

1. 法律层面：构建混合授权模式

（1）完善著作权集体管理组织

在我国，对著作权的管理存在过度行政化、垄断化等弊端，数字化技术也给著作权管理带来挑战，可以从适度竞争、平行授权、延伸性集体管理等方面着手完善。

① 集体管理组织之间：相对垄断走向适度竞争。

国际上对集体管理组织没有统一的设定，各国可以根据本国政治与文化经济状况自行设立各类型和各规模的集体管理组织。我国则按照作品的分类建立集体管理组织，它有相对的垄断性质，这就为资源的集中和权威的树立提供了基础，市场也因此被打开，进而使集体管理组织越来越强大。

数字时代给集体管理组织带来很大挑战，由此浮现出多种缺陷，集体管理组织不能只依赖国家的扶持，因为这将导致一种具有官方性质的垄断组织出现，相反，创造一个竞争性的组织该摆上日程，因为竞争会让市场更加宽广且规范。我国不应人为地制造和维持垄断，集体管理组织的适度竞争会促使其市场行为逐步趋于规范化和合理化。多个组织管理的模式，让自由竞争、效率的提高和必要垄断等成为可能。集体管理组织以为权利人、使用者服务为目标，积极地发展、创新管理；权利人也因此出于自己的利益需要，对集体管理组织能有多种选择；同样地，使用者也获得相应的选择权，达到降低成本的效果。

② 权利人和集体管理组织：从专属授权到平行授权。

根据有关法律，权利人、集体管理组织二者间的关系是专属授权：权利人加入并将权利授权给集体管理组织之后，禁止行使已被授权的权利，再次授权第三者亦是违法的。这种授权形式对权利人而言是不好的，因为既限制了他自主选择的自由，又打破了他和集体管理组织的竞争平衡。这种限制权利人自主选择的方式，消除了权利人和集体管理组织在授权市场上的竞争关系，人为地加固了集体管理组织的绝对垄断地位。在我国台湾地区生效的《著作权集体管理团体条例》则支持平行授权，权利人的相关权利不会随着他加入集体管理组织而受限。

平行授权是指权利人在给集体管理组织授权后，依然保留自行行使著作权或另行给其他人授权的权利。平行授权实质上是非专属的授权，体现出权利人对著作权处分的自由。对于同一著作权，以上三种行使的方式能同时存在，并行不悖，它们削弱与牵制了管理组织的垄断性，使竞争局面态势良好。

设置平行授权逐渐成为多个地区或国家的一致选择。譬如中国台湾地区实行的著作权条例是允许权利人委托多方授权和自己授权的，对此是否加以限制则交由权利人和集体管理组织根据协议、章程等得出共识来决定，正式以立法的形式确立了平行授权制度。

引入平行授权的前提,是承认集体管理组织之外的著作权交易媒介组织的合法性,为其提供存在和发展的空间。事实上,集体管理制度只是通过法律所创设的媒介,是实现著作权交易的形式之一,供交易主体选择。换言之,交易主体对集体管理制度之外的交易形式有选择的自由,如让专业的代理公司处理行使著作权的相关事宜。

著作权的交易形式取决于市场发展规律以及交易各方的实际需求,采取何种形式交易应当是各方在衡量利益之后的理性选择,而不是用法律来禁止选择。培养且造就更多的著作权交易媒介组织(与集体管理组织具有平等的法律地位),也为权利人实现自己的著作权提供了更多的途径,最终促进著作权交易市场的繁荣与发展。

③ 引入延伸性集体管理制度。

我国目前的立法确立了自愿的集体管理制度,自愿的集体管理制度必然存在代表不完全的问题。进入数字技术阶段,延伸性集体管理制度的出现填充了许可制度的不足。

通过延伸性集体管理将非会员纳入集体管理范围的好处,得到了欧洲国家的检验。既可以让成本下降,顺利发展产业,又可以保护著作权人的权利。这个制度在我国的现行法律上还是空白,却早已出现在实践里,如有关组织向酒店背景音乐和卡拉OK等收取版权费,无论那些音乐作品的作者是否是会员都要收取。

我国选取延伸性集体管理有其现实必要性。一方面,社会上的复印店大量地复制作品,文化和网络公司不断统编与传播作品等,这些单位很少取得著作权人的授权,存在很多法律风险。传统的授权模式难以解决使用者想短时间内获取授权的难题,这是因为有关复制、编辑和传播的权利涉及的著作权人和使用者数量庞大,引入延伸性集体管理便是不二之选;另一方面,延伸性集体管理还使著作权人的权利就算是在海外也能得以保障。在延伸性集体管理之前,在海外,我国著作权人的权利不被有效地保护,原因是我国尚无延伸性集体管理的规定,国外复制权管理组织不能收取他们的版权费。

借助数字管理系统,凭借延伸性集体管理制度,集体管理组织制定的许可协议具有灵活性。事先未入会的会员的反对使用书在被集体管理组织收取后,该组织会主动与使用者协商出售使用许可;使用者一旦落实协议且付款,则能够使用购买了使用许可的作品,自然不会有被投诉的危险。同时,非会员也能获取作品使用的补偿。另外,集体管理组织既能够提升自己的办事能力,又能够维护著作权人的利益,同时给使用者带来方便,从而实现利益均衡。

在吸收国外制度和实践经验的基础上,为设立与国情一致的延伸性集体管理制度,在设计上可从以下几个方面着手:

第一,给实施延伸性集体管理的资格设限。集体管理组织的代表性是获得延伸性集体管理资格的必要条件。国外的法律有言,集体管理组织要想实行延伸性集体管理,就得代表足够多的权利人的利益。对于足够多的标准,各国都根据实际情况有不同的规定,并没有规定一个具体的数字。非会员的利益深受这一制度影响,给实施延伸性集体管理的资格设限是保护非会员权利的正确做法。为此,这种资格条件的限定,内容涵盖会员的数量及比例、作品总数及使用数、管理手段是否规范等。

第二,限制权利延伸的范围。就延伸性集体管理来看,北欧一些国家的法律只允许广播和复制的权利,对使用作品的形式也有限制。《伯尔尼公约》强调,只有在面对合法的特定情况时,才可强制许可,否则不得损害任何一方的利益。而我国《著作权法》规定权利只延伸至点歌系统传播已经发表的音乐作品,或用别的方法使用作品,但这种适用范围极其小,大大削弱了该制度的功效。于此,应以符合国际公约要求为前提,把延伸性集体管理的范围限定在广播权、复制权,这两个权利的适用条件也需一并说明。

  第三,尊重非会员意愿,保护其权利。我国遵循自愿入会的原则,所以针对非会员的管理问题有一定缺陷,所以延伸性集体管理很有必要。为消除延伸性集体管理会造成非会员的权利被代表这个疑虑,需要在立法环节注意规定这些内容:限定延伸性集体管理主体的代表资格,设定合乎科学的规则,如规定非会员具有选择退出权;无论是否是会员,任一著作权人的权利都应受到保护,也都有权拿到报酬;当有争议时,可以通过纠纷委员会进行调节或起诉。同时将权利延伸限制在复制权和广播权的范围,且尊重和保护非会员的权利,让他们有选择退出的权利。集体管理组织在收到作品使用报酬后要及时按协议分配一部分给非会员。

  (2) 数字出版中,默示许可制的运用

  从立法出发,默示许可是独立被建立的制度,它有别于作为权利限制的法定许可。也就是说,法定许可的目的只在于传播和普及文化,使用作品多出于公益,作者只享有对报酬的请求权,但默示许可则支持作者的报酬权和控制作品的权利。

  默示许可在运用上具备开放性,对于其使用范围,不仅有法律规定,也可以视具体情况变通。其一,被大众通过实践大致认可的适用方式(如网络共享),法律除了加以确认,还应当探索该方式的可操作性;其二,在数字时代,默示许可可以适用的范围大且多变,所以要在平时的行为中做到具体问题具体分析。

  为了保障权利人的权利,应给他们报酬权、解除权等。解除权的意思是说权利人可以借助许可成立前做声明、许可成立后发通知等方式表达退出的意愿,以最大程度地保障权利人的权益。集体管理组织则有收分报酬的任务,所以集体管理制度是否完善直接关系到默示许可的实行成功与否。

2. 技术层面:DCE与DRM的构建

  (1) 数字版权交易市场(DCE)

  版权授权面对的困境是现行法律解决不了的,因为数字技术牵涉众多问题,但要解决因技术而带来的问题,亦是可以采用技术手段的。打造一个数字版权交易市场则为应对困境的技术途径,如上海就是一个小容量的版权交易中心,现在,我国亟须打造容量大的、统一的交易中心。

  我国可以像英国的版权中心(Copyright Hub)那样建造版权中心:设定一致入口,集成已有的交易组织,并重新整合他们的数据库与服务内容等。构建数据库有两种做法:版权数据库或作品数据库,前者的功用在于检索和展出作品,后者则负责给出复制品。数据库是允许权利人建立的,它也收录了多方机构手上的资源。为了达到便捷,多是通过微信、支付宝等在线支付方式完成交易。

  集中授权在网络平台上完成,这对集中授权模式的效能和其整合平台信息的能力有极高的要求。

一是，集中授权要求数字标准化，这在国际上已有端倪，如国际作者和作曲者协会联合会（International Confederation of Societies of Authors and Composers, CISAC）著录作品都遵守国际标准化组织提供的信息标准，又如使用者可以在国际作者和作曲者协会联合会、国际录音制品业联合会（International Federation of the Phonographic Industry, IFPI）和美国电影协会（Motion Picture Association, MPA）的网站上查找作品或获取授权。

二是，集中授权以数据库为基点。信息管理的数据库要尽早建立。数据库里的作品来源多样，有会员直接给予授权使用的，也有代理机构提供的，还有著作权人自己上传的。

三是，运行集中授权有赖于平台完善的功能，其中有在线注册、授权、支付与维护数据等功能。此外，为实现上述核心功能，还需要加强各方主体合作，以提高作品分享效率，降低沟通成本，达到利益的均衡。

（2）数字权利管理（DRM）

版权交易存在着较高的技术风险，这可以通过数字权利管理来消除。数字权利管理就是要以技术手段对版权进行保护，这类软硬件方面的控制，穿插使用作品的全部过程，以使其在指定的授权范围内被使用。数字权利管理也就是许可证管理，包含管理权利信息和技术措施两个方面。iTunes积极采用技术防范的手段，打造出在线音乐商店，还控制数据的二次复制，避免产生作品的滥制滥用现象。

DRM技术使数字出版、发行、消费等各个方面的权益都得到了有效的保障，尤其在数字版权授权这个阶段，主要是通过两个方面来实现的：用权利语言表现著作权人与出版社的协议；加密作品，保障作品的安全和完整。

伴随网络信息极快的发展，大众加大了对搜索引擎的关注力度。数字出版给新信息的开发提出诸如精确度高，相关性强，杜绝死的、无效的链接等要求，这成为DRM技术发展的方向。

第7章 数字出版中的著作权法律适用问题研究

版权制度的诞生及发展与科技进步有着紧密的联系。随着科学技术的快速发展,复制操作越来越便捷,复制成本也越来越低廉,但任何事物都具有两面性,人类史上的这一技术进步也滋生了损害他人权益的盗版群体,然而也正因为此,催生了近代意义上的第一部成文版权法——英国的《安娜法令》。此后,几乎每次相关技术的进步和创新,或引发产业利益冲突,或挑战原有平衡机制,如此不断地推动着近现代版权制度的变迁。复制和传播技术的进步,虽然在一定程度上促进了知识传播、增加了社会公众福利,但也增加了侵蚀著作权人利益的机会,特别是在今天这种科技发展日新月异的时代。不可否认,在版权制度变迁的过程中,因复制和传播技术的进步而衍生的一系列问题,无不首先折射于相关版权法律纠纷的适用层面。例如,谷歌图书馆计划引起的系列版权侵权纠纷案、作家维权联盟诉百度文库侵权案、《古炉》版权纠纷案等。有鉴于此,本书将结合相关数字版权的典型事例,论述数字出版中的著作权法律适用问题:数字版权的客体及其扩张;数字版权合同的法律适用;合理使用制度在数字出版中的法律适用;法定许可制度外数字版权授权模式法律适用空间。

7.1 数字版权的客体及其扩张

本书将从两个方面来探讨数字版权的客体问题:一是从本体意义的角度出发,就数字版权客体的概念而言,其可以被表述为知识产权的客体,但这种表述引起了较大争议;二是从客体范围出发,数字版权的保护客体是指数字化的作品,而区别作品的数字化与非数字化的界限就是传播方式的不同,然而问题的关键是:受制于版权制度的刚性约束,某些只能以数字化形式存在的"客观存在",如数据库等,能否视为作品被纳入版权规制体系,进而受版权制度保护。这些问题涉及知识产权的基本理论和基本制度,故而相关问题的解决可为数字版权的法律适用提供理论基础。

7.1.1 理论基础:知识产权的客体

知识产权的客体作为知识产权法律制度的核心概念,毫无疑问是知识产权法律制度产生、变迁的逻辑起点,因为客体毕竟是概念法学绕不开的理论问题,若无具体的保护客体,知识产权便成为无本之木、无源之水,无疑会失去其存在的制度价值。然而,单就知识产权的客体而言,在学术界并未形成普遍共识,可以说是各执一词、众说纷纭。因此,这也是制约知识产权法学基础理论日臻成熟的重要因素之一。

1. 知识产权客体学说概述

知识产权客体是知识产权法律基础理论中产生争论较多的论题之一,学术界基于不同的视域提出不同的见解。一般来说,知识产权及其客体可从相关概念的定义中相互推演,现就其中的代表性学说分述如下。

智力成果说。该学说提出,知识产权的客体是人们的智力活动所创造出的产物。例如,《建立世界知识产权组织公约》第二条中关于知识产权的定义,"在工业、科学及文学艺术领域里一切其他来自知识活动的权利",由此可见知识产权客体之一斑。再如,"知识产权……是以特定智力的创造性成果为客体的排他权、对世权"。在国内,该学说目前占据主导地位。

智力成果和商业标记说。该学说主要源于知识产权分类的启示,亦即将知识产权客体划分成"创造性成果"和"识别性标记"这两种不同的类型(尽管该种分类本身是否科学或合乎逻辑仍有待商榷)。知识产权是人们对自己的智力活动所创造的成果和经营管理活动中的标记、信誉依法享有的权利。

知识说。该学说认为,知识产权的客体即知识本身。知识产权所说的"知识",是指按照法律所保护的智力活动创造产物和工商业标记,属于知识的一部分。但是,它们却具备了知识的全部特征。

知识产品说。一般认为,该学说是吴汉东教授首先提出的。知识产权的客体即知识产品,是一种没有形体的精神财富,客体的非物质性是知识产权的本质属性所在。

信息说。随着信息论、控制论的理论诞生和发展,知识产权客体信息说逐渐成为一个有力的学说。例如,张玉敏教授表示,知识产权保护的对象是非物质性的信息。此外,该学者还表示,作为知识产权对象的信息不应是信息论意义上的信息,而应是控制论意义上的信息,即具有"同型结构+意义"双重结构。

符号说。还有专家学者是从符号学理论角度来进行探究的。例如,"符号不仅是商业标记的构成要素,也是智力成果的构成要素,符号使知识产权的对象获得了统一的基础。……知识产权的对象是符号组合"。

2. 知识产权客体学说之评析

一般认为,知识产权客体的学说争议,似能说明知识产权学是一个处于"范式前状态"的学科,相关基础理论仍然不够成熟,毕竟近代意义上的知识产权制度的诞生只有三百多年时间。然而,在我们看来,这种观点却是似是而非的。仅就知识产权客体的学说争议而言,这并不能说明知识产权相关基础理论的不成熟,争议缘由一方面在于知识产权保护客体范围的扩张,另一方面则是学术界基于不同视域或背景知识而产生的不同看法。

通过上述分析可以看出,随着科技的飞速发展,知识产权保护的客体正在呈现持续扩张之态势。例如,从狭义的版权(著作权),再到广义的版权(包括邻接权或相关权),再到现今的软件、植物新品种等客体的保护。可以说,开放性是知识产权法律制度的一个明显特点。进而言之,这种扩张态势无疑也在冲击知识产权相关基础理论的稳定性。换言之,保护客体的扩张要求理论必须与时俱进保持相应的开放性,进而保障理论自身的自洽性,否则知识产权学可能会长久处于"范式前状态"。

关于知识产权的客体学说争议问题,在我们看来,将其界定为智力成果在理论上并无不妥。至于其他学说,可谓基于不同视域或理论分析工具对知识产权客体的不同诠释或重述。

其一,关于智力成果和商业标记说的评析。不难推测,智力成果和商业标记说认为,商业标记与版权意义上的作品、专利等智力成果有着显著区别。然而,在某种意义上,具有一定识别性的商业标记难道不是智力活动所创造的成果吗?事实上,具有识别性的商业标记本身就是智力成果,只是创造性的程度与相关作品和专利技术不同而已,前者的创造性程度比后者的创造性程度低。

其二,关于知识说、知识产品说的评析。如前所述,知识说认为智力创造性成果和工商业标记属于知识的一部分。可见,该学说只是借用一个更具包容性的词语重述了智力成果和(工)商业标记说。进而可以这样认为,知识产品同样是对智力成果的另一种词语表达,表达虽不同,但在本质上具有同一性。

其三,关于信息说、符号说的评析。应当承认的是,信息说、符号说是借用信息论、符号学等理论阐释知识产权客体的一种表达形式。正如一切智力成果和商业标记皆是知识一样,一切智力成果和商业标记同样可以理解为信息或符号。

总之,从本体意义上看,知识说、知识产品说与信息说、符号说并无二致,只是新瓶装旧酒,也是对智力成果说和商业标记说的重述,并无多少学术价值。

7.1.2 数字创意的版权法保护

从历史的角度来看,知识产权制度史在某种意义上也是知识产权保护客体的扩张史,在模拟技术时代如此,在当今的数字、网络技术时代亦应如此。循此思路,不禁想问,在数字、网络技术时代背景下,数字创意能否作为版权保护的客体或具有可版权性?对此学术界存在争议,制约以数字化形式存在的创造性想法、构思的数字创意的主要因素在于思想表达二分法的版权法原则,也就是将数字创意纳入"思想"之范畴,但在我们看来,答案无疑是肯定的。

1. 思想表达二分法的意蕴

一般而言,思想表达二分法滥觞于1879年美国的贝克诉塞尔登案。案中,被上诉人塞尔登获得"塞尔登式压缩式账簿"的版权,用于表示一套特别的记账方式,而上诉人贝克则用了与其账簿差不多一样的记账方式。美国联邦最高法院最终判定,空白账簿不能成为版权客体,被上诉人不能只依据对该账簿的版权而获得操作和应用由他设计、编排并解释说明的账簿的专有权,进而撤销下级法院裁定构成侵权的判决。此后,思想表达二分法的裁判规则逐步纳入1976年美国《版权法》以及TRIPs协议等国际知识产权条约、公约。

不可否认,思想表达二分法作为衡量成果是否符合可版权性的要件的前提是"思想"的抽象捉摸不定及其与"表达"的泾渭分明,且旨在破除思想垄断、增进社会公共利益。如果某种"思想"的"表达"方式具有唯一性,亦即"思想"与"表达"已然融为一体,那么该成果则失去可版权性,否则势必会垄断思想,无助于知识的增量。诚然,纯粹的"思想"仅存在于人脑的抽象意识之中,他人无法复制和传播,故而也难言侵权和法律保护问题。然而,任何可为版权法所保护的"表达"又无不内含某种"思想",这应是毋庸置疑的。由此观之,如果思想表达二分法的意蕴仅在于厘清"思想"与"表达"之间的界域,那么其本身即无存在的价值。因此,思想表达二分法的意蕴到底何在呢? 有论者一语中的:思想表达二分法是著作权法中十分特别的一项规则,它的关键在于成本收益的利益衡量与价值取舍,而不是事实层面上思想与表达可分与否,学术界大多对它的事实问题与价值问题混淆视之,并没有揭示其真正意义及所发挥的修辞功能。也就是说,指导老师主要担当的是法律修辞功能,裁判者借此以达至说服两者双方信任、服从裁判的目的,而并不是意味着一定的"思想"并不必然为版权法所保护。

2. 数字创意的"准作品"属性

顾名思义,数字创意本身就有创造性,从而切合版权法保护的要件之一。不仅如此,数字创意与存在于人脑中的抽象"思想"又有着根本分界,本质上看亦是一种"表达",尽管这种"表达"并不完整,故而可视为"准作品"。从某种意义上看,数字创意的关键不在于"表达"是否完整,或者是说是否符合完整意义上的"作品"要件,而在于其中所内含的"思想",对于数字创意者来说,"思想"才是最具价值的。以研究生指导老师指导论文为例,如果指导老师提出某种具体的"思想"(如原创的具有重大学术性值的观点、见解),随后研究生根据该"思想"完成了高质量的学术论文撰写工作——"表达",亦即形成了版权法意义上的"作品",当学术论文发表时,我们总不能以学术论文的撰写者是研究生而否认指导老师对该"作品"的智力贡献,继而不保护指导老师的署名权(指导老师放弃署名权的除外),否则势必会压制"思想"提出者的创造性、积极性。当然,不可否认的是,研究生如何"表达"指导老师的"思想"同样体现着该研究生的"思想",但此"思想"不同于彼"思想"。从这层面来看,"思想"与"表达"又是可以界分的,尤其是在智力成果的完成存在劳动分工的情况下。总之,在思想表达二分法并不构成数字创意可版权性实质障碍的情况下,鉴于数字创意的"准作品"属性,亦可纳入版权法保护体系。

7.2 数字版权合同的法律适用

随着互联网产业的快速发展,电子图书、电子期刊、电子报纸、电子数据库、网络动漫、网络游戏、网络音乐等新的出版物——数字出版应运而生。数字出版虽只经历了十几年的时间,但已发展到一定的规模。在数字出版蓬勃发展的同时,传统出版合同和数字出版合同之间的碰撞和摩擦该如何解决,是我们不得不面对的一个现实问题。从国内数字版权第一案——中华书局诉汉王侵权案,到2011年的百度文库侵权案还有贾平凹案等,乃至美国HathiTrust案件、英国Newzbin版权侵权案,无不折射数字版权合同存在的问题。这些问题也引发了人们对数字出版中数字版权与传统版权之间关系的深入思考,也即对数字版权的几个误区的澄清:是否只有先进行传统出版,然后才能进行数字出版;是否传统版权能够直接覆盖数字版权;是否在取得数字版权的授权后就有权进行数字版权的转授;能否在数字版权领域适用权利用尽原则,对于这些问题的理论思考无疑有利于相关数字出版的立法、司法完善。

7.2.1 关于数字版权的几个误区的澄清

从我国的现状来看,大众对数字版权这个概念还处于迷茫状态,作品创造者和出版社也没有很强烈的数字版权保护意识。究其原因,除了在数字版权方面的立法不足之外,大众的认识误区也是不可忽略的因素。具体言之,第一,表示传统出版是数字出版不可逾越的鸿沟;第二,表示数字版权属于传统版权,亦即数字版权是传统版权的延伸;第三,表示取得数字版权的授权即有权进行数字版权转授。

1. 传统出版是数字出版不可逾越的鸿沟误区

认同这一主张的学者表示,数字出版本身就是版权运用、传播、转移等的程序集合,而作品出版必须要有的一个条件就是传统版权,可以说版权是数字出版赖以存在的基础。换句话说,如果没有传统版权,数字出版产业将会失去活力。针对以上这一说法,从近年来数字版权侵权事件来看,数字出版产业发展过程中遇到的最大的阻碍是海量作品数字版权的授权问题,而非版权。只要解决了数字版权的授权问题,完善相关立法,数字出版产业发展前景将会十分广阔。

2. 数字版权隶属于传统版权的误区

认同这一主张的学者表示数字版权属于传统出版权,是指专有出版权在数字化物品中的一种延伸,只要出版社参与了作品的编排、设计、发行、销售,就具有了专有出版权,在取得专有出版权的同时也就取得了数字版权,无需授权,换句话说,就是在作品创造者与出版方签订传统出版合同的同时,出版方即获得了该作品的数字版权。从版权合同纠纷案例来看,同意上述这种看法的人颇多。针对这一误区,应当首先明确的一点是,这无疑打破现行法律框架下的利益平衡机制,因而将数字版权等同于传统版权的延伸是不可取的,在取得传统版权的同时并不能取得数字版权。

3. 取得数字版权的授权就有权进行数字版权转授的误区

版权所有人想要拥有著作财产权有两种办法,分别是版权授权与版权转授。基于法律关系及法律后果,两者的主要差别可从以下几个方面体现:

首先,从改变法律关系主体的角度来看,版权授权并不会使权利主体发生变化,而版权转授却可以使版权主体发生改变。其次,从法律后果的角度来看,授权可以分为两种情形,即专有授权与非专有授权。在非专有授权的情形下,已授权其他人的版权财产权依然可被许可人另行支配,也就是说,使用者只可以按照合同约定自己使用作品,而没有权让其他人获得使用权,此外,授权许可方可以在任何时期、地域将这项权利再授权给其他人使用。即便是在专有授权的情形下,被授权人如果没有取得授权人的准许,亦没有授权其他人使用同一项权利的权力。在版权转授中,受让人除了自己使用作品,还有权准许其他人使用,出让人则失去所让权利的支配权。

因此,取得数字版权的授权并不代表有权进行数字版权转授,这两个行为所产生的法律后果有着本质的区别。

通过对上述误区的分析能够清楚地认识到出版版权和数字版权是两个权利,而不是隶属关系,有业内人士提出,为什么不在进行传统版权合同签订时自动默认进行数字版权转让,即传统版权合同直接覆盖数字版权合同。针对这一问题,具体的原因如下:

第一,利益平衡机制被打破。目前,我国的数字出版机构在中国本土市场上处在独占地位,因为我国的数字出版一般都是传统出版商、数字技术商与网络运营商三方共同合作完成的,网络运营商有着国营背景,所以其在客户资源、传播渠道上都处于垄断地位,也因此分得了数字出版业中的多数利润,可以说是最活跃、收益最高的群体。一旦将传统版权合同覆盖数字版权合同,则会很大地损害作者的权益,如某作者与出版社签订了出版纸质图书的合同,同时视为该出版社自动获得了数字版权,那么,一旦数字作品优先出版了,纸质出版的图书销售量将会减小,损害著作权人的权益。在我国目前的出版业市场,作者以及一些传统出版机构在整个数字出版过程中话语权较弱,且都没有决定性的谈判权和定价权,所以也不能够得到合理且应有的收益。因此,如果在此种环境下允许传统出版合同签订时,能够视为获得数字出版版权,那么将会加剧数字出版业中利益分配的不合理现象。

第二,数字版权侵权现象更为严重。2001年将"信息网络传播权"纳入《著作权法》规制体系,旨在维护数字版权。但由于立法不够完善,数字版权纠纷维权较为困难,责任归属也比较模糊,导致数字版权的纠纷也逐渐增多。同时我国国民对版权这一名词的法律概念比较淡薄,再加上数字出版内容易复制、传播快、侵权不易被发现等特点,绝大多数数字出版物的读者都想着能免费、低价使用就绝不走正规途径获得正版数字出版物,这一现象无疑加剧了数字版权侵权现象。数字出版物若先出版,会有更多的网络服务提供商上传数字出版物,供网络用户免费下载数字出版物,侵害版权所有人的权益,进而加剧我国的版权侵权现象。因而,一旦作者与出版社签订了出版纸质图书的合同时,或者在出版音乐专辑作品时,数字版权也随之授予,那么将会有大量的听众直接下载免费的音乐专辑,这会大大打击作者创造作品的激情,从长远来看,将会阻碍我国数字出版业的进一步发展。

7.2.2 权利用尽原则在数字环境下的适用性探讨

我国并没有对权利用尽原则进行明确界定,但这不影响其在法律实践中的适用。传统知识产品虽然数量有限,但是购买者可以对其进行数次转让,这也促使旧书市场的出现。然而,在数字环境下却有所不同,购买者购买到的复制品,在网络传输的特点与作用下,可以再生为新的作品原件,原版权所有人就如真的美猴王,购买者买的复制品会产生与真美猴王一样的效果,他可以对所取得的作品进行再销售或者再转让。与传统模式不同的是,数字环境下的这种作品转移、传播不单会牵扯到发行权,同时还会牵扯到复制权问题,这是权利用尽原则不能完全覆盖的。各国对于能否在数字版权领域适用权利用尽原则暂时没有达成一致意见,仍处在观望与探索阶段。

就HathiTrust案件来说,美国的5所著名大学的图书馆合作进行了一个叫作HathiTrust的项目,他们通过谷歌扫描对供给图书馆方面的文件进行检索进而应用于科研工作中。然而,美国作家协会表示在这当中牵扯到了一些协会成员的作品和许多孤儿作品,它们并没有获得授权,因此,他们在2011年9月对HathiTrust提出侵权诉讼。联邦法官哈罗德·贝尔(Harold Bear)对这个案件进行审理,并在两年之内于版权法领域内作出判决,认同被告方HathiTrust对作品进行检索和使用,这属于对作品的一种合理复制,不存在侵权嫌疑,其对作品的进一步使用是在公平范畴之内;而美国作家协会对所涉及作品有着潜在授权市场的看法都一一被驳倒,而且他们也没有足够的证据证明HathiTrust牵扯到了作品的商业安全问题。HathiTrust案件明确认同作品数字化过程中的个别行为不存在侵权嫌疑,如搜索、扫描、孤儿作品再次出现等。该案影响深远、意义非凡,依照纽约法学院学者詹姆斯·格林梅尔曼(James Grimmelmann)的观点,这个案件的结果说明法律在那些和书业数字化有关的方面给予了便利,产生了实质性的好处,而美国作家协会是唯一的失败方。谷歌公司、教育机构等都可以不再畏首畏尾,在侵权问题上获得诉讼免疫。除此之外,其在一定程度上隐藏的意义亦十分重大。第一,即使这次判决没有直接针对孤儿作品,但其逻辑范围内包含了孤儿作品;第二,这个案件对另一个已经拖延了10多年而依然没有定论的案件——美国作家协会诉谷歌扫描侵权案,产生了参考价值,目前该案仍在程序性技术问题上存在争议,即2011年3月法官丹尼斯·秦(Dennis Qin)判定和解协议无效,美国作家协会还要等待另行审理。

权利用尽原则是版权法的一项重要原则,它的关键之处在于有效平衡了作者与社会公共利益之间的利益关系。在防止作者对其产品形成绝对占有,以及促进作品在公共领域的传播发挥着不容忽视的作用。但是,在当下数字网络飞速发展、数字图书馆等新兴模式出现的情况下,使得对权利用尽原则能否适应数字版权这一问题的研究十分迫切与重要。

1. 数字作品适用权利用尽原则的正当性分析

今天,国际条约以及包括美国在内的各个国家对数字版权作品能否适用权利用尽原则并没有进行明确的规定。但美国对这一问题一直在进行着积极的探索与努力。早在1995年,美国一支特别工作小组公示了《知识产权与国家信息基础设施白皮书》,该书对作品复制品的数字化传输特点进行了探讨,但是《数字千年版权法》并没有对权利用尽原则或者首次销售原则进行任何改动。直至《数字千年版权法》公布时,美国国会仍就权利用尽原则能否用于数字传播复制件以及受版权保护的唱片等问题进行了探讨。由于没有足够的实践来进行分析与总结,美国国会并没有对此给出明确的答案,于是,美国国会令美国国家电信和信息管理局(National Telecommunications and Information Administration,NTIA)以及美国版权局对这一问题进行探究,并令其于《数字千年版权法》颁布后两年内向美国国会提交《数字千年版权法》关于"首次销售原则"与电子商务发展影响的报告。对于这一要求,NTIA于2001年3月对外公布的报告中表示:"得出任何结论或进行任何立法建议都为时过早。"美国版权局于同年8月公布了《关于DMCA第104款的报告》,其中针对能否在法律层面扩展首次销售原则以及许可其扩大适用至经合法复制后数字化传输获得的版权作品问题,表示确实还有一些隐性的正当性的忧虑,但是这一忧虑还要在日后实施深层次的探究,同时,不支持对此进行立马修订。此后,对于首次销售原则适用数字版权的多次提案都被否决。直至2013年7月,美国商务部发布了《数字经济下版权政策、创造力和创新》,该文件对数字环境下首次销售原则的适用问题给出了足够重视,于是,对于这一问题的探讨再一次成为焦点问题。

纵观美国立法历程,对于数字环境下能否适用权利用尽原则,法律争议无非针对以下两点:网络环境下知识产品交易是许可而非销售行为;该交易行为同时牵扯到版权所有人的复制权和发行权。并由此得出以下两个项论:第一,如果占用的复制件是租用、借用或别的不享有所有权的占有,那么首次销售原则将不能适用。也即只有产品涉及复制件所有权的转移时首次销售原则才可以适用。但在数字网络时代下,由于作品是以数字形式进行交易的,该交易的方式多以许可的方式进行,许可和销售在法律层面的意义是不一样的,许可交易并不牵扯到所有权,所以,与法律要求上的首次销售原则不相符。第二,传统上首次销售原则并未对复制权实施限定,而仅仅规定了版权所有人的发行权。但是数字网络环境比较特殊,购买者通过下载获得该产品后,自己也可以再继续成为"版权所有人"对该产品进行后续的交易输出。这种现象在版权法上的解释是:网络转销涉及版权所有人的发行权与复制权,所以,传统意思上的首次销售原则在此并无可行性。实际上,对于这两种障碍,本书认为:

第一,源于软件销售的许可使用而非销售所有权,即局限于对软件所有人的既有权利的设定。当用户在阅读软件最终用户协议时,其条款往往会包含"这一软件知识许可你使用,而不是出售给你"字样,意在强调用户不具有该软件程序的所有权,但是由于版权法的内涵并不为所有人完全理解,同时,也不容易将自己的观点表达清楚,在版权与产品载体相分离的情况下,版权所有人为了避免不必要的麻烦,在销售软件的过程中大多会标注"许可"而非"销售"。如Kindle的所有者买的并不是书,而是获得阅读该书的一个许可证,该许可证与个人在亚马逊上所注册的用户名直接挂钩,不能任意转让。

第二,适用权利用尽原则的重要前提是复制件的有形性,因为传统作品在复制时不会导致产品数目上的增加,所以不用担心会触及版权所有人的切身利益;但是,数字作品的复制、下载会产生与原产品一模一样的效果,加上"发送即删除"技术尚不完善,从而致使作品在转售的过程中危及版权所有人的根本利益。最终致使"发行即可复制的事实"否决了首次销售原则这个形式合法的法律判断。所以,由语言表述导致的许可还是销售问题,以及由技术不成熟导致的发行还是复制问题,并不是不可逾越的障碍,随着社会实践对相关语言的探究以及对相关技术的改进,数字环境下影响权利用尽原则的障碍最终会被克服。

2. 数字作品权利用尽原则具有平衡利益的合理性

传统上权利用尽原则的合理性在于:一是传统作品采用物理载体的方式,数量有限,为了鼓励书籍的利用率,以及扩大阅读个体的范围,进而丰富人们的文化生活,促进文化的发展;二是二手市场这种和第一次交易不同的多层次交易结构的存在,并未对作品的首次销售产生过大的影响,二手市场的存在可以满足不同消费者的阅读需求,故在权利用尽原则下有其存在的合理性;三是权利用尽原则的存在,有利于消除版权所有人对产品的绝对控制,为二手市场、租赁店等模式的合法存在提供了基础,最终实现了版权所有人与社会公众之间的利益平衡。但是,数字环境下的权利用尽原则失去了传统上其存在的基本因素:首先,数字作品的传播不借助于有形的物理载体,不会在流通和转售中导致原件的数量增加;其次,作品在交易过程中也不会出现传统作品质量受损等问题,这会对版权所有人的根本利益造成损害,也会成为首次销售原则在数字环境下适用的最大阻碍。但从保护消费者与鼓励新经济形态的观点出发,在数字环境下适用权利用尽原则才能平衡各方的利益。

当前数字产品的消费渐趋主流,如音乐的消费、电子书的消费,以及计算机软件的消费,在数字网络环境下适用权利用尽原则,有助于肯定购买者对产品的所有权,同样是支付一定对价获得的产品,传统模式下可以任意由购买者对其产品进行处置,但是在网络环境下就不被允许,使消费者与版权所有人之间的利益失衡。同时,我们不禁会有这样的疑惑:如果购买者只是单纯地阅读、欣赏而没有任何处置产品的权利,或者如果在数字环境下任何转售、传播的行为都被定义为非法,那么我们对存在于物理介质的产品权利需要重新定义,否则会让数字作品购买者不能最大程度地利用其产品。权利用尽原则有利于调整在数字网络时代背景下,对版权所有人的偏袒度。在传统环境下,权利用尽原则的出现有利于维护消费者的权利,在版权所有人利益与消费者利益之间达成平衡,但是在数字环境下,由于技术、法律等方面对版权保护力度不够,同时,在版权所有人利益集团的游说下,各个国家所出台的政策均保护版权所有人的利益,却疏忽了消费者的利益。如果因为数字版权缺乏传统版权存在的前提,而采取回避或者漠视版权所有人与消费者之间出现的利益失衡,进而对数字环境下的权利用尽原则持否定态度,势必会造成权利用尽原则的积极作用消失在数字版权环境的变迁中。

3. 数字环境下适用权利用尽原则的必要性

21世纪以来,信息技术对文化产业的影响越来越明显,其中网络技术和数字技术的影响最为明显,它不仅促进了数字文化产业的快速进步、发展,更带动了全球文化经济的迅猛发展,其中,电子书产业以及数字音乐产业的发展最为突出。在过去几年里,电子书产业发展速度惊人。在尼尔森公司发布的2015年美国市场报告中提出,在美国图书市场中,电子书所占比重已由2010年的9%增加到2015年的24%,其中,2013年更是达到了高峰(28%),虽然在此之后有下降的趋势,但整体比例仍居高不下。与此变化相适应的是读者的阅读习惯,依据2012年4月美国一个独立调查机构公布的名为《正在兴起的电子阅读》的报告显示,21%的美国人读过电子书。电子书出版市场的发展为人们更便捷的阅读提供了平台,同时,由于电子书的价格较低,很多读者更倾向于"买"书而非"借"书;欧洲电子书出版较美国稍显滞后,但仍然保持着强劲的增长势头,面向大众的电子书所占比例呈迅速增长之势;亚洲区域内日本、韩国的电子书产业发展趋势亦不容忽视,且各具特色。

在数字环境下,文化产业的发展需要权利用尽原则的加持。电子书或是数字音乐,其载体虽然是无形的,但因其本身所具有的财产属性,仍有被重复利用的价值;与此同时,网络环境的净化,采用牺牲版权所有人利益的方式来进行无偿共享的行为也有所缓解,为消费者采用有偿的方式将其合法购买的数字产品进行转让提供了可能。随着越来越多的消费者对其购买的合法的数字产品进行二次销售与流转,无意间提高了数字产品的利用率,但是法律所持有的消极态度不仅仅是一种不称职的表现,更是在阻碍网络数字产业的进一步发展,然而,杞人忧天的思考以及放任自流的方式看起来虽然更为理性,但结果却不尽如人意。与消费者的实际需求相比,创新商业模式在数字化领域更亟需引入首次销售原则。随着市场需求不断增加以及现代网络技术的出现,全新的发展数字文化产业的商业模式应运而生,如瑞基第(ReDigi),其灵活的运作方式,满足了不同消费者的不同需求,可以说瑞基第所采用的商业模式得到了市场的认可,但是法院为了保护版权所有人的利益并未给予该商业模式以合理的认可。按照现有的法律法规,我们无法找到反驳法院的依据,但是法院的判决在一定程度上暴露出当前立法没有对权利用尽原则作出明确的规定。不确切规定数字领域下数字作品的权利用尽原则,数字作品的二次销售市场将缺乏合法性依据,同时,也不利于数字文化产业发展体系的建立与完善。

当前,我国版权法在面对数字文化产业发展时,还未出现如此尴尬的局面,但是,数字文化相关产业的发展,必将会引起权利用尽原则在数字文化领域适用问题的争论,本书认为,适时地给予权利用尽原则应有的关注,并及时地制定出相关政策以适应这一趋势,着实是明智之举。有资料显示:从2006～2016年,我国数字出版产业年度总收入持续递增,2016年我国数字出版仍有快速增长的势头,全年收入达5720.85亿元,比2015年增长了29.9%。有报告显示,传统书报刊数字化占比持续下降,移动出版等新兴板块发展强劲。网络文学仍然保持良好的发展势头,原创占比从69%上升到79.7%。随着数字文化产业的发展,数字版权领域的相关规则必须及时地建立与明确,其中权利用尽原则的适用问题便是其中之一。

4. 数字环境下适用权利用尽原则的可行性分析

权利用尽原则在数字环境下有两大技术问题:一是二次销售作品来源的合法性认定;二是在数字作品转移的过程中,原数字作品仍存在。就现有技术而言,解决上述两个问题并不是不可能的。

第一,采用平台绑定的方式可以解决转售作品的合法性来源问题。在数字网络环境下,网络共享与P2P技术使权利用尽原则在数字环境下的适用遇到阻力,虽然与20世纪初相比,目前所面临的情况已经有了很大的改善,但通过非法途径传输的作品在网络上仍占有相当比重。如果对未经版权合法性验证的作品适用权利用尽原则,那么这种行为不仅没有起到促进作品合法传播、转移与适用的作用,同时还通过隐藏该文件的非法性,拓宽了非法传播面,对于数字文化环境的净化以及版权保护都是不利的。由于,在短期内建成一个对数字作品合法性进行普遍性审查的机制是不现实的,本书认为,平台绑定是实现转售作品合法性的有效途径,如Kindle电子书销售终端等。

第二,转售即删除技术可以解决在数字作品转售过程中出现的版权复制件数目增加的问题。传统的权利用尽原则的合理性在于,在作品流转的过程中,该原则有利于促进作品的流转,同时作品原件的数目并没有随着流转次数的增加而增加,而在数字环境下,数字作品的特性决定了其在传输后所发生的结果,即售卖仅仅使购买者在法律层面有了一个新产品,和物理复制品相比,数字形式的传递对原作品市场的打击要大得多。所以,如果不及时解决数字作品在传输过程中产生的原复制件删除问题,那么在数字环境中引入权利用尽原则将面临很多阻力。

为了保证复制件的唯一性,而依靠二次出售者的自觉删除显然是不可靠的。除非有发送即删除这一技术手段使得发件人的数字作品在又一次发送之后能够自动删除,否则,删除这一行为必须在传递完成后由发送方再单独操作。这一删除行为只是个人声明,其真假性很难被证明,从而加剧了取证的复杂性。若真如此,不管是基于故意还是疏漏都会造成复制件保留下来,从而使权利用尽原则成为侵犯版权的借口。所以,如果有技术可以保障数字作品在传播的过程中不产生复制件,那么就可以解决在数字环境下权利用尽原则适用的技术性障碍。

据苹果、亚马逊向美国专利商标局申请的新专利显示,控制数字作品在流转过程复制件保留的问题并非天方夜谭。作为美国数字产品市场规模、影响力较大的两大在线服务商,苹果与亚马逊的这个专利设计也许并不仅仅专门为了在数字环境下引入权利用尽原则,但是它们的出现却是首次销售原则在数字环境下适用的技术支持。

7.3 合理使用制度在数字出版中的法律适用

在版权制度发展初期,技术进步会对著作权范围产生影响,因此需要不断扩展修订法律以实现对其权利范围的保护,从而达到不断限缩权利和例外范围的目的。数字时代,先进手段能够为保护版权提供支持,使得版权所有人除了依靠法律,还可以通过自己的努力来捍卫权利。数字环境下,版权所有人可以通过自己的行为来改变合理使用的范围,具体行为表现在两个方面:一是使用技术措施;二是使用网络合同。为了规避版权法对合理使用的规定,许多版权所有人在使用技术措施和网络合同的时候,利用自己是版权所有人的优势,扩大其版权范围,使得使用者不能行使法律规定的合理使用行为,导致版权越来越物权化,合理使用制度不能起到该有的作用。

7.3.1 技术措施对合理使用制度产生的影响

技术措施不仅使版权所有人成功地保护了其合法权利和利益,而且版权所有人还可以通过技术措施限制对作品的合理使用行为,从而获取法律规定之外的利益。因为用户在技术上不占优势,所以他们一般无法破解这些技术限制,只能服从技术措施的安排,进而形成一种法律之外的秩序。《信息网络传播权保护条例》第二十六条对技术措施的定义是:"用于防止、限制未经权利人许可浏览、欣赏作品、表演、录音录像制品的或者通过信息网络向公众提供作品、表演、录音录像制品的有效技术、装置或者部件。"该条例第四条规定:"任何组织或者个人不得故意避开或者破坏技术措施,不得故意制造、进口或者向公众提供主要用于避开或者破坏技术措施的装置或者部件,不得故意为他人避开或者破坏技术措施提供技术服务。但是,法律、行政法规规定可以避开的除外。"现阶段,法律为技术措施提供了一层保护衣,合理使用正遭受技术措施的进一步威胁。

世界知识产权组织的两个互联网条约都提出了要对技术措施给予恰当的法律保护和行之有效的法律救济办法,遏制避开保护著作权的技术措施。各国纷纷修订本国法律,把避开技术措施和供给避开装置和服务的做法规定为非法。我国《著作权法》第四十九条规定:"未经权利人许可,任何组织或者个人不得故意避开或者破坏技术措施,不得以避开或者破坏技术措施为目的制造、进口或者向公众提供有关装置或者部件,不得故意为他人避开或者破坏技术措施提供技术服务。但是,法律、行政法规规定可以避开的情形除外。"由此可知,中国法律不仅禁止避开访问控制、复制控制技术措施,也禁止对访问控制、复制控制技术措施的解密以及相关服务交易等。《信息网络传播权保护条例》第十二条规定了4项可以避开技术措施的例外,但不可以向其他人提供避开技术措施的技术、装置或者部件。这种禁止规避技术措施的规定所禁止的行为与非法闯入他人的城堡类似——侵犯他人财产的行为本身即属于非法,这实际上是把版权变成了物权。从法律层面对技术措施进行保护会加剧版权所有人对作品的控制。

著作权的价值就在于维护版权所有人的权益,促进公众积极创新以及优秀作品的传播,促进文化事业的繁荣发展。然而,过度保护版权所有人的权益可能会侵蚀公共领域的权利,侵害社会创作发展空间以及公众对于公共信息的获得。因此,数字出版中的版权保护应该是在维护版权所有人个人利益的同时,也恰当保障公众获取信息的权利,以及享受科技文化发展成果的权利。在当前数字环境下,技术措施会对实践中的合理使用制度造成一定的影响,具体如下:

第一,技术措施导致著作权扩张,将约束控制或禁止社会公众对作品的合理接触和使用,损害社会公共利益。曾有学者这样认为,在著作权法领域内有着一条被实践反复证明的规则:技术措施犹如给作品加上了一把防盗锁,只有付费者才能获得钥匙,而除此之外的任何人都将被拒之门外,即便使用者是出于教学、学习、研究、新闻报道、公务使用、介绍、评论等非营利性目的的少量复制、少量引用、表演和广播都不得入门,这显然扩张了版权所有人的权利,大大挤压了公众的合理使用空间。在数字时代,法律允许版权所有人采用技术措施来对其作品实施进一步的控制,扩大对其作品的专有权利,监控所有使用者对作品的复制、使用等行为,这是数字时代版权扩张的有力证据。

同时,这一扩张也破坏了由合理使用制度所维系的版权所有人与使用者以及个人与社会公众之间的利益平衡。一方面,版权所有人的权利扩张意味着使用者的合理使用受到约束;另一方面,版权所有人以技术措施为手段,监控使用者对其作品的复制和使用,阻碍了作品中思想和知识的进一步传播,以及文化事业的发展。

第二,《著作权法》中技术措施相关规定缩小了合理使用的范围。虽然《信息网络传播权保护条例》第十二条中规定了4项避开技术设施的合理使用情形,现行《著作权法》第五十条中规定了5种情形。但这与我国《著作权法》第二十四条规定的13项合理使用情形相比,数字出版中的合理使用范围明显变小了。一是合理使用的法定情形在数量上减少,由《著作权法》中的第二十四条13项合理情形减少到第五十条中的5项以及《信息网络传播权条例》中的4项;二是合理使用的主体及内容也与著作权法的规定不尽相同,特别是有关个人学习、研究或欣赏方面的合理使用规定明显减少。然而,因个人学习、研究或欣赏而使用他人作品的情形是合理使用范围中的主要内容,而在《信息网络传播权条例》中,特别规定了在数字环境下,上述情形不再是合理使用的范畴。因此,可以说技术措施是对合理使用的限制。

在数字时代背景下,公众获得知识更加方便快捷。合理使用制度可以有效解决各利益主体间的冲突。但在数字环境下,技术措施因其必要性而出现,但另一方面又冲击着合理使用制度,使合理使用制度的保护范围发生变化。之前在合理使用范围内的使用方式可能又会变得不合理,而法律之前没有规定的使用方式却又需要转变为新的合理使用情形。这些都会导致合理使用标准发生改变,当上述情况出现时,法律应及时调整合理使用制度的内容,以跟上新时代的发展和变化。基于此,为了调和技术措施与合理使用制度,平衡数字环境下著作权的保护及限制,可从合理使用制度的利益平衡角度出发,对技术措施实施全方位规制,实现技术措施与合理使用制度协调发展。

7.3.2 合同对合理使用制度的排除或变更

除了通过技术措施妨碍使用者的合理使用,版权所有人还可以借助合同排除或者变更法律规定的合理使用行为。在利益的诱惑驱使下,版权所有人借助其优势地位,往往会利用合同排除或变更合理使用的适用范围,增加控制权。在数字环境下,版权所有人的这种行为就更常见了,因为他们可以利用技术措施,再以合同的形式来实现上述目的。版权所有人一般都会从两个角度来通过合同限制使用者的合理使用:一是通过网络合同规定排除或变更法律规定的合理使用行为;二是利用网络合同内容保护其对作品所采取的技术措施,以间接实现排除或限制合理使用行为的目的。

数字出版中的合同是版权所有人控制其作品使用的一种有效方式,和传统的格式合同相似,但操作方式不同。随着合同在版权许可中的日益普及,版权所有人能够与很多使用者缔结合同。在数字时代,合同的使用更加普遍。由于版权所有人具有技术和地位两方面的优势,因此合同就成为了一种普遍的交易方式,其中还可能存在强制条款,有的甚至还和合理使用制度相悖,如禁止任何形式、数量的复制,禁止对作品的使用具有嘲讽意味,禁止改动等。

有关版权作品合同,大多采用点击许可协议、拆封协议以及浏览许可的形式。其中,拆封协议在网络计算机软件交易中应用得较多,一般的拆封协议是指用户一旦打开软件的塑料包装或者将软件载入计算机就认定为接受许可条件。点击许可协议是指网上卖方通常以格式合同的形式将自己所要求的条件预先设置,买方只需要按下接受键或拒绝键就决定了合同是否成立。点击许可避免了拆封许可的不足,许可人会在交易开始之前向用户表明合同条款,点击"我同意"后,用户才能进行交易。虽然点击许可是格式合同,但用户可以在交易前仔细阅读并了解条款。因此,和拆封许可相比,点击许可更可能得到法院的承认和保护。至于浏览许可,美国法院认为只要用户在使用网站前可以实际或推定地了解网站的条款,同样认可其效力。之所以认可点击许可的效力,是为了保证合同订立的自由,使网络优点能够最大程度地发挥出来,以提高合同双方的交易效率及便捷性,进而能够为双方共同谋取一些利益。如今,浏览许可也逐渐得到许多法院的认可。需要注意的是,许可协议的有效性取决于它是否违反公共政策或显失公平,具体判断要视案件的具体情况而定。

在数字环境下,尤其是在涉及软件版权时,其合同大多是以电子形式生成的。进行软件安装时,经常会弹出一个有关使用条款的条框,一般情况下用户必须同意使用条款,否则将不能安装软件。使用这种方式所达成的协议就是点击许可协议。例如,安装百度搜索伴侣时,通常会弹出这样一个免责协议,其中的第四款规定使用者不能对该产品进行反向工程、反向编译或反汇编等,若违反上述规定,将由使用者承担一切后果,此外,该协议明确表示使用者在条框弹出时点击"是",代表使用者自愿安装此软件,并且同意协议里的所有条款。如果点击"否",则表示使用者不愿安装本软件,且不同意协议内的条款。虽然该点击许可协议明确规定使用者不能进行反向编译,但许多国家都有法律规定,反向编译是一种合理使用行为,我国《计算机软件保护条例》第十七条也规定了反向编译的合理使用:"为了学习和研究软件内含的设计思想和原理,通过安装、显示、传输或者存储软件等方式使用软件的,可以不经软件著作权人许可,不向其支付报酬。"显然,上述协议故意排除了这种合理使用行为,当使用者点击"否",不同意协议条款时,他就无法安装此软件。鉴于此种情形,使用者只能"同意"协议中的所有条款。在多数情况下,使用者并没有很强的著作权意识,有时甚至都来不及仔细阅读协议内容,就贸然点击"同意",然而,正是这个不耐烦的行为排除了法律规定的合理使用范围。

因此,拆封协议、点击许可协议、浏览许可等合同的存在,使得版权所有人轻易排除法律对合理使用的规定,扩大对其作品的保护范围。另外,这种合同形式会限制许多使用者进行合理使用,进而损害著作权法所追求的版权所有人、使用者和传播者间的利益平衡。

除此之外,版权所有人还可以通过合同对技术措施实施进一步的保护,从而避开法律明确规定的可以躲避技术措施的情形出现,增强对技术措施的保护力度。显然,技术措施与合同的结合,愈加扩大了对合理使用制度的影响,致使使用者避开技术措施的障碍进行合理使用的行为更加困难。

通过上述分析可以得出,在适用合同的情况下,版权所有人对其作品的控制力度较大,公众要想合理使用其作品,必须同意合同的所有条款。通过合同,版权所有人可以设定任何条件,进而使得自己的利益最大化,造成高度垄断。然而,一旦破坏平衡版权所有人和使用者间利益的武器——合理使用制度,他们之间的利益平衡必定会被打破,如此一来,著作权法的核心价值也就不存在了。

7.4 法定许可制度外数字版权授权模式的法律适用空间

随着互联网经济时代的来临,IP经济成为当下一个热门行业,著作权的数字化版权产业规模越来越大,发展十分迅速。而我国法律对于数字版权的授权模式的规定并不完善,对于数字版权的授权纠纷更是越演越烈。

2009年10月,中华书局对汉王科技提起诉讼,称其在没有经过许可的情况下,在其公司制作并发行的汉王电子书中含有中华书局享有著作权的点校史籍,构成侵权,索赔400余万元。法院终审判决认为:中华书局早已了解国学网上的《二十四史》在市面上已经正常出售,但它并没有深究国学网的责任。在汉王科技将国学网的版本装入旗下产品汉王电子书之后,中华书局开始控告汉王科技。汉王科技在其主观上并不存在差错,也做到了其应尽的审核查询义务,因此汉王科技没有侵犯中华书局的权益。这宗号称国内"数字版权第一案"的案件最终以中华书局的败诉而告终。然而这场诉讼案中并没有真正的赢家,通过本案反映出的现实状况更值得我们思考:数字版权市场秩序依然混乱,授权模式不清晰,身处其中的利益者之间的博弈也更加复杂不堪。因此,建立一种科学完备的数字版权授权模式,通过法律法规来协调并保障各方的利益,是当下亟待解决的难题。

目前,我国在数字版权授权模式方面并没有制定完善的法律法规,传统适用的方法还是事前授权(无论是强制许可还是约定许可使用)。在这种模式下,著作权人与数字版权出版方、渠道方等多方之间的利益牵扯复杂,极容易导致版权遭到侵害。一方面从立法层面来看,我国在数字版权保护方面,还没有形成独立而严密的法律体系架构,数字版权侵权纠纷的解决主要还是依据《著作权法》《著作权法实施条例》《信息网络传播权保护条例》等法规。而这些法规的很多条款规定从某种程度上来讲是滞后于数字版权产业发展的,对于数字版权、数字出版等方面的相关法律条例的解释亟待完善。另一方面,从数字出版自身来看,在其授权模式以及后续的出版产业链方面也存在很大的问题。最常见的如作者在授权合同里并未将数字版权一并转予出版方,但是出版方却私自地将数字版权又转授给数字出版企业,造成事实侵权、双重授权等问题。对于传统出版方来讲,数字出版产业链中的各环节还处于分割状态。目前传统的出版社、影视制作、互联网等产业的管理职能分散在多个部门,这些传统产业的内容与传播方式在数字化之后,并没有形成一个新型的突破行业限制的管理与服务体系。现阶段,数字出版方有三种方式可以获得数字版权授权:一是和作者、出版社直接缔结数字版权授权合同。二是与中国文字著作权协会等这样的著作权集体管理组织签订版权授权合同。三是向版权代理的第三方机构购买数字版权。由于产业链环节处于分割状态,一对一授权模式操作难度大、成本高,版权代理机构缺乏法律规制等多种原因最终导致数字版权的授权环节存在纠纷与隐患,极其容易导致侵权的产生。

鉴于此种问题,我们可以考虑突破传统的数字版权事前授权的模式,建立更多的新型数字版权授权模式,来适应互联网经济背景下的数字版权发展状况。

7.4.1 突破集体管理模式的垄断性,采取混合授权的模式

目前,我国集体管理的版权垄断模式的弊端逐渐显现出来。如中国作家协会、中国文字著作权协会等机构,某种程度上可以看作一种人为制造与维持的垄断。虽然客观来讲这样的垄断便于管理,但是已经明显制约了数字版权的发展壮大。因此,在特定的立法范围内,允许一定数量的集体组织进行集体管理,给予一些集体管理组织相关的权利,保证他们法律地位上的平等。保持一种适当的竞争,这样不仅可以规范市场行为,使其更加合理化,也可以保持集体管理必要的垄断性。在授权模式上,给予集体管理组织成员中的版权所有人对其数字版权的授权拥有一定的自治权。著作权人与集体管理组织之间的授权关系可以由原先的专有授权向平行授权过度。当下,很多国家及地区都已经采取了平行授权的集体管理制度,不再禁止著作权人加入集体管理组织团体后进行自行授权或者委托第三方机构代理其授权。这样,著作权人的数字版权的授权在某种程度上得到了解放,有利于适应版权数字化的发展趋势。

7.4.2 利用互联网技术,建立全国范围内的数字版权流通平台"版权云"

2012年5月30日,在中国版权保护中心的引导下,由北京东方雍和国际版权交易中心、北京版银科技有限责任公司、北京云视天创科技有限公司、北京慧点东和信息技术有限公司发起,联合新华社、作家出版集团、珠江电影集团等机构共同建设的新型数字版权流通平台——"版权云"项目正式启动。这种新型的版权流通平台具有以下两个优势:第一,实现快速授权。"版权云"通过全新的商业模式以及网络技术基本达成了按照标准合约的版权作品迅速授权及使用。此外,在"版权云"上有各种类型的标准化授权合约交易用具,版权交易可以依据标准化合约自主达成。第二,削减版权授权、交易过程环节,减少交易成本。版权方可方便快速地进入各种类型的版权使用方平台,提高版权交易的成功率,扩大版权运营的途径,提高版权利益,同时拓宽版权使用方可以使用的版权范围,提高使用版权以及资金配置的效率。这种快速授权、使用的新型版权交易平台削减了许多不必要的环节,大大减少了交易成本。目前,这种方式仅在小范围内推广使用,在技术可支持的情况下,如果能够降低成本,则可以进行全国范围内的推广,建立起这种新型的数字版权交易平台,能够有效解决数字版权归属模糊、授权成本高、操作难度大等一系列问题。

7.4.3 探索自助出版模式在数字版权方面的可适用性

所谓自助出版,就是作者自己撰写、编排、印刷、投资发行图书,而自助出版公司则在互联网的基础上,为作者提供出版发行服务。自助出版方式可以更大程度地显示便捷、开放、共享、去中心化等网络传播的特点。在自助出版的模式下,作者能避开出版方等垄断方设置

的不利关卡,直接和出版编辑、编排师、印刷商以及发行商交流沟通,促成出售发行等具体事务。但是自助出版的模式存在一定的弊端,也是目前无法大范围推广的制约所在。那就是作者得花费许多时间、精力和经济成本。但是如果可以得到全部的盈余收入的话,前期的投入可以说是微不足道的。最关键的是,对于数字版权的出版周期,作者可以自行决定与选择。从商业角度分析,传统的出版其实实行的是出版投资这种模式,即出版方需要得到有市场价值的"内容",并依照对出版内容的市场预期以及价值预估,给予作者一定的版权费,并于日后从读者群体中获得大量收益。而如果在自助出版模式下,数字版权的授权将变得简便快捷。出版方将不用负责寻找内容、预估市场等工作,他们要利用自身的专业素养,给那些自助出版的作者提供更加细致全面的菜单式服务,随后获得一定的服务酬劳,与此同时,凭借着提供按需排版、印刷、售卖等交易平台,从中获得一些销售、中介等费用,来实现自身的盈利。从对数字版权推广和对著作权人的权利保护方面来说是利大于弊的。随着产业的发展、壮大,日后自助出版在数字版权范围内一定会得到广泛运用。

第8章 网络服务提供商著作权法律责任规制

21世纪以来,科技迅猛发展,尤其是随着人工智能技术的涌现和完善,互联网越发成为社会生活中不可或缺的一部分。其以高效的传输能力、极强的交互能力、高度的开放性和便捷性,为人们的日常生活或社会生产都带来了极大的便利。从其优势来看,互联网的产生和发展无疑是人类社会的福音。然而,互联网与其他新生事物一样,都具有两面性,需要不断加以完善,扬长避短。从法律角度来看,互联网的弊端主要体现在网络侵权层面。正是由于互联网的便捷、高效、开放,为网络侵权提供了技术支持。例如,一部盗版电影如果利用互联网进行传播,覆盖范围之大,传播速度之快,仿真程度之高超乎想象。这对著作权人造成的损失更是难以估计。新型的违法侵权行为不仅冲击着网络伦理道德,更是在挑战传统法律制度的权威。

《安娜法令》的颁布与实施是著作权领域一次开天辟地的创举,与之而来的便是源源不断的技术创新与保护著作权之间的矛盾与冲突。这其中最具有标志性的便是信息传播技术的发展与著作权法的修缮。从某种程度来讲,著作权的发展历程总是与传播技术不谋而合。从印刷到静电复印,再到录音录像以及现在的计算机网络,每一次传播方式取得技术上的飞跃都意味着著作权人将减弱对作品的控制力。与著作权相关的法律法规在此情形下不得不进行大规模的修改来适应新情况。我国著作权法的发展史亦是如此。近年来,在互联网的大形势下,我国司法部门紧急部署来适应新时代的发展要求。相关立法部门制定了大量的法律法规来调整和约束网络服务提供商的行为,相关执法部门针对网络服务提供商的违法行为也进行了及时的控制和反馈,力求维护互联网的公正有序。信息网络相关法律的出台为我国网络信息产业的健康发展指明了方向。但是,由于网络技术的新颖性和网络侵权行为的广泛性和新颖性,使得对网络侵权行为的惩罚及约束并不是一帆风顺的。针对这种现状,本章将主要围绕网络服务提供商在著作权层面的法律规制来展开,通过对网络服务提供商的权利、义务的介绍来明确其侵权责任以及侵权责任类型的划分。这样一来,不仅会使著作权人的权利得到更好的保护,也会使得众多网络服务提供商能够在我国法治背景下发展得更好。

8.1 网络服务提供商概述

8.1.1 网络服务提供商的定义

计算机网络的普及和互联网产业的发展壮大,是网络服务提供商这一新兴主体产生的决定性因素。自网络服务提供商产生以后,便凭借其独有的规模和专业性,成为互联网运行的关键环节,对网络信息传播发挥着不可替代的作用。与此同时,它也时常成为网络侵权事件的推手。随着社会公众对著作权的认知逐渐普及,著作权人的维权意识逐渐加强,网络服务提供商饱受争议。无论是网络上的声讨,还是司法部门的介入,网络服务提供商的一举一动都会引起广泛关注。由此,对网络服务提供商的行为进行科学的、标准的、明确的界定,才能够使法律发挥指引作用,引导网络服务提供商在合法合规的范围内从事经营活动。

我国对网络服务提供商(Internet Service Provider, ISP)作了如下定义:泛指通过互联网为网络用户间接或直接地提供各类服务的,具有专业性的经营者、维护者和提供商。随着网络技术的进化和发展,对网络服务提供商的类别也进行了进一步细化和区分,更具专业性。如有建设网络基础设施的服务商、提供互联网接入服务的服务商、提供网络存储服务的服务商以及网络中介商、网络平台服务的供应商等。此外,网络服务提供商也越发呈现出复合性的特点。这种特点表现为,同一个网络服务提供商并不局限于某一项服务,往往会涉猎多项业务。既提供发布网络信息的服务,也提供网络平台应用的服务。例如,现在用户量极其庞大的新浪网,它绝对不能被单单定义为一个发布信息、新闻的门户网站,因为它还会提供诸如新浪微博、博客和一些即时通信类的网络服务。虽然网络服务多种多样,网络服务提供商种类繁多,但是它们的核心都是通过直接或间接地向网民提供网络服务,来实现自己的目的,或盈利或公益。因此,这些新兴网络主体都可以统称为网络服务提供商。

8.1.2 网络服务提供商的种类

网络信息兼具广泛性与复杂性,使得网络服务及网络服务提供商也都朝着多元化的方向发展。根据他们的分工和在网络中扮演的角色以及具体提供的服务,可以将网络服务提供商划分为多种类型。对网络服务提供商的种类进行科学的划分是明确各类网络服务提供商的法律地位、权利义务、归责原则和各种行为法律性质的前提。但是由于网络服务提供商属于新兴的网络主体,发展历程比较短暂,学术界尚未对其分类的界定作出一致的解释。获得最多支持的主流观点将现有的网络服务提供商分为以下三类:第一,网络连接服务提供商(Internet Access Provider, IAP),指提供路由、光纤、宽带接入、交换机等基础类网络设施服务的主体,如众所周知的三大运营商中国移动、中国电信以及中国联通;第二,网络信息内容服务提供商(Internet Content Provider，ICP)，指自主搜集信息并进行整理和编排，从而向广大网民发布网络信息的运营主体，如腾讯、今日头条、新浪等门户网站；第三，网络平台服务提供商(Internet Presence Provider，IPP)，指为网络信息存储提供网络系统技术支持的主体，如各大搜索引擎网站、博客网站皆属此类。

此外，在主流观点的基础上可以将多元化的网络服务提供商分为两大类。即按照网络服务提供商在信息网络传播中所发挥的作用将他们分为技术型服务提供商和传播型服务提供商。其中网络连接服务提供商(IAP)属于技术型服务提供商，网络信息内容服务提供商(ICP)属于传播型服务商，而网络平台服务提供商(IPP)兼具了技术型与传播型提供商的双重身份，这是由于网络平台服务提供商在提供服务时既需要极强的网络技术背景作为支撑，也会对平台传播发布的信息、作品进行审查、控制和编辑。即使网络平台服务提供商对信息内容并不了解或感兴趣，但是其依赖现有的技术能力仍然可以对网络上传播的作品进行一定程度上的控制和筛选。

8.1.3　网络服务提供商的作用

前文根据网络服务提供商发挥的作用已经将其分为两大类。但是，从根源上看，网络服务提供商在一项作品的网络传播过程中所发挥的作用具体表现为干预的程度不同。这样的划分角度，避免了完全从技术层面或完全从法律角度来剖析网络服务提供商的旧模式，弥补了其单一性、片面性。将法律和技术相结合，共同规范起来，根据网络服务提供商在网络服务中所发挥的作用对其进行合理的法律角色分配和定位。总的来说，技术型服务提供商的最大职责是维护网络信息顺畅地流通，侧重于技术层面的支撑和保障，对网络中传播信息的内容并不看重，并且不需要对作品进行编辑、筛选、加工和整理。传播型服务提供商则与此截然不同。其需要对作品进行一系列的编辑、整理、加工和再发布。这样的工作性质决定了其工作内容与著作权息息相关。这类服务商对其传播的作品无论是形式还是内容都要承担相应的法律责任。由此看来，在著作权领域，作品在信息网络的传播过程中，技术型服务提供商大多数属于辅助性角色和从属性地位，而传播型服务商则扮演着主要角色处于主导地位。

8.1.4　网络服务提供商的法律地位

网络服务提供商作为网络信息传播的桥梁与骨架，是网络信息传播过程中的关键一环。虽然互联网空间具有极强的交互性，广大网民可以随时随地、自由、便捷地参与到信息的发布和传播过程中来。但是，最终网络上主流信息的内容和发布时间、传播规模等控制权还是掌握在网络服务提供商手中。因此对网络服务提供商经营行为的规范和控制，是发展信息化产业的重中之重。权利义务的一致性决定了网络服务提供商在享受着如此之大的权利时，在谋取商业利益的同时，也应当积极履行法律义务，并保证经营行为的合法正当。

《著作权法》的颁布，其根本目的是促进科学事业、社会文学事业、艺术事业的健康有序发展,而不局限于某一方的利益维护上。倘若单单保护著作权人的利益,则会不可避免地对网络服务提供商造成伤害。这不仅会打击网络服务提供商在提供服务时的积极性,也会限制文学艺术、科学技术的广泛传播,进而制约信息产业的长足发展。如若对网络服务提供商的权利进行过度维护,将会使网络著作权人丧失对网络传播的信心,新的网络作品的生产速度会下降,数量会锐减,这无疑将会使网络信息传播成为无源之水、无本之木。同样不利于信息产业的未来走向和健康发展。所以,在确定网络服务提供商法律义务的时候,如何协调各方关系,平衡各方利益至关重要。网络服务提供商的法律义务不能一概而论,应当结合其自身的特质来进行具体划分。

1. 法律义务——网络连接服务提供商

网络连接服务提供商,指提供路由、光纤、宽带接入、交换机等基础类网络设施服务的主体,其服务内容主要是指为网络用户提供基础的网络设备以及通过互联网进行各类中介服务。因此,不难看出此类服务提供商应属于技术服务层面的。与网络作品传播并不直接相关,与涉及网络著作权方面的服务内容更是少之又少。所以,针对这类服务提供商在法律义务的分配上应当酌情考虑,减轻其在网络侵权行为中承担的法律责任,将其法律义务侧重于确保网络信号稳定、网络线路通畅方面。

例如,某电信公司用户甲在使用宽带业务过程中,经常出现断网情况,或网络不通畅需要不断重连,对用户的使用造成了极大的不便。那么此用户甲就可以基于其与电信公司签订的用户协议或购买合同向电信公司主张权利。电信公司没有按约履行提供高质量网络服务及保证网络线路通畅的法律义务,就应该责无旁贷地承担与之相应的违约责任。

2. 法律义务——网络信息内容服务提供商

网络信息内容服务提供商,指自主搜集信息并进行整理和编排,从而向广大网民发布网络信息的运营主体,其主要服务内容和经营内容就是围绕作品内容或文字内容而展开。并且对网络作品的发布和网络传播都享有直接控制权。可以说,网络作品及其衍生品是网络信息内容服务提供者的主要盈利工具。其与其他类型的网络服务提供商相比,显而易见地表现为对网络作品传播过程的直接参与。经营活动与网络著作权更是密不可分的。因此,其无疑是著作权相关法律法规的主要规制对象之一。这种与著作权密不可分的关系决定了其在侵权案件中扮演着主要角色,承担更重的侵权责任。

例如,新浪网作为当前中国最大的门户网站,每天都会发布大量的评论性文章,涉及经济、文化、健康、娱乐、政治、教育等多个领域,以及大量的新闻信息。并且在新浪网开设的读书栏目里还会发布各种类型的电子书籍和网络小说,这些网络资源以免费或收费的方式提供给网络用户在线阅读。在发布这些信息的时候,新浪网作为网络信息发布者,亦是一名网络信息内容服务提供商,则需要承担对其所发布的信息及网络作品的审查义务,既需要审查其传播的内容是否违反道德伦理及正确的价值观,也需要尽到著作权审查的法律义务。一旦新浪网在未经著作权人同意或授权就擅自将其作品发布,新浪网就会涉嫌侵犯包括该作品的网络传播权在内的著作权,需要承担消除影响、赔偿经济损失、赔礼道歉、停止侵害等法律责任。

3. 法律义务——网络平台服务提供商

网络平台服务提供商,指为网络信息存储提供网络系统技术支持的主体,其提供服务的主要内容为通过搭建各类网络平台来为网民提供搜索、论坛、在线交易等各类平台服务。这样的服务内容决定了其与网络连接服务提供商并不相同,其并未丧失对网络信息传播的控制力,只是相比网络信息内容服务提供商相对较弱。由此,其不可避免地也会成为著作权侵权案件的责任主体之一。网络平台服务提供商应对平台内及服务中涉及的著作权作品严格审查,并且在接到举报或者发现侵权之后,负有积极协助权利人或者配合执法部门进行停止侵权、恢复原状的法律义务,第一时间将侵权作品删除。网络平台也需要强大的安全防范系统为注册用户提供安全保障,保障用户在使用平台服务时资金、个人信息、账户、个人隐私不会被泄露、侵犯或恶意使用。综上所述,网络平台服务提供商一般不会承担直接侵权责任,不会直接参与到著作权侵权行为中。

例如,随着网络用户对视频信息的需求量加大,各种大型的视频网站层出不穷,不但将自己网站上的视频资源进行发布还允许注册用户自己制作视频上传到网站后进行发布。此时,该类视频网站就应当承担积极审查的法律义务。不仅要审查自身网站资源是否侵权,也需审查用户上传的信息是否侵权或违反其他法律法规。一旦发现有违法行为或违规内容,应当立即予以删除,或不赋予该用户发布此视频的权利。为此,优酷网将用户发布视频设定了24小时的审核期,审核通过,用户才能将该视频发布在平台内。再如,开设线上交易服务的网络平台,如果注册用户被他人恶意攻击导致账户资金丢失,则网络平台应当承担保证用户交易安全的义务。如果网络平台因自身疏漏导致交易风险,则该平台需要向用户承担相应的赔偿责任。

8.2 著作权侵权行为分析

8.2.1 著作权侵权行为界定

截至目前,由于各国著作权保护的法律规定不尽相同,世界范围内对网络服务提供商的著作权侵权行为尚未达成共识。网络服务提供商的著作权侵权行为主要可以分为如下几个类型:

在未经著作权人许可的情况下,擅自对其作品进行发表,此为侵犯著作权人的发表权。例如,不按照与著作权人约定的时间,提前或者延后公开作品,未经著作权人的授权擅自将未发表过的作品放在网站上进行公开传播,或者发表方式与著作权人授权允诺的方式不一致等。

目前最为普遍存在的一种侵权形式是,不仅在未经著作权人授权许可的情况下擅自对其作品进行使用,而且也未支付合理对价。网络服务提供商为了谋取商业利益或者增加网站知名度,便擅自将作品投入网络进行非法传播。此为侵犯著作权人依法获得报酬等合法权益。此类侵权主体主要是网络信息内容服务提供商,应当作为侵权主体直接追究其直接侵权责任。

未尽到"删除"义务,我国《民法典·侵权责任编》和《信息网络传播权保护条例》中都对网络服务提供商的"通知-删除"义务进行了详尽的规定。要求权利人在侵权行为发生后一经发现,向网络服务提供商表明其被侵权的事实或提出诉讼后,网络服务提供商应当立即将涉嫌侵权的内容删除或者断开非法网络链接。否则,该网络服务提供商需要对权利人所遭受的扩大损失部分与直接侵权人一同承担连带责任。

未尽到合理注意义务,从而侵犯著作权。在网络著作权侵权案件的审理过程中,网络服务提供商都会在辩护词中提到,自己并没有进行侵权活动,仅是按照行业道德提供了网络服务。他们无法监控互联网上如此庞大的信息,他们履行了"通知-删除"义务,但他们不应承担侵权责任,这实际上是对"通知-删除"义务的误解。"通知-删除"义务并不是网络服务提供商的挡箭牌,也不是无所不能的免责条款。并不是只要不是自己主动侵权,且在收到权利人的通知后及时删除就可以免除自己的义务和责任。因为"通知-删除"义务要求网络服务提供商从始至终就不知道且不可能知道侵权行为存在。而这种应当知道和可能知道就是合理注意义务的前提。在这种前提下,如果网络服务提供商没有采取任何措施而放任或促使侵权行为发生,就属于没有履行义务。

8.2.2 网络服务提供商侵犯著作权的行为特征

镇江警方破获网站侵犯著作权案,其中一名嫌疑人获利800多万元。2016年9月30日,影片《湄公河行动》在各大电影院上映。当日影片的出品方博纳影业就发现,未经授权的迅播网站上映了该影片资源。且点击量相当之高,约有260万人次。这无疑将造成票房的大量流失,据博纳影业工作人员统计,票房损失3亿~5亿元。不仅如此,迅播网站上还提供了许多其他影视作品的在线播放和下载服务,给著作权人造成了巨大的经济损失。2016年10月,镇江警方还接到了许多其他著作权人的报案,并立即成立专案组。在排查过程中,民警发现除了院线影片,国内热播的电视剧外,美剧也是这家网站主打的观影作品之一,但这些作品并没有给这些网站进行授权。经过警方查实,嫌疑人同时经营包括迅播网站在内的4个专门从事盗版的网站。非法发布的影视作品多达34378部。远远超过了500部的入刑标准。为了防止犯罪嫌疑人销毁证据,民警连夜对网站盗版证据进行了搜集和保存。并对嫌疑人的身份开始摸排,分别位于湖南长沙、广东广州、福建厦门。2016年11月2日,在各地警方的协助下对嫌疑人展开抓捕。共扣押3名嫌疑人以及18台服务器。冻结银行账户3个,共200万元。嫌疑人称通过网络自学了建立盗版网站的教程,建立了该网站。由于其网站影片清晰度高,更新速度快,建立不久就吸引了大量粉丝。不仅从国外的BT网站上免费下载、分享美剧资源,还从院线工作人员手中谋取院线资源。网站粉丝虽然是免费观看这些资源,但是一些网游公司和境外网站会通过站长信箱与嫌疑人洽谈广告业务,承包整个网站的首页广告及插播广告。且操作简单,不需要任何纸质合同。这些广告投资网站会对迅播进行评估并给出定价,嫌疑人如果认为合理,就达成一致。嫌疑人每月仅需支付2万元的服务器费用,但广告月收入却高达30万元。其嫌疑人在2年多内共非法获得800多万元。最终,嫌疑人因侵犯著作权罪被警方采取强制措施。

由于网络服务提供商的著作权侵权行为需要基于信息网络技术才得以实行,所以此类侵权行为与传统侵权行为相比不尽相同,拥有一定的独有特征。

高科技性。信息网络很显然是网络技术与计算机技术相结合的产物,通过信息网络进行传播的作品,其传播效果是依托传统方式进行传播的作品不可比拟的。因此,网络服务提供商对应著作权的侵权行为最显著的就是具有高科技性。网络搜索服务提供商在提供网络搜索服务时需要在后台建立一个搜索引擎,并构建一个大规模的数据库为索引提供信息支持,此外,要保证系统的流畅运行必须要有高性能的操作系统以及完善的服务器等软件和硬件作为支撑。网络服务需要大量的财力、物力、人力,实力如此雄厚的网络服务提供商一旦作为侵权主体,其侵权行为也不是一般的侵权主体所能替代的。这在过去的侵权案件中还是比较特殊的。综上所述,网络服务提供商的著作权侵权行为需要强大的技术背景作为支撑,这种技术背景集中体现的就是以高科技为核心。

虚拟性。代码是网络信息存在的形式,网络空间触不可及,无限大。存储于网络的信息内容同样也是海量的。那么在这些海量信息的传播交互过程中,在上传、储存、下载的过程中,侵权行为是不容易被察觉到的。即使被人发现或许存在侵权行为,但是由于网络信息的虚拟性,能够证明存在侵权行为的证据也是不容易被查找到或保存下来的。因此,如果让一个不精通网络技术的权利人去定位网络服务提供商的侵权时间、方式、地点以及留存相关证据非常不易。这就导致在案件诉争到法院时,法院不易对这类虚拟化侵权行为进行调查和定性,不易对网络证据的真实性、合法性及相关性进行考证。

广泛性。互联网的出现让世界一体化进程加快,因为互联网的其中一个特征就是无国界、不受地域限制。一台计算机一旦成功连接至互联网,就意味着其可以任意访问世界上任何一个国家对外开放的网站上的信息内容。互联网这种国际化的特征决定了网络服务提供商在著作权侵权行为上亦不受国家和地域限制,具有广泛性和国际性。一般网络服务提供商都是面向全体网络用户开放的,这就意味着网络服务提供商的客户群体非常庞大。如若一个网络服务提供商在提供服务的过程中非法传播某一作品,那么该侵权行为的影响范围就有可能会非常大。可能是影响一个国家或一个地区,也可能是数个国家或数个地区,甚至有可能是全世界。传统侵权行为的地域限制在网络侵权中已经越来越淡化甚至消失。网络服务提供商一旦做出著作权侵权行为,从其影响范围来看,对著作权人无疑将是严重的侵害和打击。

复杂性。正如本书前面所提到的网络服务提供商的类型繁多,各类网络服务提供商在提供不同类型的网络服务时,发生的网络侵权行为都不尽相同。这样一来,每一种侵权行为,其侵权主体、归责原则、侵权客体、具体责任的划分标准及最后的赔偿标准都需要根据具体的情况来进行进一步判定,不能够一概而论。

8.2.3 网络服务提供商著作权侵权行为的构成要件

网络著作权侵权行为的构成要件其实可以理解为判断一个行为是否侵权的衡量标准。网络服务提供商的某种行为要是构成著作权侵权,则必须满足一些必要要素。只有当这种行为完全符合构成要件的要求时才能判定侵权行为成立,进而要求网络服务提供商承担侵权责任。但是,学术界目前并未对构成要件的内容达成一致意见。有的学者主张两要件,有的学者主张三要件,也有的学者认为应当是四要件。笔者认为尽管在著作权领域,网络侵权行为相比传统侵权行为具有特殊性,是一般民事侵权行为的特别表现。但是,万变不离其宗,两种侵权行为的本质还是相同的。并且都需要受到民法基本规则和原则的约束。故本书比较认同四要件说,即应当将网络服务提供商的著作权侵权行为的构成要件定义为:侵害行为、造成的损害事实、行为人的主观过错以及损害事实与侵害行为之间的因果关系。

1. 行为的违法性

违反法律法规是网络服务提供商侵权行为成立的一大前提。在知识产权法体系中,法律法规都明确地写有关于侵权行为的一般规定,明确列出侵权行为的种类。例如,反不正当竞争法、商标法、专利法等。著作权也不例外同样对侵权行为进行了定义。在认定网络服务提供商是否侵权时,必须要找到其违反的法律法规依据,只有在这一前提的情况下,才有可能将侵权行为带入其他构成要件中进行讨论和分析。例如,某网站将《水浒传》全集上传至其读书栏目,以供用户阅览,并且不收取任何费用。但是,该网站将《水浒传》上传至网站的行为并未获得任何人的许可,也并未支付任何费用。这种擅自使用作品的行为,与网络传播信息通常的形式并不相符,看似违法,但事实上,《水浒传》不再受《著作权法》保护,已经完全进入到公共领域,这意味着其已经向社会公众开放,社会公众可以对其进行合理的使用、阅读或者传播。因此,该网站的行为显然未违反法律,也无须承担侵权责任。

2. 损害事实

损害事实是判断侵权行为是否成立的重要标准。无论是在一般侵权行为的构成要件中,还是在特殊侵权行为的构成要件中。损害事实在这里指造成损害著作权人合法权益的法律事实,这就意味着并非所有情况下造成著作权人遭受损失都可以成为损害事实。网络服务提供商的侵害对象必须是著作权人的合法权益,对权利归属不清楚的作品及不能证明作品存在权利的被排除在外。这里的损失不仅包括实际损失,还包括已经发生和确实存在的潜在风险。如果只限定实际损失的损害事实,就会增加发生网络侵权行为的概率,这是非常不利于网络著作权保护的,网络侵权行为与传统侵权行为不同,它具有极强的隐蔽性和虚拟性。网络服务提供商的版权侵权行为往往不易被发现,在许多情况下并不是在侵权行为发生后立即产生损害事实,但侵权行为却又带有真实的损害风险,很可能在将来的某个时候产生实际的损害。法律不仅是对违法犯罪行为的惩罚,而且具有预防作用,积极制止和防止侵权也是法律应当追求的一项重要价值。

作品放在网络上就意味着对所有网络用户开放,可能会在未来进行大规模的网络传播,在此之后这一侵权行为给著作权人造成的损失将是不可估量的,侵权行为随之变得不可控,因此必须承认存在的潜在危害风险也属于损害事实之列,能够以侵权为由让网络服务提供商立即停止侵权。

3. 因果关系

这里所说的因果关系指的是网络服务提供商的著作权侵权行为与损害事实之间的法律关联。网络服务提供商只对由自己的侵权行为所引起的损害事实部分承担法律责任,与他无关的损害事实则无须承担任何法律责任。因此,必须充分考虑和认识著作权侵权行为与造成的损害事实之间的关系如何,以及是否有现有的相关性等。因果关系往往是很复杂的,在网络服务提供商著作权侵权行为中同样如此。这些因果关系可以表现为直接、间接,一因多果,一果多因等。

4. 主观过错

对于网络平台服务提供商来说,主观过错也是网络著作权侵权的构成要件。传统民法系统包括故意和过失,过错是一般侵权行为的主要组成部分。在《著作权法》《民法典·侵权责任编》《信息网络传播权保护条例》等相关的法律法规中网络服务提供商应当承担合理注意义务。网络服务提供商在知道或应该知道的前提下需承担一定的法律责任,也就是说,网络服务提供商必须存在主观过错,不知道或不可能知道这一事实存在的网络服务提供商,没有主观过错,侵权行为不成立。例如,网络搜索服务提供商(如百度公司等)每时每刻都在为大量的网络用户根据其指令提供网络搜索结果,这些搜索结果中是否存在侵权内容或链接,网络搜索服务提供商自己也不得而知。由此,即使百度公司提供的搜索结果中确实包含侵权内容,也不能确定百度搜索行为是网络著作权侵权行为,因为百度公司在技术上不能为搜索到的每个链接的网页进行内容审查,所以其没有主观过错。一些学者不主张将主观过错作为网络服务提供商著作权侵权行为成立的构成要件,但是如果主观过错不是网络服务提供商著作权侵权的必备条件之一,这将赋予网络服务提供商太重的法律责任负担,每一个网络服务提供商在进行网络服务的过程中必须花费大量的精力去注意网络版权侵权,以避免承担不可预知的侵权法律责任,这将使利益过度倾向于著作权人,最终将阻碍互联网行业的长远发展,也不利于网络服务提供商提供更多高质量和高效的服务。因此,主观过错应该是网络平台服务提供商侵权行为的组成部分。

但对于网络信息内容服务提供商,主观过错不得作为网络侵权的基本元素,因为网络信息内容服务提供商有很强的能力来控制网络作品的传播,包括网络作品的搜集、编辑和组织等。网络信息内容服务提供商的侵权由自己独立完成,不存在网络用户的参与,因此网络信息内容服务提供商控制侵权行为的能力远远强于网络服务提供商,应当制定更加严格的法律来规范网络管理的行为。因此,在适用网络信息内容服务提供商的侵权责任原则时,必须采用不以过错为必要条件的严格责任原则。

8.3 网络服务提供商著作权侵权责任的归责原则和种类

8.3.1 我国规定的网络服务提供商著作权侵权责任的种类

从网络作品的传播和控制能力来看,网络信息内容服务提供商直接编辑、组织和发布网络作品。他们对网络作品的传播具有较强的控制力。网络平台服务提供商为网络作品的传播提供了多种技术平台,对网络作品的传播只有间接控制。网络连接服务提供商通常只提供网络信号和网络线路方面的服务,因此几乎扩展不到网络工作,没有任何控制力。通过对三种不同类型的网络服务提供商进行分析,不难得出网络信息内容服务提供商直接在侵权活动中实施侵犯网络著作权的行为,应当承担直接侵权责任;网络平台服务提供商在侵权活动中没有直接侵权行为,但是也为直接侵权提供了一定的便利和协助。它在整个侵权行为中起支持、辅助作用,应承担共同侵权责任;网络连接服务提供商对网络传播并不具有任何控制力,也不存在辅助作用。因此,它一般不承担侵犯著作权的侵权责任。

1. 直接侵权责任

直接侵权责任的主体大部分为网络信息内容服务提供商。这些服务商未经授权地复制、传播、删除或改变信息的做法直接侵犯著作权人的合法权益。因为网络信息内容服务提供商向网民提供的信息内容由其亲自筛选、整理和编排。在此过程中,网络用户不参与信息内容的发布,没有第三方因素的介入,因此认定网络信息内容服务提供商的著作权侵权责任是比较容易的。也就是说,他应该承担直接的侵权责任。西方许多发达国家经常将网络信息内容服务提供商与现实生活中的出版商进行类比,因为网络信息内容服务提供商在外部发布信息的行为与出版商向公众复制作品的行为极为类似。法律通常对出版商施加严格的责任,即不考虑也无须界定是否存在主观过错,只要其行为侵犯版权,就要承担相应的法律责任。同样,网络信息内容服务商在提供网络信息服务时存在网络著作权侵权的行为,就要承担与之相应的直接侵权责任。

2. 共同侵权责任和连带责任

共同侵权责任的主体主要是网络平台服务提供商。网络平台服务提供商不直接控制在线传播作品,也不直接参与网络侵权行为。因此,它不能直接对侵权行为负责。但网络平台服务提供商为网络用户提供各种中介服务,有效地帮助网络用户传播网络作品。根据《民法典》及相关司法解释规定,存在过错为共同侵权的构成要件,并不需要加害人之间存在意思联络。网络平台服务提供商故意让网络用户在网络上进行侵权行为,或者并未尽到合理注意义务而纵使网络用户进行了侵权行为并利用其提供的网络服务进行侵权活动,造成著作权人的合法权益受到损害。可以看出,网络平台服务提供商提供网络服务的业务行为可能为网络用户的侵权行为提供帮助和协助,构成共同侵权行为。因此,应承担共同侵权的连带责任。网络平台服务提供商承担的连带责任在有关网络著作权的法律法规中有着明确的规定。

8.3.2 国外网络服务提供商著作权侵权责任的种类

美国是著作权领域法律相对健全的国家,有着相对成熟的著作权法律法规。技术进步带来的新作品的传播,对传统的版权制度产生了巨大的影响,大规模的侵权行为层出不穷。作为广泛使用的产品,当被用于侵权行为时,通过打击直接侵权者来维护合法权益是无法实现的,于是人们开始将注意力转向经济实力较强的技术服务提供商,让技术服务提供商承担一定的侵权责任来缓解矛盾。在此背景下,美国的司法部门和立法部门寻求建立新的责任制度。除直接侵权责任外,间接责任和侵权责任诱导也是司法认定网络服务提供商著作权侵权责任的主要类型。

1. 间接责任

美国是判例法国家,因此确定间接责任和诱导侵权责任主要来自司法判例。美国1976年制定的著作权法律和法规中没有关于间接责任的相关规定,但美国法院根据普通法原则,第三方承担版权侵权责任的间接责任制已基本建立。具体而言,美国的间接责任包括不同的两个方面:帮助侵权责任和替代责任。在格什温诉哥伦比亚案中,美国法院确定侵权责任:"如果一个人知道某项行为构成侵犯版权,如果他或她仍然诱使、促成或基本上协助其他人侵权,那么应该承担一定的法律责任。"从这个定义中我们可以看出,帮助侵权责任有两个基本要素:一是所谓的间接责任人已经认识到存在直接侵权行为;二是间接责任人诱导、协助或大幅协助侵权人的侵权行为。美国侵权责任中的赔偿责任与中国的共同侵权责任基本相同。两者都要求网络服务提供商在主观上有故意或疏忽意图,并不意味着网络服务提供商与侵权网络用户之间存在意思联络。同时客观上要求必须有实质性的帮助侵权行为。

所谓的替代责任,是指间接责任人有控制直接侵权的权利和能力,但没有履行合理注意义务,应承担直接侵权人的法律责任,其从直接侵权行为中可获得直接的经济利益。替代责任有两个基本要素:一是有能力和权利控制或者阻止侵权行为的发生但是并未采取有效的手段加以监督或控制;二是在直接侵权行为中获得了经济利益。从定义和构成要件来看,替代责任与中国《民法典》规定的间接责任人替代责任和侵权责任,用人单位责任和其他特殊侵权责任相互类似。他们都有责任对直接侵权人的行为和直接侵权行为进行监督和控制,他们之间都有直接的经济利益关系。替代责任不要求网络服务提供商实施侵权帮助,违反了具体的法律是因为它违反了某些合理注意义务。因此,在帮助侵权责任的情况下,网络服务提供商违反了其不作为义务,应与直接侵权人共同承担责任。但是,在替代责任的情况下,网络服务提供商违反了作为义务,应由网络服务提供商自己单独承担所有责任。

2. 诱导侵权责任

在格罗克斯特(Grokster)案中,美国最高法院创造性地确立了引诱侵权责任,以遏制越来越严重的侵权行为,并平衡各方利益。法院认为:"为侵犯著作权提供设备,并明确规定或采取切实措施促进侵权行为,应对第三方侵权行为承担法律责任,不必考虑产品的合法用途。"可以看出，当网络服务提供商未能有效监督和控制直接侵权人的侵权行为时，如果以明确的文字或实际行为引发或促成侵权，应承担一定的侵权责任。因为引诱侵权是索尼规则的合理限制，其重点在于网络服务提供商提供服务的意图和方向，并避免讨论产品或服务合法使用引起的问题。格罗克斯特案表明，网络服务提供商大力推广软件可以用来传播拷贝受著作权保护的产品。当它开始提供免费软件产品时，他们的工作可以说是在吸引侵权，其促进侵权的目的是非常明确的。符合诱导侵权的基本特征。

8.3.3 网络服务提供商的著作权侵权责任归责原则

所谓的归责原则，是指确定责任的法律规范。现在法律界的主流观点认为，归责原则应根据侵权主体是否存在主观过错来划分。需要解决的是根据什么样的事实状况确定责任归属和侵权民事责任的基本问题。如上所述，网络服务提供商主要有两种类型的网络侵权责任人，即网络平台服务提供商和网络信息内容服务提供商。以下是对这两个不同的网络服务提供商的责任原则的分析。

1. 网络信息内容服务提供商著作权侵权责任的归责原则

欧洲和美国的许多国家都将网络信息内容服务提供商视为网络世界的出版商。这些国家的版权法律和法规对传统出版商规定其商业行为施加了严格的责任。因此，在提供网络信息内容服务时，如果发生侵犯版权的行为，往往像传统出版商一样承担严格的责任。在这些国家，严格责任原则已成为网络信息内容服务提供商侵犯著作权责任的原则。例如，早在1997年，德国颁布了《多媒体法》，第一条规定："互联网服务提供者根据一般法律对自己提供的内容负责；若提供的是他人的内容，服务提供者只有在了解这些内容、在技术上有可能阻止其传播的情况下对内容负责。"由此可以推断，一旦发生网络著作权侵权，德国网络信息内容服务提供商应当按照严格责任原则追究责任。这些国家在确定其责任时将其分为两种不同的责任类型：一种以法国和美国为典型代表，声称网络信息内容服务提供商必须对其版权侵权承担全部责任，包括赔偿责任；另一种以英国和德国作为典型代表，声称无过错不承担赔偿责任，即主观上是否存在过失，网络信息内容服务提供商应对其侵权承担一定的法律责任，但主观上如果没有过错，则不必承担赔偿责任。也就是说，只有在侵权人有主观过错的情况下，才需承担一定的赔偿责任。

中国现行的网络著作权法律法规并未专门针对网络信息内容服务提供商作出专门的版权侵权责任规定。因此，在司法实践中，一般侵权责任原则是过错责任原则。此外，最高人民法院于2000年制定了《最高人民法院关于审理涉及计算机网络著作权纠纷案件适用法律若干问题的解释》，并指出网络服务提供商进行版权侵权过错是成立要件。尽管这些规定旨在解释出版社的侵权责任，但网络信息内容服务提供商和出版社之间存在着很大的相似性，因此在处理网络信息内容服务提供商的侵权问题时具有一定的参考价值。由此我们也可以看出，我国的司法实践认为过错责任原则是网络信息内容服务提供商侵犯著作权责任的基本原则。

我国有很多网络信息内容服务提供商版权侵权责任认定的典型案例，如陈兴良诉中国数字图书馆有限责任公司。据悉,陈兴良是《当代中国刑法新视界》《刑法适用总论》《正当防卫论》三部著作的作者,依法享有著作权。中国数字图书馆有限责任公司成立了"中国数字图书馆"网站。通过该网站主页上的"高级搜索"系统,搜索关键词"陈兴良",可以获得涉及该案件三部版权作品的相关搜索结果,即三部作品的内容以及有关版权作品的专门信息。以《当代中国刑法新视界》一书中的信息为例,标题信息为陈兴良撰写的《当代中国刑法新视界》。有关出版信息是"北京:中国政法大学出版社,1999",主题为"刑法—研究—中国",科图分类为"35.26"。后来陈兴良向法院起诉中国数字图书馆有限责任公司侵犯著作权,法院要求其停止侵犯著作权,并赔偿损失,法院认为该公司的行为已经阻碍了陈兴良以自己承认的方式使版权作品与社会公众接触,显然侵犯了其在互联网上传播信息的权利,中国数字图书馆有限责任公司应当立即停止侵权并依法承担侵权责任,并责令中国数字图书馆有限责任公司在其"中国数字图书馆"网站上停止使用原告陈兴良的作品。从上述案例可以看出,法院认定中国数字图书馆有限责任公司侵犯版权。擅自将其作品用于商业目的尚未获得授权和许可,其主观方面存在明显过错,确定其侵犯版权。

网络信息内容服务提供商的版权侵权责任适用严格责任原则是最合理的,因为网络信息内容服务提供商有自己的意愿,独立搜集、编辑、整理及发布和传播在线作品。因此对在线作品的传播有很强的控制力。此外,网络信息内容服务提供商的侵权行为由其自己完成,没有网络用户的参与。因此,网络信息内容服务提供商控制侵权的能力以及审查和监督的能力远远强于网络平台服务提供商,法律应该更加严格地规定其法律义务,更有效地规范其网络运营,最大程度地保护著作权人的合法权益。而且,过错责任原则要求著作权人承担举证责任,证明网络信息内容服务提供商是主观过错,而网络侵权是虚拟的、隐形的。网络信息内容服务提供商可以容易地采取各种手段否定错误。这无疑将使已经处于不利地位的版权持有者处于更不利的地位。因此,在使用网络信息内容服务提供商著作权侵权责任原则时,应适用严格责任原则,即不得以过错为必要条件。

2. 网络平台服务提供商著作权侵权责任的归责原则

美国关于网络平台服务提供商侵犯著作权的规定非常严格。随着立法技术的进步和网络技术的发展,责任追究原则逐渐由严格责任原则转向过错责任原则。美国法院的判例越来越揭示这种发展趋势。例如,在审理网通(Netcom)的案件中,美国法院根据过错责任原则确定了网络平台服务提供商侵犯著作权的责任。欧盟在其《电子商务指令》中表示,网络平台服务提供商不承担监督和审查在提供网络服务期间发送或存储的信息的义务,《电子商务指令》也涉及各种网络平台服务商的版权侵权,规定了相应的免责条款,以减轻其法律责任。德国是互联网非常发达的国家,它在网络立法方面也处于世界领先地位,并为许多其他国家提供了良好的立法经验。德国在其《信息与通讯服务法》中对网络平台服务提供商的著作权侵权责任作出了更为具体的规定。它规定网络平台服务提供商必须承担侵权责任,同时必须满足两个条件:一是知道或有合理理由知道网络用户使用网络服务实施侵权行为;二是网络平台服务提供商可以从技术上控制网络用户的侵权行为,但并未采取有效措施予以制止。从法律规定可以看出,知道或有合理理由知道互联网用户实施侵权行为是网络平台服务提供商进行著作权侵权的必要条件,即德国法律采用过错责任原则。

互联网在中国取得了长足的进步。当然,各种类型的网络侵权也层出不穷。在中国网络著作权侵权诉讼中,网络平台服务提供商的著作权侵权案件所占比例相当高,并出现了很多经典案例。下文将以"新传在线(北京)信息技术有限公司诉上海全土豆网络科技有限公司侵犯著作权纠纷案"为例进行分析,试图探讨在中国司法实践中,网络平台服务提供商侵犯著作权的责任归责原则。

新传在线有权在网络上传播电影《疯狂的石头》。在该片热播期内,土豆网允许用户自由上传电影作品,并通过其网站进行广泛的传播,包括在线观看,但未经权利人许可且不支付报酬。新传在线向法院起诉,土豆网认为自己并没有参与上传作品,这部电影由网友上传到土豆网上的。土豆网称,如果有侵权作品,其网站将立即删除,但未收到新传在线(北京)信息技术有限公司的删除通知。因此,土豆网认为其行为符合《信息网络传播权保护条例》中的规定,因此不承担责任。最后,法院经过审理后认为,土豆网作为专业视频网站公司有合理理由知道可能有非法电影作品上传到其网站,但忽视了监督和管理,从而导致热门电影《疯狂的石头》在热播期间经网友多次上传,未及时删除。土豆网主观上存在帮助和放任他人侵犯新传在线(北京)信息技术有限公司信息网络传播权的主观过错。故法院支持了原告诉求,判决土豆网败诉。

从本次审判结果可以看出,当我国法院审理网络平台服务提供商侵犯著作权案件时,是否存在主观过错是判定侵权行为成立与否的重要依据。在这种情况下,由于所谓的"没有足够的监控能力",土豆网不能免除其法律责任。通过对土豆网的分析,发现它具有"原创电影""音乐""戏剧""动画"等栏目类别,一系列的栏目为网络用户上传视频文件提供了极大的方便,作为一个专业的视频网站,土豆网应该有强烈的意识,以检查当前上传的视频文件是否包含侵权热门电影作品。网民上传《疯狂的石头》后,未被土豆网检查和删除,显然这种基本合理注意义务并未被落实,确实涉嫌侵权,这也说明在中国的司法实践中,过错责任原则是侵犯著作权责任的基本原则,可以据此追究网络平台服务提供商的责任。

2005年,国家版权局和信息产业部联合制定了《互联网著作权行政保护办法》,规定了网络服务提供商应当在著作权人告知其存在侵权行为时需要履行的法定义务。如果网络服务提供商在通知侵权行为后未采取行动认定存在主观过错,则应当承担责任。2006年制定的《信息网络传播权保护条例》对各网络平台服务提供商给予了更多的特定豁免,并突出了"通知-删除"的过程。这些相关规定在一定程度上也反映了各类网络平台服务提供商应承担的合理注意义务。如果网络平台服务提供商在运营过程中违反合理注意义务,则可能被视为主观过错,应承担一定的法律责任。

把过错推定责任原则作为判断网络平台服务提供商侵权的基本原则是最合理的。众所周知,网络侵权是比较隐蔽的。通常很难确定网络平台服务提供商是否存在主观过错。如果让著作权人提供错误存在的证明,无疑会增加其不利。如果著作权人处于更不利的地位,那么对网络版权的保护将变得更加困难。但是,在应用过错推定责任原则时,适用举证责任倒置,将更复杂的举证责任转移给网络平台服务提供商。即网络平台服务提供商承担举证责任,证明自己没有过错,如果不能证明自己没有过错则推定主观过错,从而有效地减轻了著作权人的诉讼负担和诉讼压力,同时为网络平台服务提供商提供抗辩机会,以证明他已经尽到合理注意义务。本质上，过错推定责任原则是过错责任原则的特殊表现。他们都将过错作为进行侵权行为的必要条件。在一定程度上，过错责任推定原则也可以包含在过错责任原则之中。

8.4 网络服务提供商著作权侵权责任的限制

8.4.1 网络服务提供商著作权侵权责任限制的必要性

著作权保护与技术创新之间一直存在冲突和矛盾。当然，两者也相互影响和发展。一般来说，著作权保护制度呈现出逐步扩大的趋势。例如，在音频和视频技术发明之后，著作权赋予了摄影权和展示权。而信息网络技术发明后，又增加了信息网络传播权等。

随着中国互联网的大幅度进步与日趋成熟，其渗透到人们生活的各个方面。互联网的影响力之大，影响范围之广。一旦被别有用心之人错误利用，其产生的恶劣影响及破坏力也将是普通著作权人难以承受的。但这并不意味着对著作权人应采取绝对的保护措施。

著作权制度从字面理解来看，是为了保护著作权人的利益而构建，实则不然。其根本目的及宗旨其实是为了调纷止争，平衡各方利益，使大家能够在同一制度内和平共处。即维护著作权人的权利，增加其对网络的信任，充分调动其积极性投身创作，也要给予网络服务提供商充分的自由，使其能够更好地提供网络服务，而不是被束缚，局限于某一类型的服务。技术创新会带来生活方式的改变，在著作权领域同样如此。传播技术的创新当然会带来传播方式的创新。我们不能只看到新事物的弊端而将其早早扼杀。应当积极面对挑战，找到解决方式，帮助新事物能迅速发挥其优势。互联网的发展是跨时代性的改变，网络服务提供商作为互联网的组成部分同样也是新事物，并且也在为社会做贡献。对网络服务提供商作出的每一项限制不仅会影响其自身行为，而且会影响网络行业的走向，进而影响广大网民的切身利益。因此，对网络服务提供商的责任限定务必要有理有据有节，不过分、不严苛但也不失实用性。如何能够正确发挥法律的作用对网络服务提供商的行为加以适当约束和指引，对于各国立法者来说都存在一定难度。

8.4.2 国外相关法律规定

1. DMCA法案的"避风港条款"

《数字千年版权法》（DMCA）是1998年颁布实施的著作权法案。该法律是美国为满足信息网络时代的发展要求，更好地保护著作权人的合法权益而制定的。这一行为是信息网络时代互联网著作权立法的新尝试。其主要特点是突出著作权人的核心地位，并加强对网络版权的著作权人的保护。同时，他们还负责限制网络服务提供商的版权侵权责任。这无疑将有助于确保信息网络行业的健康发展。

DMCA法案是在著作权领域最具影响力的法律之一。DMCA法案首次规定了关于网络服务提供商侵犯版权责任的"避风港条款",并为不同类型的网络服务提供商提供适用的免责条款。DMCA法案对网络服务提供商的版权侵权责任限制作出了具体细化的规定,为司法实践提供了细致有力的法律依据。

2. 索尼规则

美国通过司法实践建立的索尼规则对技术服务提供商的责任也进行了明确的限定。索尼公司曾经制作了一种名为Betamax的录音设备,可以录制特定的电视节目,以便用户不在家时进行观看,也称为改变观看时间的功能。但是,这种录制行为导致了大量版权侵权,因为设备上记录的许多电视节目都是未经授权的传输。在这些作品中享有版权的环球影城认为,索尼公司提供的设备已经帮助其用户侵犯了他们的权利,并应对间接侵权负责。然而,这种新型的案例,在当时的司法实践中并没有涉及美国的法律和判例。因此,美国法院创造性地制定了索尼规则,即如果技术产品符合"实质性非侵权使用",则该技术产品不构成帮助侵权。无论技术产品是用于合法还是非法用途,索尼规则首次对技术服务提供商的著作权侵权责任实施了限制性规定。索尼规则允许技术服务提供商专注于技术创新和产品开发,而不必担心未来技术产品可能被用于非法目的的侵权风险,并且还为技术创新建立风险防范。该机制为技术服务提供商建立了一个新的"避风港",以减轻其承担侵权责任的压力。可以说,索尼规则是限制技术服务提供商责任、保护技术创新的崭新尝试。根据索尼规则,索尼提供的录音设备符合"实质性非侵权用途",因此可以免除其侵权责任。这表明索尼规则可以将法官的注意力转向法律标准,避免不了解技术原理和技术细节所导致的审理障碍。

尽管索尼规则为处理技术服务提供商造成的侵权纠纷提供了法律依据,但索尼规则仍然存在诸多不足和缺陷。例如,"实质性非侵权用途"作为索尼规则的核心组成部分,合法使用与非法使用之间的比例应如何合理确定的问题迄今尚未解决,这导致法官面对这种情况时,很难找到一个合理的标准来判断技术产品的使用是否达到"实质性非侵权使用",这无疑将会直接影响案件的结果,因此索尼规则在未来的司法实践中仍有待完善。

3. 欧盟《电子商务指令》

《电子商务指令》作为欧盟范围内在著作权领域具有宏观指导性法律文件而存在,其提供的更多是指引与程序上的具体操作,并且在内容上没有规定网络搜索服务提供商对著作权侵权责任的限制。这是由于网络搜索服务提供商处于特殊地位,而法律一旦限制其责任,将会影响互联网行业的发展方向和绝大多数网络用户的利益。此外,欧洲国家互联网发展水平参差不齐,制定统一具体的法律规定来规范网络搜索服务提供商的著作权侵权责任是不可能的。因此,欧盟国家可以根据其具体国情对侵权责任作出限制。可以看出,欧盟的《电子商务指令》在很大程度上发挥了程序性作用,并对欧盟国家网络著作权的立法活动进行了管理和指导。

8.4.3 我国相关法律规定

1. "通知-删除"规则

中国关于"通知-删除"规则立法是根据美国DMCA法案相关规定进一步改进的结果。对于我国网络服务提供商的著作权侵权责任限制具有重要的指向性作用。我国关于"通知-删除"规则的最新立法主要体现在《最高人民法院关于审理涉及计算机网络著作权纠纷案件适用法律若干问题的解释》《信息网络传播权保护条例》和《民法典·侵权责任编》。

在网络著作权侵权案件的审理过程中,网络服务提供商都会在辩护词中提到,自己并没有进行侵权活动,仅是按照行业道德提供了网络服务。他们无法监控互联网上如此庞大的信息,他们履行了"通知-删除"义务,他们不应承担侵权责任,这实际上是对"通知-删除"规则的误解。"通知-删除"规则并不是网络服务提供商的挡箭牌,也不是无所不能的免责条款。并不是只要不是自己主动侵权,且在收到著作权人的通知后及时删除就可以免除自己的义务和责任。因为,"通知-删除"规则要求网络服务提供商从始至终就不知道且不可能知道侵权行为存在的可能。

2. 网络作品的合理使用制度

传统著作权制度包括著作权作品的合理使用。这是著作权人与公共利益平衡的结果。如果符合合理使用的法定条件,那么用户可以在未经著作权人许可的情况下使用他的作品。可以不支付使用费用,但是必须以不损害著作权人的合法权益为前提。

然而,网络著作权是一个新生事物,在网络著作权立法方面没有太多经验。学者对网络著作权合理使用范围有不同的意见。有学者认为,网络作品公益属性在逐渐加强。在传统合理使用的基础上,扩大网络著作权的合理使用,以适应时代和社会的需要。有学者认为,网络技术使得作品空前普及,导致著作权人的著作权控制能力大大减弱。有必要通过立法加强著作权人的权益。因此,有必要严格限制合理使用的范围。实际上,不论是扩大还是缩小合理使用的范围,合理使用都应视为平衡各方利益的制度。最终目标是找到各方都能接受的平衡点,使矛盾能够得到缓解,实现双赢。

8.5 加强网络著作权保护的若干建议

8.5.1 加强网络服务提供商的著作权意识

法律是滞后和被动的,因此司法手段保护是网络著作权的最后一道屏障。但是这道屏障在发挥作用时,仍会受到许多阻碍。例如,网络侵权行为的进行和后果的产生势必要依赖于互联网。但是互联网具有高度的虚拟性和隐蔽性。所以,这就使得这些侵权行为并不容易被发现,即使被发现,调查取证也存在相当大的困难,它受到很多因素的限制。但是,要想通过法律追求侵权人的责任,还必须基于这些证据,否则著作权人将面临败诉的风险。这就存在法律不能有效地惩罚网络侵权行为的情况。著作权人采取法律手段来主张自己的权利,不仅要面临其并不擅长的、冗长繁琐的司法程序,而且有可能其诉求得不到支持。此外,法院最后判决的赔偿数额很有可能低于著作权人的心理预期。因此,如果著作权人只能依靠司法程序伸张权利,就难以真正维护著作权人的合法权益。因此,解决这一问题不妨转换思维,将网络著作权的被动保护转化为积极保护,即加强网络服务提供商的版权意识,使他们提供网络服务时,就能注意到维护著作权人合法权利不受侵犯的义务。积极制止网络侵权行为,预防网络侵权事件的发生。

1. 全面、科学地理解网络著作权法律法规

事实上,我国现在已经建立了比较完善的著作权法律制度,对著作权能够进行合理有力的保护。但是制度上的完善并不能绝对地彻底解决网络著作权侵权问题。因为理论与实践总会存在一些不协调或者不合拍。一项法律规定能够顺利得以落实,不仅需要立法者高超的立法智慧,也需要执法、守法两个环节的配合。虽然在网络著作权侵权领域已经实现了有法可依,可以按法律条文追究侵权人的法律责任,但是网络服务提供商的法律意识参差不齐,甚至不排除相当大的一部分人对法律规定的认识存在误解和偏差。

2. 网络作品的付费授权使用意识有待加强

互联网的特点是开放和共享。这一特点决定了在互联网中很多信息和服务都是免费的,网民不用支付任何报酬就能享用。但是,互联网的这一优势并不能体现在著作权领域。换句话说,对于可以开放和共享的信息及服务,可以不附加任何条件地提供给网民,提升网民使用的便利。但是,但凡享有著作权的作品都是无数著作权人的心血和智慧的凝结。其创作、产生的过程,是一项社会生产活动,理应被支付合理对价。在线作品往往是著作权人辛勤工作的结果。著作权人投入大量的人力、物力和财力完成作品,如果作品被允许在互联网上自由传播而没有任何奖励,肯定会严重阻碍著作权人的创作热情,也会对信息网络产业的长远发展产生不利影响。用户会在正版与盗版之间难以抉择,选择正版可以享受高质量的服务但却要支付费用,选择盗版可以减少经济支出但却在服务质量方面不尽如人意。因此,需要加强使用在线作品的有偿使用意识,在得到著作权人许可后再将作品发布,并且可以根据使用版权作品所获利润向著作权人支付合理的使用费。这样一来,不仅不会使著作权人的权利受损,也不会减少网络服务提供商的经济利益。从而使二者之间的紧张关系和矛盾得以有效缓解,互利共赢。

3. 建立严格的著作权审查机制

目前,互联网上有大量的信息。网络服务提供商认为他们并不具有足够的审查能力,故推卸其著作权侵权责任。的确,网络著作权审查工作量庞大,且需要高效完成。想要在极短的时间内对网络信息逐一排查更是难上加难。但是困难并不能成为网络服务提供商推卸责任的借口。可以不以最高标准要求网络服务提供商,即将网络侵权行为的发生率降为零,但最起码,网络服务提供商必须要积极履行合理义务。第一,建立网络审查制度,在网络用户上传资源时,进行首次筛选,将明显具有侵权、色情等违法违规内容的作品过滤掉,阻止其在网络上传播。并为这些资源做好备案和记录,防止它们被再次上传,这样可以减少其被第二次上传时的工作量。第二,在经过首次排查后,增加手动审查程序,设立专人专岗对已经通过第一次审查但是尚未进入到网络传播的作品进行二次过滤。人工手动排查的好处在于可以将审查工作灵活化,并且能够应对各种新形式的侵权行为。第三,建立专门应对著作权人权利申诉的部门机构,处理关于著作权侵权的通知。一旦接到通知及时反馈,并立即将侵权作品删除。以此来积极开展与著作权人的沟通,严格审查著作权人的权利告知,有效开展"有效通知,立即删除"。将侵权行为扼杀在摇篮里,将侵权行为带来的损失降到最低。

另外,在提供网络服务的过程中更要避免侵权行为的发生。例如,网络服务提供商不应该为吸引网络用户的眼球而使用诱导性话语。有些网站在宣传页面上使用促销短语,如"免费电影用于最新分享",以鼓励用户传播侵权的网络作品。以这种方式来增加网站流量并不可取,因为这意味着需要承受被认定为共同侵权的风险。因此,网络服务提供商在提供网络服务时也应当合理合法,以尽量减少侵犯版权的风险。

8.5.2 健全网络著作权侵权责任体系

在互联网诞生之初,政府为了能让其顺利快速地成长,提供了相对自由的空间,鼓励网络服务提供商的运营行为,为其减负,调动其积极性,增加行业自信。随着中国互联网的大幅进步与日趋成熟,其渗透到人们生活的各个方面。互联网的影响力大,影响范围广。一旦被别有用心之人错误利用,其产生的恶劣影响及破坏力也将是普通著作权人难以承受的。因此,建立健全网络著作权人侵权责任体系,不仅是对著作权人加强保护,使其减少被侵权的风险,同时也是对网络服务提供商的服务行为加以规制,营造健康有序的网络空间。使互联网在运作过程中能够扬长避短。

侵权责任体系的建立单凭司法、著作权人、网络服务提供商任何一方的力量都是难以成功的。因为大家缺乏统一的领导和协调,都只站在自己的角度来思考问题,尤其是网络服务提供商作为营利性组织,更多时候会从经济利益角度出发,而非社会公共利益。因此行政监督应当充分发挥监督及协调作用。在司法手段尚未发生效用之前,多一道保护机制。为保护网络著作权增添一道保险。行政监督与司法程序相比,更加积极主动、简单有效。

一些发达国家已经建立起针对版权的集体管理组织。通过该组织集中管理和处理与版权有关的问题。我国相关行政管理部门也应当将此项工作落到实处。现阶段已有的行政监督并不尽如人意,存在职能重叠、各部门行政执法混乱、效率低下的问题。这主要是由于缺乏主管部门的统一领导,和各兄弟单位之间分工不明,无法协作。对此,我国可以向发达国家学习,建立或者选择某一部门作为主管单位,主要负责网络著作权维护及纠纷调解工作。然后,由该部门对工作任务进行统一分配。避免过度监督和监督不到位等情况发生。使网络侵权纠纷能在小范围内及时解决,避免司法资源的浪费和损害结果的扩大。缓解社会矛盾,促进网络环境与社会环境的双和谐。

8.5.3 建立替代责任制度

在我国现行法律体系以及司法实践中,对网络服务提供商侵权行为的认定主要是依据共同侵权理论。因为大量的司法数据表明,网络服务提供商很少采取直接侵犯著作权的形式来谋取经济利益。这种直接侵权行为在互联网发展之初还比较多见。但是随着互联网技术的成熟,法律、规章制度的逐渐完善,著作权保护意识加强,这些直接侵权行为已经很少发生。因为我国法律对这些网络服务提供商都课以严重的处罚,除了经济上的惩罚外,还涉及刑罚。但是,由于网络竞争日趋激烈,各类型的网络服务提供商如雨后春笋般涌现,其生存压力空前加大。在如此大的压力和巨额经济利益的共同作用下,很多网络服务提供商开始打法律的擦边球,避开直接侵权,开始以"间接"的方式错误利用原本属于著作权人的权利。例如,当网络用户将侵犯著作权的作品上传至网络以供其他网络用户分享、使用时,为了赚流量、博眼球、增加网站和平台的知名度,而对该产品睁一只眼闭一只眼,任由其被大肆转载和使用,直到著作权人向其主张权利时才进行删除。这种行为无疑是对侵权行为的容忍与放纵,属于变相利用受著作权保护的作品。在网络服务提供商赚得盆满钵满时,著作权人却为此付出了高昂的代价。针对这一情况,我国应当建立责任替代制度。在网络服务提供商不积极履行其合理注意义务时,追究其替代责任。并且要求网络服务提供商对自己的义务履行情况进行举证。这样一来不仅减轻了著作权人的举证负担,也给了网络服务提供商充分的机会进行抗辩。有利于维护法庭秩序并限制法官的自由裁量,从而使裁判结果能够更加公正。

8.5.4 建立新型商业模式

按照通常的法律思维来理解,著作权人与网络服务提供商是站在对立面的。因为二者常常对簿公堂,你争我吵,相互辩驳。著作权人想要守住自己的心血和权利,通过法律来减少损失,寻求公权力的保护。网络服务提供商想要争取更多的经济利益,打擦边球,甚至不惜违反法律规定,抱有侥幸心理,来利用著作权人的权利。但其实,这二者的根本利益并不冲突。他们完全可以和平共处,携手共进。因此,需要构建全新的商业模式,为著作权人与网络服务提供商搭建平台,使其能够平等对话,通过谈判、契约等合法合规形式来实现合作。互联网的普及是普遍的、快速的和低成本的。同时,网络市场是一个潜力巨大的市场。如果著作权作品在互联网上传播,它不仅会为著作权人带来可观的经济收入,还可以大大增强著作权人和作品的社会影响力。例如,现在很多互联网作家都依靠互联网来广泛传播他们的作品,以达到名利双收的目的。

此外,网络服务提供商还可以通过广告收益分享模式为各方实现共赢。也就是说,网络服务提供商和著作权人可以签订许可协议,让用户免费享用或使用作品。网络服务提供商在提供服务的过程中投放广告,然后根据合作协议将产生的广告收入分配给著作权人。当然,每种商业模式都有其优点和缺点。如何更好地适应中国的具体国情,如何让中国庞大的网络用户更加可以接受,以及如何实现更高的盈利能力等,要求网络服务提供商在实践中进行进一步的探索和研究。

　　计算机网络的普及和互联网产业的发展壮大,是网络服务提供商这一新兴主体产生的决定性因素。自网络服务提供商产生以后,便凭借其独有的规模和专业性,成为互联网运行的关键环节,对网络信息传播发挥着不可替代的作用。与此同时,却也时常成为网络侵权事件的推手。随着社会公众对著作权的认知逐渐普及,著作权人的维权意识逐渐加强,网络服务提供商饱受争议。无论是网络上的声讨,还是司法部门的介入,网络服务提供商的一举一动都会引起广泛关注。由此,对网络服务提供商的行为进行科学的、标准的、明确的界定,才能够使法律发挥指引作用,引导网络服务提供商在合法合规的范围内从事经营活动。

第9章 技术措施在数字出版中的发展与扩张

与传统版权相比,数字版权的侵权门槛更低,伴随着数字技术蓬勃发展的是越来越迅速的盗版过程和越来越简便的内容复制手段,在互联网开放共享的环境下针对数字版权侵权的执法更为困难。面对技术进步对版权保护带来的挑战,以技术应对技术的数字版权技术措施应运而生。本章在对世界各国技术措施反规避立法的比较基础上,对我国相关领域的法律制度提出了一些建议。

9.1 技术措施与版权保护

技术进步推动了信息传播介质和传播方式的革命。与传统出版相比,数字出版作品在网络环境下出现了一系列新特点,给版权保护带来了新挑战。一是数字出版物的载体非物质化,著作权的排他性不再易于被著作权人掌控。随着出版技术和信息技术的不断进步,出版的内容与出版的介质分离开来,内容可以脱离纸质、底片、胶片、磁带、磁盘等传统介质,在数字时代以数据信息的形式在互联网和各终端设备上进行创作和传播。传统出版的版权保护机制在无介质的数字时代失灵了,内容作品的形态超越了版权法律的规制范围,互联网盗版迅速成为出版产业中最为突出的问题。二是数字出版难以受到地域限制,数字出版物的传播具有广域性和全球性。由于各国版权法律存在差异,各国甚至一国各地的版权保护标准和保护水平不同,数字出版物在跨地传播时难以进行侵权认定和责任追究。三是数字出版物的传播更为快速便捷,数字出版业在越来越短的出版周期内不断推陈出新。版权保护具有时间性,在新的技术环境下,数字出版周期越来越短,与较长的数字版权的法定保护期限不适应。四是数字时代的内容创作更为个性化、海量化,盗版主体更为动态、分散和模糊。与传统版权相比,数字版权的侵权门槛更低,在互联网开放共享的环境下针对数字版权侵权的执法更为困难。

为了应对这一形势,一些国家及时制定了与之相关的法律和政策,如美国在1998年通过了《数字千年版权法》,德国、日本等国家也随之及时修改了本国著作权法,我国也在2006年颁布、2013年修订了《信息网络传播权保护条例》,但仅凭立法难以解决数字出版领域的盗版问题,"避风港"规则等甚至默认了网络盗版的存在。面对技术进步对版权保护带来的挑战,以技术应对技术的数字版权技术措施应运而生。

9.1.1 数字版权保护技术与版权保护

尽管数字技术和互联网的发展给数字出版中的版权保护带来了诸多挑战,但是新技术与传统技术相比又有更为强大的规制性,可以利用新技术自身的特点来实现对侵权盗版行为的约束。因此,由技术发展引发的问题应当首先考虑由技术自身出发去解决。数字出版的内容提供商和内容运营商为了保护数字版权通常采用从技术上防止数字内容被非法复制的DRM技术(即数字版权管理技术,亦称数字版权保护技术)。

数字版权技术措施是保护未经著作权人授权的数字出版物被他人使用和传播的一类技术体系。与侵害行为发生后的责任追究和法律救济相比,技术措施也能够在数字版权保护上取得良好的预防效果。控制接触型的技术保护能够控制对受保护数字内容的接触和获取,如限制用户在终端上对某一电影的观看次数,限制某一付费资源的获取人群,限制用户对某一文件的阅览时间等。著作权排他性的技术措施能够禁止或许可对受保护数字内容的复制、传播和篡改,如美国亚马逊旗下的电子书生态体系Kindle通过DRM技术禁止对其著作权内容的非许可传播。

在数字出版产业链的上、中、下游都存在较大的非法传播和复制的风险,技术措施从源头上切断了产业链的非法传播、复制路径。当前,数字出版产业链中的各个主体均意识到了数字版权技术措施对著作权保护和管理的重要性,并在数字出版产业中得到了广泛应用。从数字出版产业链中的提供商、服务运营商和用户等各利益主体的角度出发可以发现,数字版权技术措施为数字出版上游保护了其著作权作品的经济权利和精神权利,为数字出版中游实现了内容作品的长期保存、多次传播和交易盈利,为数字出版下游获取正版可靠的数字内容、保护用户隐私、便捷版权交易和使用提供了保障。

总之,数字版权技术措施以数字技术为基础,并通过一定的算法保护视频、音频、图片、文档等数字内容的著作权,实现版权方对作品的授权控制,系统化地保护数字出版产业和产业链相关主体的利益不受侵害。大力研发并推广数字版权保护技术是优化数字出版环境、推动数字出版产业良性发展的必要措施。

9.1.2 数字版权保护技术的政策导向

DRM作为一种在数字出版产业中的重要技术手段,其发展离不开政府的支持。从国际范围来看,有很多国家已经通过制定法律法规的方式明确了其对DRM的态度,同时禁止研发针对DRM规避及其相关通信的工具以及建立和分发用于DRM规避的工具。1996年生效的《世界知识产权组织版权条约》的第十一条规定了技术措施的义务。其后,美国和欧盟等部分发达国家及地区迅速立法响应了这一要求,认可了通过技术手段来保护数字出版中的著作权的合法性,如欧盟的《欧盟版权指令》、美国的《数字千年版权法》等。美国的《数字千年版权法》体现了数字著作权保护综合运用法律、管理和DRM三种手段的原则,其中规定破解DRM或销售破解DRM的工具均为非法行为。

近年来,我国也十分重视知识产权保护工作和数字出版产业的发展。2004年11月,在广电总局的大力支持下,由中央电视台和清华大学牵头建设的中国广播影视数字版权管理论坛成立,该论坛颁布和起草了《广播电视数字版权管理数字内容标识》《广播电视数字版权管理元数据规范》《移动多媒体广播:业务与保护内容技术规范》《IPTV内容分发数字版权管理技术标准草案》《B2B内容分发数字版权管理技术标准草案》等多项技术标准和规范。2014年,国家新闻出版广电总局通过了《互联网电视数字版权管理技术规范》。据此,为高质量的数字媒体提供内容保护的证书,中国广播影视数字版权管理认证中心(简称CDTA)开始为开发者、设备制造商和DRM服务提供商提供基于PKI系统的信任机制,以及提供符合《互联网电视数字版权管理技术规范》的数字证书。2016年,爱迪德公司推出其开发的符合中国DRM标准的Irdeto Rights方案,成为第一个通过中国标准认证认可的DRM解决方案。2017年6月,由国家新闻出版广电总局广播科学研究院主办的首届国际数字版权管理创新发展论坛在北京举办。

ChinaDRM实验室是我国DRM研发的官方机构,它由国家新闻出版广电总局批准成立,并由国家新闻出版广电总局广播科学研究院管理,专业从事我国数字内容版权保护技术研究、标准制订、测试认证以及产业化推广。ChinaDRM实验室开展国际DRM技术与产业政策发展趋势研究、自主DRM关键技术研究、DRM技术与系统安全性评估与认证服务、DRM技术咨询以及实验室共享服务,推进我国自主创新DRM技术的产业化推广实施,支撑广播电视全媒体业务创新和服务创新;推动构建健康有序的融合媒体内容保护生态体系。积极开展国际交流与合作,紧密配合一带一路战略向沿线国家输送我国的DRM技术标准与产品,协助有关国家构建数字版权保护技术与运营体系,提升我国自主DRM技术的国际认可度,将我国自主知识产权DRM技术推广到国际社会。

此外,《中华人民共和国国民经济和社会发展第十四个五年规划和2035年远景目标纲要》《"十四五"文化产业发展规划》《国家知识产权战略纲要》等一系列大政方针也都对数字文化产业的发展和保护问题作出了要求。

9.2 数字版权保护的技术支撑体系

9.2.1 与数字出版相关的关键技术措施

数字技术的迅速发展催生出版作品形态的不断革新,法律条款的增补和修订已经难以有效适用数字出版产业中不断出现的问题,必须经由技术手段来解决新出现的技术难题,于是各种形式的技术措施开始涌现。数字版权的技术措施在数字图书、数字期刊等数字出版领域处于十分重要的地位。

这些技术措施从版权保护的技术形式上,可以分为硬件加密技术和软件加密技术;从传播方式上可以分为互联网下载阅读保护技术、在线阅读保护技术等；从内容形态上可以分为文本保护技术、图片保护技术、影音保护技术等。从技术体系上看，数字版权管理的关键技术措施包含加密与密钥技术、数字签名、数字水印、身份认证等，这些技术措施共同构成DRM技术体系。DRM相关技术措施如图9.1所示。

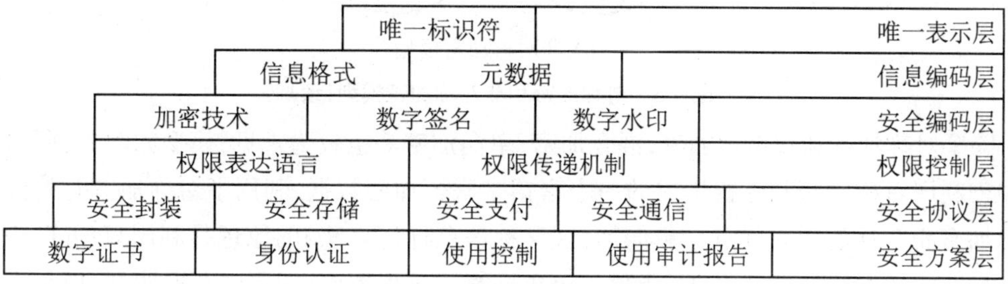

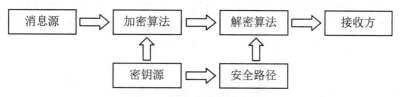

图9.1　DRM相关技术措施

1．加密与密钥技术

加密技术是数字出版中最常用的数字版权技术措施，原理是把数据信息加密传输，传输后再通过解密来还原数据，以实现对数据内容和重要信息的保护。所谓加密，是通过密钥将明文（原始数据）转换为密文（经过编码的数据）来限制网络传输数据访问权的一种技术手段。密钥是在将明文转换为密文以及将密文转换为明文的算法中输入的参数，发挥着秘密的钥匙的作用。加密方案的简易模型如图9.2所示。

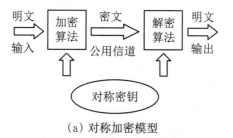

图9.2　加密方案的简易模型

密钥加密技术可以分为对称密钥与非对称密钥，对称密钥的加密密钥与解密密钥是相同的且均须保密，而非对称密钥的加密密钥和解密密钥是不同的，加密密钥可公开，只有解密密钥须保密。因此，对称密钥和非对称密钥分别对应着私人密钥加密和公开密钥加密两种技术模式。对称加密和非对称加密的模型如图9.3所示。

（a）对称加密模型

图9.3　对称加密和非对称加密模型

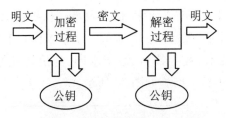

(b) 非对称加密模型

图9.3 对称加密和非对称加密模型(续)

除了对称加密和非对称加密,混合加密、单向加密等也较为常见,模型如图9.4所示。混合加密利用对称加密和随机生成的一个密钥来联合加密数据,利用了对称加密时效快和非对称加密安全性的双重优点。单向加密(又称信息标记算法)的原理是利用Hash算法得到固定长度的较小的二进制值(Hash值),该单向算法不可解密,即无法获取明文,但是可以验证信道的安全性、检测数据的完整性。

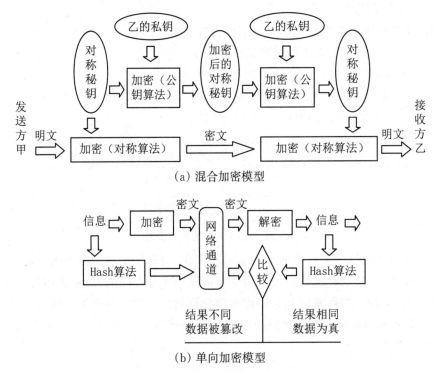

(a) 混合加密模型

(b) 单向加密模型

图9.4 混合加密、单向加密模型

当数字版权作品被加密和出版后,即使用户下载了该作品,如果没有获得著作权人的授权或著作权人分发的密钥,也无法正常读取作品内容。但是加密技术固有的弱点是显而易见的:理论上任何被加密的内容亦都是可被解密的,一旦加密内容被破解就可能造成作品被盗版。因此,从管理的角度来看,加密技术的关键在于妥善保管密钥以确保其保密性和安全性,密钥安全性的核心是对密钥分配的管理;从技术的角度来看,加密技术的关键在于不断增加作品的破解难度以应对技术规避;从经济角度来看,加密技术的关键还在于增加作品破解的成本,当获取正版作品的成本不大于加密破解的成本时,就能从根本上遏制盗版市场的破解行为。对于内容提供商而言,只有密钥管理、技术研发和经济成本三方面齐备才能确保数字版权作品的安全保护。

2. 数字签名技术

类似于在传统纸张上的手写签名,数字签名利用公钥加密技术对数据信息进行电子签章以实现信息的鉴别和保护,在技术与法律上均有保证。作为一种不对称加密算法,数字签名包含用于签名和用于验证的两种互补的运算。签名时使用只有本人知晓的私钥,验证签名时使用经身份验证机构注册的公钥。

数字签名的具体过程是:各方均既有一个公钥又有一个私钥。首先,数据发送者利用公开的单向散列函数对明文进行变换,得到固定长度的(128位)数字签名;然后,发送者利用自己的私钥对数字签名进行加密处理,附在明文后一同发送;接着,数据接收者利用公钥对签名解密,同时单向散列函数会计算接收到的明文而又得到一个数字签名;最后,接收者根据解读结果对比数字签名,检验数据的完整性,确认签名的合法性。数字签名的算法多种多样,如MD5签名、MAD签名、DSS签名、RSA签名、Hash签名等。近年来,防止适应性攻击的门限签名方案、高效可验证的安全数字签名方案、不可否认的数字签名、面向流信息的数字签名方案等多种新型数字签名方案在不断发展。

数字签名的优点主要有以下三点:一是保证信息传输的完整性。加密虽然使他人难以读取数据,但仍然可能对数据造成破坏或篡改。通过数字签名,无需骑缝章或笔迹专家,各方即可轻易验证数字签名文件的完整性。二是实现对发送者的身份认证。数字签名能够在密码完好的情况下让信息接收者确认发送者的身份。三是防止交易中的抵赖发生。抵赖指的是拒绝承认与消息有关的举动或虚假声称消息来自他方。通过出示签名,接收者可以让拥有公钥的各方清楚信息来源,防止抵赖行为。当然,数字签名也面临一些技术问题,如标准统一的问题、公钥证书发布机构的权威性和可信任度的问题、群签名问题等。

3. 数字水印技术

数字水印的核心是信息的隐藏与追踪。数字水印是一种信息隐藏技术,是嵌入在宿主数据中的一种可鉴别、可证明的字符或图片等标记。数字水印还是一种事后追查手段,追踪者可以轻易察觉对数据的利用和修改,是对盗版方进行追惩的重要依据。空域算法、压缩域算法、变换域算法、Patchword算法、NEC算法等均为典型的数字水印算法。数字水印的嵌入过程与提取过程如图9.5所示。

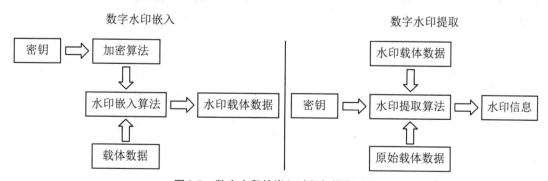

图9.5 数字水印的嵌入过程与提取过程

数字水印被广泛应用在软件、图像、视频、音频、文本等领域的版权标识上。在版权保护方面,著作权人将含有版权方信息的水印嵌入媒体中以达到所有者鉴别和证明的目的。在版权交易方面,数字水印可用于交易的追踪,可以找到非法复制内容的源头。在版权内容认证方面,图片、视频等媒体的真伪性可由水印来证明,可查明被修改的部分。

数字水印的特性主要有以下几点:一是隐藏性。数字水印的存在通常不易被用户察觉且不干扰被保护的数据内容,因此实现了用户对内容的正常读取和使用。二是鲁棒性(稳健性)。经过压缩、滤波、叠加、数字/模拟转换、加噪、替换、重采样、剪切等手段处理后的文件依然能够被检测到水印,给恶意攻击水印的手段提高了难度。三是安全性。数字水印难以被他人篡改或仿造。内容的变化会导致数字水印发生变化,著作权人可以清楚地查看数据被变更的情况。这三个特性也是评价水印性能的主要指标。隐藏性与鲁棒性在一定程度上存在矛盾,这就要求技术研发人员兼顾好二者,在隐藏性与鲁棒性间寻找平衡。近年来,随着第一代数字水印攻击技术到第二代数字水印攻击技术的快速发展,数字水印的安全性问题成为技术人员新的关注热点。另外,作为一种数字追查手段,与数字签名等技术手段相比,数字水印技术天然具有主动性差的缺点。

4. 数字指纹技术

数字指纹技术指的是通过在内容中嵌入指纹并进行记录,或识别并记录对象内在固有的指纹以实现保护图像、音频、视频等数字版权内容的技术。数字指纹是一种可由计算机处理的数字化特征序列,是一种用来区分数字产品复制的工具。广义的数字指纹包括数字签名等技术,但数字签名多用于认证,而狭义的数字指纹技术多用于版权作品的复制与追踪。根据数字内容的类型可以将数字指纹分为文本指纹、音纹、图纹和视纹。

数字指纹技术的原理是基于数字内容作品中普遍存在的冗余数据及其随机性,通过在所有被分发的视频、图片、文本等数据复制中引入一定的误差,即指纹,使得该复制是唯一的,从而在该复制被非法分发时能够根据其唯一的指纹特征跟踪和追查存在盗版行为的用户。利用强鲁棒性的数字指纹,内容发布者可以嵌入自己的指纹并使后续用户能够查明版权来源。利用强鲁棒性和可逆性的数字指纹,在版权交易过程中会嵌入销售者和用户的指纹,因此著作权人可以追查到盗版者的指纹。利用弱鲁棒性或易破损的数字指纹,著作权人可以对内容的真实性和修改程度作出判断。数字指纹模型如图9.6所示。

匿名指纹技术是近年来数字指纹技术的发展重点。借助匿名指纹,在版权内容交易过程中,交易双方不会泄露身份信息,而只有在盗版侵权出现后版权交易双方的身份信息才会被揭露。

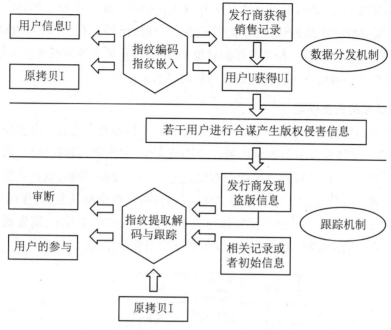

图9.6 数字指纹模型

5. 身份认证技术

身份认证是验证用户的物理身份与数字身份是否对应的过程,如果数字身份与物理身份相对应,那么身份认证通过,否则身份认证不通过。该技术通过确认操作者身份来确定用户是否具有访问或使用权限,进而防止假冒合法用户获得资源的访问权限,以保证系统和数据的安全,以及授权访问者的合法利益。

常见的身份认证方式主要有用户名与密码、动态口令技术、智能卡、USB接口认证、生物识别特征认证等。用户名与密码是最常用和最简易的身份认证方式,用户通过输入用户名和密码双重信息来验证身份。但是这种方式的安全性较差。动态口令技术是让用户手中的密码不断动态变化的技术,动态密码令牌中的芯片不断运行算法以不断更新密码,用户可以在随身的显示屏上看到密码。智能卡认证方式是实现密钥的实体化,通过用户携带的IC卡等这种内置集成电路的不可复制的硬件来防止身份被仿冒。USB接口认证等其他物理认证手段与这种认证方式相似。生物特征识别认证即利用人体独一无二的特质来进行身份认证的技术,如借助指纹、声纹、人脸、虹膜、视网膜等人体特征来进行身份认证,是近年兴起并被广泛应用的新兴手段。

9.2.2 DRM体系的技术模型

尽管DRM技术体系庞杂,但仍然可以简明地概括其基本原理:首先,通过加密和附加的使用规则来实现对数字内容的权限设置,附加的使用规则不仅可以判断内容使用者是否符合数字内容被使用的条件,同时还可以防止内容被复制,以及限制内容的存取次数。其次,操作系统和多媒体中间件等软硬件设施强制施行权限规则。最后,用户必须满足相关条件并得到授权后才能获得数字内容,从而使著作权人从技术上防止了数字作品的著作权被侵害,还可以实现对数字作品的认证、监测及追踪。目前,市场上有很多种DRM产品,各型DRM系统在采用的技术措施、侧重的保护对象、支持的商业模式等方面各有不同,但其核心思想均是通过数字许可的方式来保护数字出版内容的著作权。

1. DRM体系的信息模型

从信息建模的角度来看,DRM体系一般要包括三个核心要素:主体、内容和权限。

DRM体系的主体通常也是数字出版产业链的主体,如数字内容提供商、数字内容运营商、数字内容用户等。内容即数字出版的对象,包括文字、视频、音频、软件等数字化的信息产品。权限指基于著作权的主体与内容之间的各种许可、约束和义务,其作用于内容。这样的模型实现了对DRM系统中多元实体与关系的整合,如图9.7所示,高度概括主体与内容间的任意组合和层次权限,灵活适应不同的数字出版商业模式。

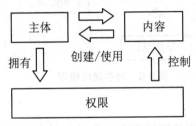

图9.7　DRM体系的信息模型

2. DRM体系的实体模型

从实体建模的角度来看,典型的DRM系统一般包括内容提供模块、内容发布模块、许可发放模块和用户终端模块四个部分,通过内容打包、内容发布、获取许可、发布许可、内容读取等一系列环节实现DRM系统的流程运作。目前市场上的DRM系统一般都是基于这种体系建立的。这种基本系统的结构和功能虽然比较简单,但是却能有效地防止数字版权作品在网上非法使用和传播,同时强化了对用户端使用权限的追踪和控制。DRM系统的实体框架如图9.8所示。

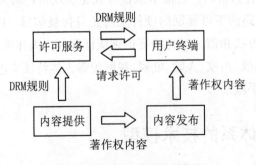

图9.8　DRM系统的实体框架

3. DRM体系的层次模型

从层次建模的角度来看,DRM技术体系一般划分成四个层次。模型底层包括内容分发系统所需的各种协议,是实现DRM的基础设施。第二层是安全交易系统,该层通过访问控制以提高内容交换和传播的安全性,是实现DRM对版权保护的重要保障。第三层是实现内容数据保护所必需的预处理,用来唯一标识需要保护的媒体内容、内容属性以及用户对媒体所拥有的访问权限,是对受保护内容的有效、清晰的界定和说明。顶层是以著作权复制和传播为中心的外部延伸,从价值实现的角度涵盖了数字出版产业链各个主体的功能和管理,支撑着各种商业交易模型。该模型反映了DRM系统中各种技术及其相互关系,如图9.9所示。

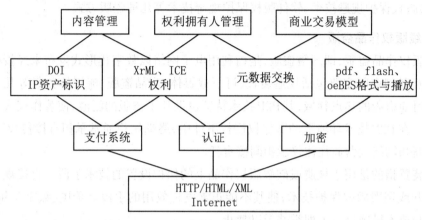

图9.9 DRM系统中各种技术及其相互关系

4. DRM体系的功能模型

DRM系统作为一种旨在保护数字出版作品所有权的技术措施应具备以下特性:一是能够证明版权所有,准确而证据充分地证明著作权人对作品的所有权;二是能够鉴定数字内容,经过伪造和处理后的侵权内容也能够被识别出来;三是能够探测到非法复制和传播,及时对盗版者的侵权行为进行认定。

从功能建模的角度来看,典型的DRM系统应当包括著作权作品的知识产权资产创建模块、知识产权资产管理模块、知识产权资产使用模块三个部分。以功能为导向,三个模块还可以进一步划分为若干个子模块。各个模块格式一致、操作交互,共同形成了DRM系统的功能体系。DRM的功能框架如图9.10所示。

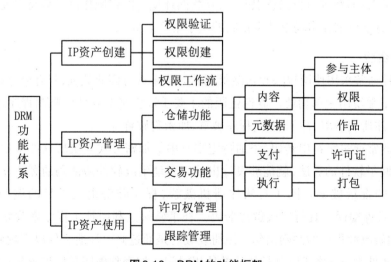

图9.10 DRM的功能框架

9.2.3 规避技术措施的主要盗版途径

针对DRM的技术措施在理论上几乎完全能被破解。盗版者针对数字版权保护的相关技术而研发出了多种规避手段,从数字出版领域的角度来看主要有互联网版权保护规避技术、电子书版权保护规避技术、软件版权保护规避技术等几种盗版方式。

1. 在线版权作品盗版

在线版权作品盗版,即网络盗版,是指利用电子网络以数字化形式发布未经授权的著作权内容。互联网盗版主要包括规避装置、可下载媒体、产品盗版、流媒体盗版等几类。流媒体盗版是目前盗版的热点领域,其P2P技术特征也助长了盗版的泛滥,使著作权人难以追究侵权责任。在P2P技术环境下的著作权侵权事件中,终端用户通常承担直接侵权责任,P2P服务提供商和网络运营商往往仅承担间接责任。

规避装置指的是用于规避或破解版权作品上的保护设置的技术手段。直接规避技术措施专指绕开或销毁版权保护技术,使其不能正常发挥效用的手段。美国《数字千年版权法》中也对规避技术措施进行了列举并予以禁止。

2. 电子书盗版

电子书盗版的情形有很多种。一是盗版者自破自购电子书,Kindle等电子书厂商利用DRM技术限制了电子书的复制和分享,部分用户通过破解使其变成谁都可以打开的mobi文件等其他被解密格式进行二次传播;二是破解加密程序后通过电商平台、互联网云盘、盗版电子书网站、邮箱、网络论坛等方式为其他用户提供无偿或有偿下载;三是将有著作权的广播、图片、音像、图书等内容作品制作成电子书在互联网上传播。

网络上盗版电子书猖獗的原因有很多,如破解技术的不断升级,很多盗版电子书分享论坛能够在正版电子书发布后几分钟就会出现破解版本;在互联网的共享环境下,个人用户均可以成为盗版者,监督管理困难;正版作品的质量太差,有的正版电子书的产品质量甚至还不如盗版电子书;消费者的版权意识薄弱,互联网环境下的盗版作品十分易得而不愿意消费正版产品;部分纸质书在市场上缺少正版的电子书产品等。

3. 软件盗版

付费软件通常采用使用权限和功能限制的方式来进行商业盈利,只有通过注册、付费或激活才能够正常使用全部功能。软件盗版的主要手段就是对软件的限制程序进行破解,如注册机破解、注册表破解、补丁破解、程序破解、加密狗破解等。

软件厂商常通过字符串转码、添加特定字符串等加密方式来实现软件版权的保护。盗版者一旦掌握了软件的算法,就能够设计出可以自动生成软件激活码的算法注册机程序以实现对软件的批量破解。除了算法注册机破解,程序破解也是常见的盗版手段,通过Reflector、Xjad等编译工具可以破解注册码。补丁破解是利用补丁程序修改软件以实现破解的目的,如修改源程序的判断语句。注册表破解是通过修改注册文件以实现破解的目的,如修改注册文件为.reg格式以延长软件的使用时间。加密狗破解是以加密狗这类硬件加密锁为靶向的破解手段,如通过硬件复制、调试跟踪解密、拦截加密狗与软件间的通信等来实现破解的目的。

9.3 数字版权技术措施的发展

在个人计算机普及之前就已经出现了通过设置文件访问权限来限制其他用户访问内容的著作权保护机制。之后,软盘等移动存储介质被广泛利用起来,移动存储介质复制的便捷性使盗版的门槛急剧降低。针对这样的问题,出版厂商通常采用序列号激活、密码加密等方式来进行著作权保护。在个人计算机兴起后,用户可以方便地将媒体内容(可能未经著作权人授权)转换成一种通用的、模拟的或数字的形式,用于复制、移动或再次查看。伴随着计算机技术的快速发展,文件共享工具和P2P技术迅速流行,在开放、共享理念下,互联网体系迅猛扩张,数字媒体副本的未授权分发(也称数字盗版)更加容易,给以网络为内容传播介质的数字著作权保护带来挑战,亟须采用新技术、新手段解决相关问题。

9.3.1 数字版权保护技术的发展历程与研发现状

数字版权保护技术亦称数字版权管理技术,就是解决数字作品使用、修改、分发等问题的技术保护手段。DRM是对数字出版中的知识产权进行保护的一系列软硬件技术,用以实现数字内容在整个出版周期内的合法使用,平衡数字出版产业链中各个角色的利益和需求,实现数字内容文化和数字版权市场的良性发展。DRM的发展大致可以分为两个时代:早期的DRM系统通过内容加密和安全认证等手段来保护数字出版的著作权,限制出版物的非法复制和传播,目的是将数字内容的发布锁定和限制在合法用户的范围内。随着数字版权技术措施的进步和应用范围的不断扩大,第二代DRM系统全面介入了数字出版产业链,囊括了标识、描述、认证、交易、保护、监控和跟踪记录数字内容等数字出版中的各个环节,包括了数字出版产业链中各主体之间的关系管理。国外大多数DRM解决方案已经进入了这一阶段。目前,广义的DRM不仅指数字版权管理,而是指版权管理的数字化及以此建立的新型商业模式。DRM已经从早期单纯的加密、授权技术演进为一个涉及技术、法律和商业各个层面的系统工程,为数字出版的商业运作提供了一整套解决方案,贯穿了数字出版的整个周期。因此,有效利用好第二代DRM技术是解决数字出版产业链中版权问题和主体矛盾的重要对策。

DRM技术的正式出现始于唱片及电影发行业。1988年7月,美国的唱片业等相关代表向美国政府建议使用串行拷贝管理系统(SCMS)以限制数字复制的次数,1992年美国通过了《家庭录音法》,强制要求硬件制造商安装此系统并禁止规避该技术的行为。1996年,美国DVD论坛在DVD影片发行中使用被称作内容加扰系统的加密算法和解码程序来控制DVD影片的传播和阅览。随后,美国安全数字音乐促进协会则借助数字水印技术实现了对音乐著作权的保护。网络公关(Electronic Public Relation,EPR)公司在20世纪90年代推出了end-to-end系统,这是第一个基于硬件的DRM系统;国际商用机器公司(International Business Machines Corporation,IBM)随后推出了infoMarket系统,这是第一个纯软件的DRM系统,数字版权保护技术由此开始蓬勃发展。DRM技术自此迅速受到学术界和工业界等的广泛关注,被看作数字版权交易和数字内容传播的关键技术,特别是在数字出版领域已经成为了一类不可缺少和不可替代的技术。EPR逐渐发展成为业界最著名的DRM研究机构和产品服务提供商互信技术公司(Technologies Corporation,ITRU),infoMarket也已经发展成为流媒体版权保护系统EMMS。

早在DRM这一术语出现前,就已经出现了通过技术手段来对计算机应用中的软件或数据库进行技术保护的探索。因此,最早的DRM服务技术甚至先于DRM软硬件系统问世。早在1993年,美国版权局就开始研发CORDS系统以实现在线版权管理和服务。1994年,美国出版商协议成立了非营利性组织——国际数字对象唯一标识符(DOI)基金会并专门研发了一种能够同时保护数字著作权和著作权人商业利益的系统数字对象唯一标识符。随后,DOI被业界广泛使用,获得了多数数字出版商的认可。国外对DRM的研究在2007年前后达到了高潮,新系统和新标准不断涌现,但是近年来相关研究逐渐放缓,由于未能在技术、法律和商业模式之间找到一个合适的契合点导致产业链利益冲突加剧。但是当前,欧美发达国家在DRM技术的研发和应用上处于领先地位,出现了OMA DRM、Filmkey等一批较为成熟的产品应用方案和数码产品公司(Digimarc Corporation)、内容保护公司(Content Guard Company)等一批专业从事DRM的科研服务机构。

我国的DRM技术正处于推广应用阶段,相关技术研发正处于资源积累和快速发展阶段。国家广播电视总局(现国家新闻出版署)在2014年批准了行业推荐标准GY/T277—2014《互联网电视数字版权管理技术规范》,DRM版权保护技术及系统产品在多家网络视频业务中得到应用。在数字权利登记注册方面,我国于2009年3月开始运行的中国版权保护中心著作权登记管理信息系统具有线上申请、登记受理、审查审批、发证公告等功能,实现了著作权登记申请与相关业务办理的信息化。此外,北京万方与中国科学技术信息研究所于2007年3月共同合作了中文DOI数字对象标识符注册与服务系统,成为全球唯一的中文DOI注册机构(RA)。自此,我国DOI注册量呈井喷式增长,目前我国中文DOI注册数量超过2700万(截至2018年1月),位居全球第一。在多粒度授权技术方面,我国的数字出版借助技术措施已经实现了预览、试用、一次免费等多种服务方式以及分章节销售、按权利销售、按需印刷、定制化出版、多内容个性化组合、内容共享等多种数字内容服务模式。在多种分发技术方面,现有的DRM技术有力地支持了数字内容的B2C交易与分发、二次分发和超级分发,出现了Apabi DRM等应用广泛的系统。在富媒体内容版权保护方面,我国在富媒体内容加密封装技术、富媒体权利描述和标识符潜入与检测技术中数字报刊、广告等平面媒体形式中均得到了广泛应用。在硬件绑定技术方面,共享性差、便捷性低等问题已经受到了技术服务商和内容提供商的重视,在更换绑定设备后仍可实现对内容合法使用的相关技术已经被成功研发,有效地针对于国内市场需求。此外,2017年,数码视讯、爱迪德、数字太和、永新视博的DRM解决方案通过了ChinaDRM认证。2018年5月,爱奇艺自研的DRM系统通过ChinaDRM认证,成为国内首家通过认证的互联网视频平台。

9.3.2 数字版权保护技术的发展趋势探究

1. 技术进步对版权保护的潜在影响

语义网、自然语言处理、人机交互、人工智能和知识挖掘等技术虽然并不是针对数字出版产业出现和应用的,但是这类技术的发展给数字出版带来了变革。集成式的整体著作出版时代随着信息搜集、处理和提取能力的增强逐渐式微,出版将从大部头封装型时代转向按需提供、体系出版、碎片出版时代,现有版权机制将被打破。人类的知识将碎片化生产、存储和获取,形成内容相互关联的海量知识体系。

服务于海量知识体系的云存储和大数据技术也在蓬勃发展,但给数字出版也带来了风险,数字版权保护及用户隐私都将面临新的冲击。例如,用户将数字内容通过云盘上传,再将终端账号密钥免费分享给他人,势必损害著作权人的著作权。提供云服务存储的企业也可能因存储、统计、加工、内部利用等操作出现版权问题。国内外部分版权保护企业开始利用云计算进行版权保护信息的聚合与盗版检测,实现面向海量数据的分布式盗版情况分析与全流程、大范围、多渠道的盗版监管体系并针对不同的数字内容作品形式研发专用的数字版权保护技术。

从传播手段上,P2P技术对内容产业及其版权保护机制也产生了影响。P2P环境下的网络盗版十分容易,甚至有些P2P网络本身就是侵权工具和盗版网站。目前,P2P环境下的数字版权保护技术还处于深入研发阶段,基于P2P的DRM模型还不完善。此外,5G通信、量子通信等其他通信技术及CPU等终端硬件设备的发展进一步促进了数字出版的移动化和富媒体化。

2. 数字版权保护技术的研发动向与市场创新

在当前DRM深入推广和应用阶段,数字版权保护技术的互操作与标准化对数字出版产业的发展具有重要意义。对于出版商来说,互操作可以迅速扩大用户规模,促进市场增长,减少出版成本,将数字出版产业做大做强。对于技术商来说,互操作可以减少研发成本,推广技术应用,提升在数字出版产业链中的价值和地位。对于用户来说,互操作可以便利内容使用,增强安全性,获得规范服务。不同地区、业务、终端和运营商间的互操作需以标准化为前提,只有这样才能实现数字内容生产与消费的良性循环并最终实现数字出版产业链的利益平衡。虽然目前出现了多个标准制定组织和DRM标准,但是各个标准之间涵盖的领域不同,或在同一领域出现多个标准,多标准竞争反而给DRM标准化带来了问题。只有实现多标准间的兼容和互通,才能最终实现数字版权保护技术的标准化,进而促进数字版权保护技术的建设和数字出版产业的繁荣。

数字版权保护技术的市场创新主要在于与数字媒体资产管理系统、用户关系管理、搜索引擎技术等其他技术措施的融合与升级。媒体资产管理是对各类型媒体资料数据进行全面管理的完整解决方案,实现内容资产价值的优化。数字版权保护技术与数字媒体资产管理相结合是市场的一个重要发展趋势。海量的数字内容给数字出版提出了新的要求,嵌入式柔性搜索引擎实现了用户准确查找所需内容资源的要求，也利于出版商扩充市场份额，因此数字版权保护技术与搜索引擎开始结合，从用户搜索层面开始预防版权盗版。客户关系管理是这样的一个过程：企业为了提升核心竞争力从而引进与之相匹配的电子信息技术和互联网技术，用以协调企业与客户在供应链、市场营销和客户服务上的交互，从而改善其管理方式并提升其管理业绩，最终为客户提供创新式、个性化的交互与服务。DRM与CRM相结合可以有效获取用户所需的内容信息，通过对用户数据的整合和处理，获知用户的个性特征和感兴趣的内容，进而实现推送、销售、广告于一体的个性化、即时化商业出版模式。

3. 开源开放催生著作权授权新模式

互联网与数字出版深入融合使数字出版的发展模式呈现互联网特征，数字出版的内容与介质可以完全分离，内容可以独立于介质进行生产和传播。作为一个开放共享的去中心化的网络体系，互联网上的内容作品呈现用户原创内容占据主导的特点。在新的数字出版时代，出版人可以是互联网中的任一草根用户，如网络文学、微博、问答、段子、微视频、原创音乐等。同时，版权保护也越发模糊，由于任何用户均能进行创作、复制、改编和发布，难以界定和监测各网络用户的侵权行为，在互联网转发传播机制下，内容信息被迅速传播，执法者不仅难以对盗版侵权行径进行处罚，也难以对盗版侵权内容的传播进行控制。

虽然互联网的开放共享性给版权保护带来了挑战，但是基于互联网特征的版权内容共享也并非所有著作权人拒绝的。Copyleft就是在这样的时代诉求下诞生的新兴产物，Copyleft一词戏谑性地源于Copyright，Copyleft支持者主张在不违反版权法的前提下通过授权声明的方式主张放弃作品的财产权，因此其并非与Copyright相对应，而是基于Copyright实现的。与传统公共领域作品几乎无版权要求不同，用户必须要按照以开源思想为中心的Copyleft式的版权授权条款进行许可操作，否则行径仍属侵权行为。与Copyleft类似的另一种开源协议是知识共享，该授权模式的版权规定较为宽松，协议试图增加创意作品的共享性并使其成为他人创作的基础，知识共享也不违反版权法而是对版权法的另一种解读。

除了以Copyleft为代表的开源思想理念和以知识共享为代表的开源授权模式，开放存取、开放存取图书馆、开放教育资源等则是基于开源思想在各个出版领域的具体应用。以Open为特征的开放存取领域越来越多，在我国也出现了中国大学MOOK、果壳MOOC学院、网易公开课、开放存取期刊库、可汗学院（中国版）等多种平台。

9.4 数字版权技术措施面临的问题

数字版权保护技术的出现旨在保护数字版权并解决数字出版中的著作权相关问题，但是在解决问题的同时又在应用于数字出版的过程中引发了新的著作权问题，甚至出现了阻碍数字版权产业发展的瓶颈性难题。数字版权技术措施要走出目前的困境就要在提供服务、充分考虑用户权益和体验的前提下实现著作权保护与各方利益平衡的协调发展。因此,解决好相关问题一方面可以促进 DRM 技术的深入研发、使用和推广,另一方面有利于数字出版中的版权保护,最终服务于数字出版产业,推动数字出版产业链的利益平衡与数字出版产业的良性可持续发展。

9.4.1 DRM 技术在著作权领域引发的主要问题

1. 多粒度授权技术引发的数字版权问题

现有的 DRM 技术中整体封装型授权模式已经得到了良好的应用。但从数字出版的发展趋势来看,数字出版的总体发展态势是与整体封装背道而驰的。个性化、交互性、共享性是互联网时代的要求,是新一代数字出版产业的要求。因此,更加灵活的商业模式亟须 DRM 技术的支撑,根据用户的实际需要以实现按需内容分发,如分章节授权、分权限销售、分用户控制等。目前,DRM 初步从技术上实现了多粒度授权,更为细致地实现了内容的权限管理和使用控制。

但是与之对应的著作权问题却出现了。DRM 技术带来的拆分出版、拆分销售等新型出版方式和销售方式破坏了电子图书、音像制品等单一著作权出版物的整体性,引发了诸多法律纠纷和商业漏洞。如何在兼顾著作权人合法权益和用户合法权益的情况下,实现数字内容的部分保护、部分授权和部分付费成为数字出版发展面临的关键问题。

2. 多种分发技术引发的数字版权问题

DRM 的技术进步推动着数字出版产业的交易与分发模式的不断演化,DRM 深入应用于 B2B 交易模式和 B2B 二次分发模式、B2C 交易分发模式和 B2C 分发模式、C2C 分发模式和 C2C 二次分发模式、超级分发模式等。现有的 DRM 技术特别适用于 B2C 分发,在相关方面得到了较为完善的研究和开发进展,如 Apabi DRM、OMA DRM、Adobe Content Server 等。但在其他交易与分发模式中,DRM 技术均引发了一些较为突出的版权问题。

在 B2B 交易与分发模式中,高等院校、科研机构和图书馆等用户从知网等内容提供商处批发购买的电子图书并不是真正的图书交付使用,只能说是基于平台系统的权限开放。因此,用户并未获得 B2B 交易下应得的全部使用权利,难以满足不同用户的不同需求,后续的 B2C 模式仍然是传统的 B2C 分发而非二次分发。所以对于批量分发授权流程、动态权利信息存储和保护等方法亟须深入研究。

在 C2C 二次分发模式下,不仅无法实现权利的真正转移,而且无法保证原购买者在内容所有权转移后不再使用相应的数字内容。纯软件的 DRM 系统不可能禁止硬件对内容进行复制,但是可以通过追踪机制发现并制止用户转让内容使用权后的非法恢复和非法使用行为。现有的二次分发模式缺少有效的跟踪检查机制,给著作权人的合法权益带来了威胁。

在超级分发模式中,DRM 系统均以整个数字内容作为一个单位来进行超级分发。在 P2P 网络环境下进行内容传输时,一旦传输节点故障等导致中止传输,用户便不能获得完整的内容。现有的 DRM 方案无法为作品提供有效的版权保护,也无法为用户维护应得的权益,因此部分数字内容的超级分发模式尚待深入研发。但基于研发成本和使用效率等实际情况,技术厂商对该技术的兴趣较低。

3. 富媒体内容版权保护技术引发的数字版权问题

移动化和富媒体化是数字出版的发展态势，富媒体内容广泛分布于门户网站、微信、电子邮箱、网页游戏等平台，特别是在互联网广告领域已经得到了广泛和深入应用。然而富媒体内容固有的多媒体性和交互性使其很容易被用户和竞争对手非法复制、模仿和扩散。如何借助DRM技术保障富媒体内容资源的版权不受侵犯尚处于萌芽阶段，需要对富媒体内容版权保护技术进行更为深入的探索。

4. 硬件绑定技术引发的版权问题

在智能手机、平板电脑、Kindle等移动终端的普及的环境下，基于品牌硬件的DRM技术被出版商广泛应用。该技术使特定的数字内容只能在特定设备上被使用，这引发了一系列的版权问题。

在该领域，最常见的问题是数字内容与硬件的兼容性差，导致用户的权益受到侵害。由于授权许可证中的部分信息与用户在注册时所用的硬件、软件特征有关，因此版权许可证无法转移，在软件系统升级、硬件设备更换或硬件设备损坏后，经合法渠道获取的数字内容可能无法再被用户获取和使用。如何在保障用户消费权益的同时，实现著作权人在数字出版中的版权管理和保护成为难点问题。一方面需要提高硬件绑定技术的水平以满足软硬件适应性问题；另一方面要提高数字出版商和内容销售商对用户的服务水平。此外，如果消费者试图在不同终端上阅览同一文件往往要另付费用。如何避免多设备重复下载同一版权内容，实现多终端间的局部共享和多机授权也成为该领域的复杂难题。

5. 数字版权保护技术的安全性引发的数字版权问题

现有的数字版权技术措施的标准和系统均为一个内部相互联系的整体，其结构设计和运行模式复杂，建设成本和运营成本较高。在目前DRM系统各自为政、各行其是的环境下难以降低成本、方便群众、服务产业。特别是随着数字出版内容的急剧扩充，用户端数量迅速增加，安全需求和版权保护需要给DRM应用提出了越来越高的要求，必须使其从体系模型到算法设计等方方面面实现升级，以有效保障变化环境下的数字出版产业链上的各方利益。

在DRM应用的过程中，数字出版业存在多方面的安全需求。一是要求数字内容完全保密和完整不受破坏，当被非法使用和传播时能够被及时鉴别和追踪；二是数字版权许可证的真实性可鉴别，实现对数字内容的绑定，杜绝一切篡改和仿造许可证的行径；三是确保所有的用户终端等合法硬件设施可信任并能抵御和反馈盗版者的破解、侵入和攻击；四是DRM系统能够确保服务器中的内容数据安全保密，这些内容数据包括数字内容、用户隐私、密钥信息、传输路径等。在以上四种情况中，用户终端最容易发生针对数字版权盗版的破解和攻击，当前应增强对用户终端的保护力度。

另外，目前各DRM体系已具备信息数据在遭受攻击后的应对措施和善后措施。DRM系统在进行版权管理和保护的同时搜集和存储了大量的用户隐私数据，如姓名、密码、搜索和阅览内容、银行账户、地理位置信息等。服务器或用户终端遭受攻击很容易出现信息泄露等意外情况，必须对用户相关安全问题予以重视，以保障用户的合法权益。因此，应当在不过度影响数字版权保护技术应用功能的同时，尽可能地实现对用户信息的及时删除、加密和隐藏。

6. 数字版权保护技术的兼容性引发的数字版权问题

在DRM发展初期，数字出版商和DRM厂商更加注重对数字版权的保护效果，并不重视不同DRM系统之间的兼容性。但是目前数字版权保护技术正从发展初期进入到发展中期，数字出版产业也仍处于快速发展的上升期，需要及时解决DRM推广应用中兼容性差这一难题。

一是互操作问题。互操作指在不同的DRM系统之间实现畅通的兼容操作。目前，DRM系统和产品仍然出现互不兼容和缺乏互操作性的问题，这导致用户购买的著作权作品并不能在某些设备和某些场合访问和使用，损害了消费者的版权利益。同时也导致部分数字内容作品为了实现海量迅速传播而不采用部分必要的DRM技术，给了盗版者可乘之机。互操作性差的原因是缺乏执行有力的统一标准，更深层次的原因来自市场经济环境下数字出版商和数字出版平台之间的瓜分与博弈。因此，必须在调控出版市场的前提下处理好这一问题。

二是DRM标准化问题。DRM标准化指数字出版产业链中的数字内容提供商、数字出版商、硬件设备提供商、平台运营商等各主体都要遵循同一个标准。在实际应用中，数字出版相关协会、内容发行商、服务提供商和设备制造商等提供的DRM方案沿袭着不同的技术路线和标准，具有鲜明的私有性和局限性，甚至同一出版领域内的DRM标准也不一致。如何实现DRM体系中的关键模块规范化和标准化的问题亟待解决。

三是权限描述问题。在DRM系统中通过ODRL、XrML等数字版权描述语言来表述数字内容的使用权限和条件。目前，数字版权描述语言存在兼容性弱的问题。DRM的权限描述必须使机器可读，因而较为死板，权限协商和交互机制弱，如难以表达和描述许多有用的与著作权法相关的权限要求。

7. 数字版权保护技术的用户版权权益问题

当前的DRM技术体系单向地从数字出版商和内容提供商的角度出发，过度地关注产业链中上游的版权保护和主体权益，对用户权益的关注严重不足。数字版权保护技术运作中的利益失衡问题使DRM饱受责备。用户作为数字出版的服务对象和最终受众，其态度和选择能够直接影响DRM技术的走向和数字出版产业的发展。

首先，DRM技术的推广实施对用户的合理使用权构成了挑战。合理使用原则是数字版权相关法律原则的核心组成部分之一，世界上大多数国家的版权法都对合理使用原则进行了规定。我国《著作权法》第二十四条规定了可以不经著作权人许可，不向其支付报酬，在指明作者姓名或者名称、作品名称且不影响该作品的正常使用、不侵犯著作权人合法权益的基础上进行合理使用的13种情况，如国家机关为执行公务在合理范围内使用已经发表的作品等。

其次，DRM环境下的数字出版物与权利穷竭原则相悖。权利穷竭这一原则旨在消除著作权的专有属性对产品流通造成的负面影响。经过DRM处理后的数字作品难以被二次处理、销售、分发和流通，在用户进一步利用时存在诸多不便，极易产生内容垄断。例如，经过用户付费观看的影片不能被用户进一步加工，也不能被用户转售他人。DRM清算中心系统一旦出现事故,将影响社会整体利益。

最后,著作权保护具有一定的期限,数字版权的保护期限也不应受到DRM的挟制。我国的《著作权法》第二十一条规定了作者著作权的保护期。但是目前的DRM技术并没有为过期版权设置解密装置和公开机制,无法使过期版权作品进入公有领域,相关法律法规的出台和落实迫在眉睫。

9.4.2 应对DRM环境下相关问题的若干建议

深入研发数字版权保护技术,鼓励学术研究和商业应用,推动相关科技成果在出版业转移转化。特别是应更加注重基础技术研究的广泛性和系统性,重点就数据加密技术、身份认证技术、系统安全、合理使用、权利穷竭、DRM兼容性、软硬件升级使用、版权期限解禁、用户隐私保护等关键难点问题进行专题研究。同时要鼓励企业在生产实践中及时反馈发现的问题,实现数字出版产业链上、中、下游,政、产、学、研多主体的DRM软硬件联合开发。

政府要进一步规范DRM体系,主导出台一系列具有自主知识产权的DRM技术标准,实现DRM体系标准化并对标准化改革权益受损的企业和用户进行救济;行业协会出台数字出版各子领域的行业技术规范,针对版权突发、多发和热点问题进行应用指导;同时要完善《著作权法》等版权法律法规,增加DRM相关立法和法律解释,在司法实践中进行落实。

增强政府在DRM领域的公共服务职能,以专门的财政资金加强与DRM相关的基础设施建设,如互联网基础设施、信息安全基础设施、公钥基础设施(KPI)等。公共服务是DRM体系良好实现的前提,基础设施是DRM体系完善的技术保障。

9.5 技术措施的法律制度

9.5.1 技术措施反规避立法的渊源

数字出版中各种技术措施均存在其弱点或漏洞,几乎所有的技术措施均是可以被破解或绕过的。盗版者极尽所能,为了实现盗版意图进行DRM规避等技术行为,一旦得手就可能给数字版权保护技术及其所保护的内容作品带来极大威胁。因此,单凭数字版权保护技术的研发难以完全实现保护数字版权的目的,必须要明确DRM的法律地位并从法律上禁止相关规避行为,必须要树立以法律保障DRM就是在保护数字版权的重要观念。

在DRM技术出现后不久,欧美等发达国家和地区就开始了相关的技术反规避立法。1991年,欧共体在其通过的《计算机软件法律保护指令》中,要求成员国对"为商业目的持有、散发唯一作用在于协助他人未经许可地移除或避开用于保护计算机软件的技术设施"的行为提供法律救济。次年,美国也通过了《家庭录音法》,该法案强制要求硬件制造商安装串行拷贝管理系统(SCMS)，并禁止通过避开、跳过、移除或其他方式规避该系统的设备或者提供具有相同效果的服务。继而在1996年，欧盟《信息社会的版权与有关权指令》绿皮书续本提出了与版权相关的技术措施和权利信息管理的版权法保护问题。

版权技术保护问题迅速发展为具有国际影响力的、需要多国联合应对的、符合大多数国家意愿的重大问题。1995年左右，世界知识产权组织(WIPO)开始相关的政策研究与制定，经过多回合研讨最终在伯尔尼通过了《世界知识产权组织版权条约》和《世界知识产权组织表演和录音制品条约》两项互联网条约。这两个条约均探讨了相关技术措施及其规避问题，给出了具有指导意义的国际准则：一是认定数字出版中的技术措施是必要的；二是著作权人可以自由选择是否应用某种技术措施；三是著作权人所应用的技术措施应当禁止规避。基于此，数字出版中技术措施的相关立法与修正开始蓬勃兴起。

9.5.2 各国技术措施反规避立法的比较

虽然我国在1980年就加入了世界知识产权组织(WIPO)，但我国在1996年世界知识产权组织通过《世界知识产权组织版权条约》(WCT)和《世界知识产权组织表演和录音制品条约》(WPPT)两项互联网条约时并不是缔约国，之所以出现这样的情况，原因是与当时的国际环境相比，我国的版权保护理念不够，版权制度十分不健全，即便是传统版权制度也才于1991年《著作权法》实施后逐步建立起来。从2006年起，我国开始实施涵盖技术措施相关条款的《信息网络传播权保护条例》。2007年，我国成为WCT与WPPT的缔约国。2010年，第二次修正的《著作权法》对版权保护作了更为细致的修订，其中包含技术措施的相关规定。2020年，第三次修正的《著作权法》对技术措施与反规避作出了更加具体的规定，但是这些条款与美国的《数字千年版权法》和欧盟的《关于信息社会协调版权及相关权利某些方面的2001/29/EC号指令》等国外法案相比仍然十分概括笼统，缺少对禁止规避行为详细而具体的描述，在现实使用中难以把控和实践。总的来说，虽然我国数字版权保护技术及其法制建设发展较快，但是与版权先进国家相比仍然处于发展落后的局面。

美国、日本、澳大利亚等版权先进国家的技术措施立法较为完善，总的来看具有四个共同特点：一是各国对技术措施的反规避立法均源于WIPO的WCT和WPPT两个公约，与两公约的要求一致；二是各国立法均意识到对版权利益危害最大的并非规避技术实施行为本身，而是提供用于规避技术措施的软硬件工具的协助规避行为；三是各国均在保护数字版权、保护技术的同时，设定了禁止规避的例外，体现了版权保护利益平衡的理念；四是对于数字化的权利信息管理，各国都提出了相应的特别保护要求，以便对著作权人的精神权利予以保护。

WCT、WPPT等互联网条约为缔约国提供了标准底线，各国可以根据各自的国情制定所需的法律条款，因此各国的技术措施相关法律也存在差异。这种差异主要表现在两个方面：一是各国对技术措施这一概念的具体定义是不同的，如美国的法律将技术措施的类型划分为控制接触的技术措施和保护著作权人排他性权利的技术措施两类，并对这两类技术措施提出了不同的禁止规避的要求。而欧盟则未对技术措施进行明确的划分，仅在语义上使用访问控制、保护程序等词包含了类似的意思。二是由概念描述差异进一步衍生出的,各国对技术措施的保护程度和执行力度不同。如欧盟的相关立法较美国更为严苛,但是在司法实践中却更为宽松,没有像美国一样对接触控制型技术措施进行普遍全面地禁止。各国技术措施的差异对比见表9.1。

表9.1 各国技术措施的差异对比

国家/地区	技术措施类型	直接禁止规避行为	协助规避行为	禁止规避的例外	特征
中国	未分类	禁止	禁止	严苛	高度保护主义
美国	接触控制的规避	禁止	禁止	适中	实用主义
	保护著作权人排他性权利的规避	未规定	禁止		
日本	未分类	禁止	禁止	宽泛	低度保护主义
欧盟	未分类	禁止	禁止	严苛	高度保护主义
澳大利亚	未分类	不禁止	禁止	适中	实用主义

我国的法律对技术措施没有进行类别划分,但是从相关法律的语义上可以发现其禁止范围覆盖了控制接触与权利保护两种类型,并禁止了直接规避和辅助规避两类行为,整体与欧盟的严苛模式类似。从禁止规避的例外来看,我国的禁止规避的例外仅有四项,较美、欧、日等境外法律更窄。因此,从数字出版产业链的利益平衡来看,我国的技术措施相关法律是将著作权人的利益放在更重要的位置的,较轻视其他主体的利益和公共利益。

9.5.3 对我国技术措施相关法律制度的建议

数字时代给版权立法提出了要求,同时结合我国自身实际和国外发达国家的相关立法情况,我们认为数字版权保护技术相关立法应当遵循三个基本原则:一是要保护作品的著作权;二是力求平衡多方权益;三是有利于技术创新和产业发展。但是基于此原则的立法仍然不能完全保证法律制度的良好运转,由于我国数字版权保护技术正处于市场扩张期,相关技术的反规避立法存在于法理层面,但在司法实践和政府监管中应用较少,因此必须进一步借鉴发达国家的立法经验和司法实践,使之更具有可操作性。执法部门应当有法必依,加强执法力度和监管水平,特别是在相关案件的审理过程中要从多方主体的利益出发,从数字出版的长远可持续发展出发。

同时,要进一步地明晰数字出版相关技术措施的有效性原则。目前,我国的《信息网络传播权保护条例》将所有涉及DRM的技术均含混地归为受法律保护的技术措施,没有进一步细化各种技术措施的使用规则,导致法律法规的可操作性和科学性弱。再者,我国数字出版的法律法规中缺乏对技术措施有效性、技术措施规避实现等重要概念的解释,缺少对技术措施给他人或社会公众权益造成损害或影响等重要问题的规定。另外,从我国立法名称上看,技术措施的反规避立法仅限于信息网络传播权保护,实际上保护DRM等相关技术就是在保护版权,即保护著作权人的人身权、财产权、信息网络传播权等诸多权利。

此外,要加大对侵权盗版行为,特别是对技术措施恶意规避行为的打击力度,为数字版权保护技术的应用与发展创造良好环境。版权集体管理组织要充分重视并运用好技术措施,将自身职能与相关技术结合起来,充分发挥两者优势,既稳固传统著作权领域的利益平衡,又满足数字出版的发展、数字版权的权益保护和公众对数字作品的精神需求。以行业组织为渠道,落实技术措施反规避的法律法规,推广新型技术措施,促进数字版权保护技术的标准化。总之,与传统著作权保护300余年的历程相比,基于技术措施的数字出版的司法实践还需数字出版产业各主体进一步深究。

9.6 数字版权保护技术的扩张与规制

9.6.1 数字版权保护技术扩张的影响

技术措施的使用并不是被普遍接受的,技术措施的去留之争是一个自DRM诞生之时便存在并将长期存在的话题。利益平衡和利益驱动是数字出版产业长期健康发展的动力,DRM在数字出版领域无限制的扩张和垄断会阻碍用户利益和公共利益的实现,最终导致产业链的利益失衡。一方面,对技术措施的保护会挤压合理使用的空间,权利转移和二次转发等合理诉求难以被满足,同时还会侵害用户获取信息的自由,从而导致信息不对称及信息垄断;另一方面,版权保护的立法宗旨不在于保护著作权人的利益,而是在于实现利益平衡和产业良好发展。过度的技术措施会限制知识传播,打击产业创新,损害公共利益。不排除有的著作权人利用技术措施将具有社会价值的信息产品纳入其控制范畴,意图实现个体利益而侵占公共利益。

技术措施的反对者认为,没有充足的数据等证据证明技术措施具有防止版权侵权的效果,相反,它不仅会对合法用户的合理使用带来不便,而且帮助大企业扼杀了数字出版市场的创新和竞争。当前,在很多情况下,DRM已经不再是一种著作权保护工具,而是沦为了一种被市场利用的商业工具。例如,现在大力推行DRM的不再是唱片公司自身,而是音乐服务提供商,如声田(Spotify)、谷歌音乐(Google Play Music)、苹果音乐(Apple Music)等,各个数字出版商和技术提供商都想借DRM的框架建立自己的生态系统,把用户锁在里面并胁迫用户定期付费,市场最终会出现几个具有大量用户的DRM事实工业标准。目前我国的《著作权法》等相关法律法规缺少针对技术措施的反不正当竞争和反托拉斯内容,单方面地强调技术措施和防止技术规避反而使法律成为利益攫取者的帮凶。

技术措施并不是无限期地对版权进行保护,因为版权是有期限的。在数字出版时代,对技术措施的法律保护导致著作权人对其数字作品的控制权无限膨胀。然而在某些时候,破解或规避数字版权保护技术能够满足公共利益和正义的要求。目前我国的《著作权法》和《信息网络传播权保护条例》等法律法规均缺少在作品著作权保护期届满时数字版权保护技术的处理方法,导致公共利益受到损害。此外,如果DRM方案发生变更或者DRM停止服务，相关被保护的内容可能永远无法再被访问，而相关法律后果也尚不可知。

另外，技术措施的扩张还引发了隐私权问题。目前我国著作权相关的法律法规缺少对利用技术措施搜集用户信息等信息安全问题的相关规定，导致用户隐私受到侵害。例如，播放平台为了在用户观看影片时推送广告，未经观看者许可便借助技术措施搜集到了用户的隐私信息。搜集用户数据信息是一些技术措施功能实现的前提，在用户授权后技术措施将数据上传到服务器，但是服务器的信息安全问题不被许多DRM厂商重视，给用户带来了信息泄露的风险。

9.6.2 数字版权保护技术的法律规制

数字版权保护技术引发了合理使用权、用户隐私权、公平竞争权等一系列法律问题和社会问题，必须对技术措施作进一步的规制以防止相关技术措施在数字出版领域的无限扩张。法律作为协调著作权多方利益平衡的权威性规定，能够担负起规制数字版权保护技术的功能。我国要充分借鉴数字版权先进国家的立法和司法实践，在对数字版权保护技术进行反规避立法的同时，以促进产业发展和维护公共利益为出发点，与时俱进地注重技术措施反规避立法的利益平衡性和可操作性。

一是要在著作权法中专门增加技术措施的有关内容，并明确法律保护相关措施的目的不仅在于保护信息网络传播权，还在于保护著作权人的人身权、财产权等其他合法权利以及社会的公共利益。目前我国给予技术措施反规避立法的目的十分狭隘，相关立法和司法应以版权法的双重宗旨为出发点，即既要充分保护内容创作者和内容传播者的合法权益，以知识产权保护智力成果促进文化创新，又要以公共利益为价值取向，最大程度地让社会公众平等和自由地接触和传播知识文化，推动整个社会经济文化的进步。目前，我国的技术措施排除性规则仅有四条，规避技术的合理使用范围过于狭窄，应当进一步补充规避例外条款，扩大合理使用的范围。

二是细化反规避立法的具体使用条款，明确技术措施反规避法律保护的适用规则，明确技术措施的反规避范畴，增强相关法条的实际应用价值。同时，要对技术措施的有效性作出明确解释，出台认定技术措施合法有效的标准。以美国的《数字千年版权法》为例，该法界定技术措施的有效性为在正常运行过程中使著作权人能够限制、约束和禁止他人的行为，然而目前我国的著作权相关法律法规缺少类似的界定。

三是明确数字版权的技术措施是一种以防御盗版为目的的技术措施，禁止具有攻击性的能够给用户造成侵害的技术措施。在规定故意规避以及损害技术措施的法律责任的前提下，对滥用技术措施给他人和社会造成的损害也应当进行责任追究并作出具体规定。特别是要在技术措施相关法条或相关专门立法中增加保护用户隐私的内容，建立配套的技术措施所涉隐私的法律规制体系。另外，还要引入技术措施版权期限制度，强制技术措施提供商对过期版权作品和应当进入公共领域的作品进行DRM规避，对于未采取措施造成他人或社会利益损害的应承担相应的责任。最后，要增加反托拉斯的相关内容以确保技术措施不会成为部分利益集团的垄断工具，在立法和司法实践中减轻由相关技术导致的不正当竞争。

总之，数字版权保护技术的相关立法和司法仍然要以利益平衡为支点，平衡好技术措施反规避立法和法律规制之间的关系，协调好数字出版产业链各利益主体之间的关系，通过完善相关法律制度以保护数字版权，扩大知识传播，推动文化创新，实现数字出版产业的长期繁荣发展。

第10章 结论与展望

21世纪以来,数字出版迅速崛起并成为全球出版业发展的趋势。《2019—2020中国数字出版产业年度报告》显示,2019年国内数字出版产业整体收入规模为9881.43亿元,比上年增长11.16%。然而在数字出版产业快速发展的背后,数字出版的著作权侵权问题也逐渐爆发,因此,著作权保护尤为重要。最高人民法院知识产权法庭曾对全国知识产权相关案件进行统计:当前著作权案件在知识产权案件中占据一半,而涉及网络的案件在著作权案件中又数量过半。近年来针对侵权盗版案件我国一直在部署并实施"剑网行动",根据国家版权局公布的2010—2020年该项行动的查处结果显示,著作权侵权问题无孔不入、无所不在,广泛存在于数字出版产业中。

从技术和法律发展的逻辑与历史角度来看,每一次的技术进步都会暴露当下法律存在的诸多与技术不相适应的问题,进行法律完善是必然的要求,现在数字技术的出现与应用极大地改变了出版产业的发展,给现行著作权制度也带来了许许多多新的问题与挑战,面对雨后春笋般的数字出版技术,数字出版产业的著作权法律保护形势严峻。因此,对数字出版中相关的著作权问题展开剖析并提出解决方案,对规范出版产业的现行法律制度和相关政策进行数字化思考和完善,发挥数字出版产业对国民经济的重要作用,促进数字出版产业的可持续发展是本书的研究价值所在。

本书研究关注我国数字出版中著作权产生、运用、管理、保护等一系列新问题,以数字出版产业链各主体间的利益冲突为研究起点,以数字版权在产业链运转的各环节,如权利获取、使用流转中引发各主体之间矛盾的问题为研究主线,在数字出版产业发展规律的基础上提出数字出版著作权保护难题的解决路径,以矫正被冲击的利益平衡机制,为数字出版立法及相关政策的出台提供立法支持,加快与传统出版接轨、与技术标准接轨、与国际接轨,推动我国数字出版产业向纵深发展。本书研究拟突破之前多数研究从立法角度谈论数字版权保护的问题,运用法学理论和知识产权、管理学、经济学、统计学和信息技术学等跨学科研究范式,对数字出版中的版权保护问题展开多维度研究,试图以技术、经济、社会三者互动关系为线索寻求数字出版著作权问题的法律治理路径和制度框架。

10.1 数字出版的著作权法律保护

10.1.1 数字出版的著作权法律保护难题

1. 数字出版技术导致传统著作权权利规定的模糊

出版领域数字技术的出现、应用与发展给传统著作权法带来了全新的挑战,首当其冲地体现在法律上的某些基本概念,如著作权法中关于"数字出版"的相关概念性规定、法律含义和边界更加模糊。出版的概念由来已久,业界和学术界普遍认为"复制"和"发行"是数字技术崛起之前,传统出版环境下"出版"内涵的两大支柱。但由于文化基因的不同,各国法律对"出版"的理解或多或少存在差异,就连同一个国家或地区内不同规范间关于这一概念的表述也可能存在不同。

我国关于"出版"的法律含义在著作权法律法规、司法解释以及与出版相关的管理条例中都有所提及,但这几者之间的表述各有差异,主要表现在"出版""复制""发行"关系的矛盾上,如"出版"与"复制""发行"的界限到底在哪里,能不能将"出版"与"复制"或是"发行"等同,还是等同于"复制加发行"抑或"复制或发行",此外,这三者与作品"使用"行为又是什么关系等问题,目前尚缺乏统一的答案。进而,出版业界多次尝试在"出版"概念的基础上对"数字出版"进行定义,尽管运用了"电子出版""出版网络化""传统出版与数字出版的结合或交集""出版业的流程再造""全媒体复合出版"等多种角度对"数字出版"的内涵进行了打磨钻研,涵盖了与数字技术发展相呼应的时代意义,亦未达到著作权制度层面的意义。

事实上,财产权一直是引发争议的源头,"复制权"与"发行权"不管是在数字出版法学理论上还是在数字出版法律实务中,都是传统出版模式下两项重要的著作财产权,自然也是容易引发争议的焦点,其中多集中于"复制权"与"发行权"的权利界定和行使的问题上。传统出版是一种模拟技术环境下的出版模式,这种环境下的内容出版几乎完全受限于机械设备、作品载体和印刷成本,而能够解决这些问题的一般只有出版商、印刷厂等大型商业机构,因此这些机构是传统出版下能够进行复制的主要主体。但是,这种现象随着数字技术的崛起被迅速改变了,"私人复制"行为在数字出版时代异军突起,打破了在传统著作权法下凭借"复制权"规制"专业复制"的权利预期。"复制权"乘着数字技术发展的东风大显扩张之势,"发行权"则与之趋势截然不同。发行权穷竭原则一直是著作权法中对待作品的统一原则,但在目前数字出版背景下,网络环境中的数字出版作品是否还能适用该原则是一个尚待思考的问题。依据传统的著作权法律,当著作权人许可向他人转移其作品原件或复制件的所有权,则著作权人对该原件或复制件的发行权行使完毕,第三人进一步使用该作品原件或复制件的所有权不再需要征得著作权人的同意。但技术在带来先进生产力的同时也造就了环境的复杂多变,网络环境中不同主体被不同的利益驱使,权利的行使所牵涉的利益往往不是简单明晰的,很可能会影响商业模式的革新,使得著作权法不得不与时俱进地对数字出版背景下的相关权益进行重新审视和平衡。

2. 数字出版技术导致传统著作权侵权防控的乏力

模拟出版技术时代,由于网络技术的缺乏和网络普及的程度不够,作品的传播多以实物为载体呈现在读者面前,如图书、唱片等,因此,出版领域的中间媒介机构如图书出版商、唱片制作者和影视制作公司等是支持传统出版发展的重要支柱。为了对作者通过这类媒介机构实施的作品传播行为进行保障,著作权法设置了如展览权、放映权、广播权等一系列传播类权利,而这些权利所规制的传播形式与媒介机构所提供的传播渠道正是相呼应的,并且该类权利的设置不是一成不变的,会随着环境的变化而增设新的权利,其中信息网络传播权就是在数字出版技术快速发展的背景下提出的。这种针对不同的传播途径为作者设置不同的传播权利,并对其中参与传播的媒介机构的责任进行规定的方式,是传统著作权法实现著作权侵权防控的主要模式。这一模式与传统出版环境是相契合的,中间媒介机构在这种模式下能够合法地获得可观的利益,因此这些机构在一定程度上为了维护自身的商业利益而成为了该种侵权防控模式的忠实守护人,防范了一部分著作权侵权行为的发生或扩大。然而,数字技术带来了巨大的环境变化,以往运行流畅的侵权防控模式在面对数字出版遇到的著作权侵权问题时遇到了一批新问题,开始显得力不从心。究其原因,数字技术更新了作品的存储介质,使其摆脱了图书、唱片等实物载体。网络技术拓宽了作品的传播途径,使用户可以自由地上传和下载数字出版作品,因此,中间媒介机构所掌握的对作品传播的控制优势被数字出版技术的出现和发展击破,著作权法规定的相应权利无法为其带来传统出版下可获得的商业利益,传统侵权防控模式下中介媒介机构的守护人责任机制近乎失灵。

为弥补传统模式对著作权侵权的防控不足,缓解著作权侵权泛滥的现象,著作权人采取了多种措施。典型的措施包括:第一类,以需承担相应的帮助侵权责任和替代责任为由起诉P2P软件的提供者,阻止开发和使用可能用于传播侵权数字作品的软件工具,有名的如2001年的Napster案、2003年的Aimster案和2005年的Grokster案等。第二类,以需要承担直接侵权责任为由对个人使用者提起诉讼,禁止未经授权的传播行为。这一突破常规的做法,在美国2003~2007年间的诉讼竟超过30000起。第三类,采用技术措施限制对数字出版作品的接触和获取,数字加密技术、复制管理系统等愈加受到青睐并被广泛应用。第四类,所谓的著作权警告追责机制——"逐级响应"或"三振出局"等方式,即通过邮件警告、降低网速直至切断服务,以限制对数字出版侵权者的网络接入。然而经过事实的验证,针对该四类措施均出现了相应的规避措施,远未达到预想的效果,新一代的P2P软件不断地自我调整以规避、动摇法院裁判的依据;个人使用者数量庞大,身份难以确定且容易陷入激起众怒的危机;技术措施并非无懈可击,破解和滥用可能使其往往处于被动的境地;而著作权警告追责机制也受到缺少公共投入、缓和措施严厉以及举证负担倒置等诸多质疑。

3. 数字出版技术导致传统著作权许可模式的失效

著作权人在掌握著作权后便掌握了多种获得经济收益的方式,其中著作权许可背后蕴含的经济利益往往是可观且主要的。著作权许可有多种模式,但在数字技术普遍应用推广之前,作品创作主体尚未涉及人工智能,作者问题较为明确,中间媒介机构作为作品传播渠道的提供者,多集中于个别主体,数量规模有限,这种较为简单的主体与权利分配使得作品的权利信息相对明晰,因此,传统著作权法中的"一对一"单独许可模式是最常见的方式,这种许可模式足以保证较低的著作权交易速率状态的稳定和相关市场的有序运行。然而,数字技术的快速发展打破了这种平稳的速率,手机、电脑等便携客户端的普及使用户对表达和传播作品内容的热情爆发,在网络技术的加持下,传播作品成了一件轻而易举的事情,只需要简单的几步操作,作品内容的创作者就能实现自己作品的数字出版或者对已有的他人的数字出版作品进行再加工、再传播。手机网络用户数量的不断攀升体现了一种"符号的民主",创作和出版传播手段的简易化催生了大众参与数字出版的现象。著作权的主体数量、客体类型与利用方式均不断增加,著作权交易的内容、范围和速率都急剧提升,传统的"一对一"许可模式已经不能满足数字出版时代"一对多""多对一"乃至"多对多"的著作权市场许可需求。

　　单独许可意味着对作品许可的分散,不仅存在成本过高的问题,效率方面也不尽如人意,关于著作权许可模式的优化在模拟出版技术时代一部分人已经先行展开了探索并进行了实践。20世纪初,以美国作曲家、作家与出版商协会等的成立为代表,他们突破单独许可的著作权许可模式,将一部分作者的著作权进行搜集,以集体管理组织的形式统一对外许可使用成员作品的权利。集中许可的优势在于,既减轻了作者等著作权人在许可、维权时需要单独面对的各种压力;又方便了使用者通过与集体管理组织之间的一站式许可,避免了著作权人信息搜寻与重复协商等的困难与不经济。因此,针对数字出版环境下人人皆可创作,人人皆可出版,作品数量呈爆发式增长的情形,集体管理组织理所应当地成为解决著作权许可和保护问题的首选方案。

　　一场浩荡的技术变革往往能引起时代的巨变,依赖于数字技术的数字出版时代的方方面面与模拟出版技术时代相比都变了模样,其中二者关于作品的许可和使用的最大区别之一就在于主体,在网络用户皆可成为作者的时代条件下,作者数量的急剧增长,随之而来的是需求的多元化,他们作为数字出版著作权的主要主体,其权益保护越来越不容忽视。恰如,美国《连线》(*Wired*)杂志总编辑克里斯·安德森(Chris Anderson)在《长尾理论》(*The Long Tail*)一书中所阐述的长尾效应。长尾尾部的个体,绝大多数属于网络上的草根作者,缺少加入著作权集体管理组织的动机,集体管理组织通常也难以与之取得联系,这成为数字出版著作权集中许可机制发挥作用的盲区。而鉴于法定许可是一种在性质上属于通过法律的强制定价排除作者等著作权人意思自治的许可方式,虽有简化交易与定价程序的意义,但也存在法律弱化著作权排他性、干预数字出版市场供求关系、打击作者等著作权人创作与传播诱因的顾虑,因而受到严格的限制。

10.1.2　数字出版著作权法律保护的误区

　　作品数字化后以二进制代码的形式存储在介质上,其获取途径十分便捷,能够在未经授权的情况下被轻易地复制和发行,而流通渠道的网络化又使数字作品可以在互联网上被广泛传播和使用,特别是移动互联网的迅猛发展为人们获取内容、产品和服务提供了更大的便利,但数字版权保护的难度同时也在进一步加大。数字出版侵权规模大、方式多、增速快、危害深,已经威胁到数字出版产业的生存与发展,为有效应对在数字出版中遇到的一系列著作权问题,保障数字出版产业的持续、健康发展,必须要加强数字出版的著作权法律保护。技术的进步性与法律的滞后性容易产生矛盾,数字出版的著作权法律保护问题,实际上是一个国际社会共同面对的技术进步与法律回应的问题。世界贸易组织《与贸易有关的知识产权协议》(WTO/TRIPs 协议)的达成,构建起了全球一体化的知识产权法律体系,为成员国划定基本的保护标准,也使得各成员国在面对数字出版挑战时面临相同或相似的难题。各国由于文化、习惯以及数字技术发展的不同,面临的数字出版在著作权法领域的问题也存在差异,因此在处理手段上各有特色,在形色各异的实践中形成了各自的经验,这些对我国来说都是宝贵的借鉴与参考,我们在加强理论研究的基础上,应当对其他国家已经形成的经验取其精华,对其他国家走过的误区去其糟粕,并结合中国的实际情况予以规划和应变。

1. 异化理解权利保护主体而对自然人作者保护不够

作品是作者智力活动的结晶,这意味着作品内容的创作不仅要消耗时间,还需要作者投入大量的脑力劳动,而优秀的作品是著作权法所保护的稀缺资源。为回报作者的付出并激励知识的创新,作者基于作品享有法律所赋予的著作权权利,并可据此获得收益。然而,在被广泛提及的保护著作权权利的呼声中,保障作者的权利却常常被异化理解为维护商人或商业机构的利益。

诚然,在现代出版市场环境下,商业机构越来越全面、深度地介入到作品的创作、传播和使用中,以数字电影等视听作品为例,若无商业机构的投资、宣传和运作,作品几乎难以诞生,更不可能获取可观的经济效益。正是鉴于这样的情况,著作权法才规定音像制作机构、广播电视机构等特定组织可以因承担相应的传播行为等而成为作品的邻接权人(广义的著作权人)。进而,著作权权属规则将电影等视听作品、部分特殊的职务作品等的著作权归由制片者、法人或其他组织享有,使从事相关工作的商业机构不仅可以通过作者转让权利成为著作权人,还可获得法律直接赋予著作权人的权利。著作权法在确认直接创作作品的自然人是作者之外,更进一步地特别规定由法人或者其他组织主持、代表其意志创作并承担责任的作品,法人或者其他组织亦可视为作者,即所谓的"拟制作者",也就是说,满足条件的商业机构甚至可能成为"作者"。显然,上述一系列的规定反映了著作权法力图寻求兼顾作品创作、资本投入和使用效率的平衡保护目的。但是,并不能因此就认为现代著作权法律制度保护的主体是商业机构,而导致对作者尤其是自然人作者的利益保护不够。

实际上,这样理解的背后有其历史惯性的推动。版权(Copyright)作为一种权利最先是由英国商人如伦敦书商公会等推动建立的,以保护出版商自己的版权利益,而后通过《伯尔尼公约》等的协调沟通逐渐与作者权利体系相融合,对作者(本段内的"作者"均特指"自然人作者")权利的保护方开始受到关注,进而形成现代意义下的著作权制度。源于英美法系的传统版权法中表达与现实的分离,即在表达上是作者的权利,现实中则造就商人的独占,商人为保障投资盈余不断推动版权法的扩张,作者往往只能成为商人的雇员或初成品的提供者,公众对于版权产品的使用空间也不断受到限制。在数字出版领域中,商业机构也往往成为著作权法律保护的主要受益者,而非作者。作者与商业机构相比绝大多数处于弱势,甚至一些作者如计算机软件程序员等完全依附于软件公司,商业机构可以通过强制要求作者签订不平等的合同协议让渡或者放弃相关权利。即使是作为作者权利信托代理机构的著作权集体管理组织,也因存在限制会员退出、区别对待歧视会员、强制转让未来作品等损害作者利益的行为而受到强烈批评。

因此,我国在对数字出版作品进行保护时应坚持著作权国际公约及现行法律"保障作者权利与保护公共利益"之宗旨,在普遍规定保护包括商业机构著作权人在内的利益的同时,不应忽视对其中自然人作者权益保护的适当平衡考虑。在著作权法律法规的立法、修订过程中,可以进一步明确如职务作品等的作者利益分配底线、救济途径等规定,并加强对相关组织机构等的监督管理。

2. 过分加重中间媒介机构的著作权保护义务与责任

传统的版权制度一直建立在这样的模式之上,即通过要求有限的信息传播中间媒介机构来承担侵权责任的方式,使得这些中间媒介机构成为版权保护的"守门人",这些中间媒介机构有出版商、电影公司和广播电视台等。如此进行制度设计,一方面是因为这些中间媒介机构实际掌握了作品发行、传播与销售的渠道,并且在实际的第三人侵犯作者著作权纠纷中,由中间媒介机构代表作者进行调查、取证与诉讼等,比作者个人维权或自力救济更为可行和有效;另一方面控制作品的流通和成为作者与读者之间的桥梁也能为中间媒介机构带来可观的收益,所以一些中间媒介机构通过不断加强对其产品的控制能力,推动版权法的扩张,以获得更大的利益。因而,承担起保护著作权的"守门人"责任既可以说是中间媒介机构应尽的义务,亦可认为是其维护自身合法垄断地位的自发举措。

然而,随着数字出版技术革命性地改变了信息和知识的生产、复制与传播方式,拉近了作者与读者之间的距离,特别是数字作品"对等传输技术"(Peer to Peer, P2P)的出现,使得"守门人"制度几近瓦解。作品的需求者可以借助P2P软件,轻而易举地绕开传统版权贸易中包括新兴网络服务提供商等在内的中间媒介机构,方便地获得作品。

正是考虑到这一变化,为平衡网络数字出版环境下中间媒介机构的权利和义务,美国的《数字千年版权法》、欧盟的《电子商务指令》、我国的《信息网络传播权保护条例》等都为包括网络服务提供商等在内的中间媒介机构建立和提供了"避风港"免责制度,只要网络服务提供商等尽到了合理注意义务,履行了"善良管理人"的"通知-删除"职责,与著作权人积极配合阻止侵权行为的发生,即可免予承担共同侵权责任。2012年,为应对日益增多的"用户创造内容"(User-Generated Content, UGC)模式的数字出版问题,美国和欧盟致力于推行的新一轮信息时代数字出版保护法案《禁止网络盗版法案》(*Stop Online Piracy Act*, SOPA)、《保护知识产权法案》(*Preventing Real Online Threats to Economic Creativity and Theft of Intellectual Property Act of 2011*, PIPA)和《反假冒贸易协定》(*Anti-Counterfeiting Trade Agreement*, ACTA),却都因在国内或涉及地区引起强烈反响和大规模抗议而遭搁置、否决。其中一个重要的原因,即其要求网络服务提供商等中间媒介机构主动采取技术过滤措施监控网站内容并自行辨别侵权信息,也即网络服务提供商等不能再依靠接到他人的"通知"后,"删除"侵权作品就可免责,而必须承担"自证无罪"的责任,这无疑削弱了避风港原则给予网络服务提供商的保护效力。尽管可以由著作权人与中间媒介机构自行签订商业协议实行，但如果要将其上升到法律规则层面显然需要加倍慎重。这一系列事件表明，过分加重数字出版中间媒介机构的著作权保护义务与责任，可能加剧著作权人与网络服务提供商之间的矛盾，使双方从目前的合作关系转变成对抗关系，更加不利于数字出版环境下的著作权保护。

3. 过度关注对数字出版的强保护

在数字出版 Web 2.0 时代，网络去中心化服务的技术日臻成熟，最终用户能够更加方便地获取互联网上可能未经授权使用的数字出版作品，而不必经过任何监管；UGC 模式的普及，互联网上的任何人都可以从事复杂的"数字出版"展示自己原创的内容；《数字千年版权法》《电子商务指令》《信息网络传播权保护条例》等针对 Web 1.0 时代"服务器＋客户端"模式的平衡措施在应对新技术的快速发展时明显力不从心，而厘清相关作品的归属、授权与使用也变得愈加困难。

于是，通过著作权相关法律法规进一步保护数字出版是时代发展的需求。典型的"著作权高水平保护派"认为，只有通过提高民事赔偿金额、强化行政执法效能、加大刑事惩处力度等救济手段和措施，严格管理、规制网络数字出版作品的流动，才能有效威慑和打击网络数字出版中的侵权等违法行为。与上述意见相异，"著作权低水平保护派"则认为，对数字出版作品的强保护与目前开放的大环境格格不入，既阻碍了思想和知识的自由流通，加深了精英与民众之间的信息鸿沟，降低了大众对文化产品的理性感受力，也阻遏了精神产品创作者继续创作的动力，进而影响数字出版乃至整个文化产品消费市场的持续发展。英国学者伊恩·哈格里夫斯（Ian Hargreaves）教授在其关于网络数字环境下知识产权制度促进英国经济增长的调研报告中进一步说明，强化执法并不能取得长期的成效，处罚大多具有短期效应。美国录音产业协会也有数据显示，著作权高水平的法律保护并不会一直遏制数字出版中的侵权行为，其在 2003~2008 年间 P2P 诉讼案件数从起初的 29% 降到 14%，但在 2005 年这一数据又回升到 24%。

目前的主流观点认为，作品的著作权等知识产权是为法律拟制的一种"合法垄断"的权利，著作权法的确权和保障必不可少。但是，这一"合法垄断"并不是无限制、永恒的垄断，法律对作品的保护只是确认著作权人在一定时间和范围内享有独占的权利，以此有限制的独占垄断收回创新投入的成本与合理的效益，防止因复制技术与传播速度的发展影响著作权人的创新收益，从而阻碍创新的发展。这也即著作权法介入市场的主要作用与手段。然而，一味要求法律介入数字出版市场并加大干预力度，反而会阻滞数字出版产业的发展与商业模式的创新，这是因为，著作权法仅是市场失灵的弥补机制，市场有其自身发展规律，如果完全依赖著作权法排除数字出版的市场竞争者，出版机构必然会选择故步自封而不去适应新技术的发展，而且过高的赔偿数额也会导致出版机构形成诉讼依赖，乃至发展为一种"诉讼营利模式"，造成司法审判资源的浪费与高成本的社会管理。

过低的惩罚不足以形成威慑，而过度保护的知识产权与保护不足的知识产权一样有害。因此，"互联网＋"时代数字出版的著作权保护，在运用法律手段时不应忽略市场基础，要从法律与市场的互动关系中寻求平衡点。2013 年我国在《计算机软件保护条例》《著作权法实施条例》《信息网络传播权保护条例》修订时,对曾经过低的非法经营罚款数额和最高限额都进行了一定的提高,使之与我国经济发展的水平相适应。在今后的数字出版著作权保护中,工作重心应更多地转向商业模式的创新和整体环境的构建。

4. 滥用技术措施突破著作权权利限制规定

技术措施是著作权人采用的一项加密技术用以制衡网络技术的发展对其著作权的侵害,运用技术措施,使用者未经著作权人许可不能任意复制、发行、传播、修改数字出版作品。利用技术措施对数字出版作品的著作权进行保护的方式也得到了《世界知识产权组织版权条约》(WCT)和《世界知识产权组织表演与录音制品条约》(WPPT)的认可,美国的《数字千年版权法》与欧盟的《信息社会版权指令》均将其转化为国内法或要求各成员国予以贯彻执行,我国也在《著作权法》与《信息网络传播权保护条例》中进行了规定。实践证明,依靠技术措施保护数字出版作品著作权可以在一定程度上有效遏制数字网络环境下的侵权行为,然而,另一方面,其也存在着因过度滥用而导致突破著作权权利限制、损害公共利益的风险。主要表现在:

其一,数字作品著作权的保护期无限期延长。根据各国的《著作权法》的规定,著作财产权包括邻接权人的财产性权利超过规定的保护期后,作品即进入公众领域,创作者与传播者仅享有署名权等人身权,而不再获得财产性的收益。而滥用技术措施则容易突破这项规定,因为技术措施并不易被绝大多数普通公众破解,所以即使数字出版作品已经进入了法律意义上的公有领域,但其实际状态仍处于著作权人的垄断之下。

其二,技术措施也会限制一些原本属于公有领域的资源的传播与使用。譬如历史上的文献名著、著作权法明确不予保护的法律法规文本或者他人自愿免费共享的文件等,技术措施使得这些原本免费共享的资源只有付费(即使是虚拟货币)后才能解除和下载。

其三,技术措施还可能使著作权权利用尽,使合理使用和法定许可等限制著作权权利的规定形同虚设。实际上技术措施在保护著作权人权利的同时,却阻断了公众或者弱势群体等对数字出版作品的正当或特殊使用的权利,这必然侵犯了社会公共利益。

因此,如果放任技术措施脱离著作权法的限制,危害的不仅是消费者的利益,更甚之发展为实施市场垄断的工具,干扰正常的竞争秩序。此外,著作权法关于禁止规避技术措施的条款,也可能被一些企业用于限制行业竞争。譬如前些年发生的技术锁定案件:2004年,美国发生的通过加密芯片防止墨盒被他人再次添墨销售案件,法院认定属于技术措施滥用行为;2006年,苹果公司对其iTunes音乐网站上的音乐采用技术措施绑定自产iPod播放器排除兼容遭遇集体诉讼,也被法院认为构成技术障碍而判定垄断等。从另一角度来看,技术措施还有可能妨碍执法机关检查、处罚等相关工作的开展,不利于数字作品著作权的保护。因此,如何发挥技术措施的优势,克服其缺陷,才应该是我国数字出版著作权保护研究的重点。

5. 过度期望集体管理单一模式解决著作权授权问题

众所周知,传统出版过程中作者与使用者一对一的授权方式已经不能适应"互联网+"时代"海量授权"的需求,因此,如何获得作品著作权人的授权仍是目前数字出版中遇到的最大问题。

依靠著作权集体管理组织的模式来解决"互联网+"时代的著作权授权问题是目前公认的运用最娴熟、效果最显著的解决方式,即著作权集体管理组织批量获取著作权人的授权,统一管理、行使著作权,并以自己的名义与其他使用者签订许可使用合同,收取转付使用费,参与相关法律仲裁、诉讼等活动。通过与著作权人的一对多的授权方式,著作权集体管理组织很好地把作品的所有者与使用者联结起来,这种"一揽子交易"降低了数字出版市场的著作权交易成本,丰富活跃了数字出版产业及文化事业的发展,同时还有助于减少网络数字出版作品的非法使用行为,因而著作权集体管理模式被推崇为可以一劳永逸地解决网络数字出版"海量授权"的方案。但在实践中并非其然,著作权集体管理组织能够取得授权的作品相较于网络上庞大的"海量"授权作品来说始终是少数的,其大多是从知名作者或享有著作权的商业机构处取得授权,而网络上庞大的普通作者群想要全部联系到却异常困难,这不论是对于国外的著作权集体管理组织,如美国著作权处理中心(Copyright Clearance Center, CCC)、英国著作权许可代理机构(Copyright Licensing Agency,CLA)、德国文字作品管理协会(VG Wort),还是我国的著作权集体管理组织,都存在很大的难度。并且,实践中还往往出现,需要被授权作品的著作权人很有可能不是著作权集体管理组织代理会员的窘况,这也与著作权集体管理组织代理的会员人数限制有关,限制了著作权集体管理组织的发展。

为解决此类问题,延伸性集体管理(Extended Collective Administration)方案在瑞典、挪威、冰岛、丹麦和芬兰等北欧五国得以先行。延伸性集体管理是通过国家的著作权法规定尝试扩大著作权集体管理组织权限,经过相关行政主管部门的批准等程序,允许著作权集体管理组织就一定范围内的作品可以管理、行使未经非会员授权的著作权权利,非会员可获得与会员同等的经济待遇。延伸性集体管理主要针对三类作品:一是未加入著作权集体管理组织的本国著作权人的作品;二是外国著作权人的作品;三是孤儿作品。可以看出,延伸性集体管理模式优化了传统的集体管理模式,更好地解决了网络数字出版环境下的著作权授权问题。

然而,延伸性集体管理运作方式在学术界存在广泛的质疑,如延伸性集体管理有违著作权人意思自治、私权自治的基本原则,带有浓厚的"强权"乃至"霸权"色彩,可能给著作权人带来额外的负担或损失;著作权集体管理组织是市场经济主体,应该平等地参与市场竞争而非独享特殊权利,扩大著作权集体管理组织的权利容易造成法律对市场的过度干预、限制竞争、放任垄断;而且可能有与现行著作权法律中强制许可、法定许可的相关规定有重叠之意等。

正是由于延伸性集体管理存有上述质疑,美、欧等大国尚未实行延伸性集体管理模式,其正当性与合法性也没有得到权威的著作权保护国际公约、条约乃至区域性协议等确认或授权。考虑延伸性集体管理的施行有可能会扰乱我国现有制度的生态环境,权衡之下弊大于利,也不宜在我国实行延伸性集体管理模式。因此,我国现阶段的数字出版依然需要研究多种著作权授权模式协同配合的问题。

10.1.3 数字出版著作权保护难题的解决途径思考与规划

1. 短期途径:创新数字出版著作权授权模式促进合法传播

实践表明,单纯依靠法律的禁制与惩罚措施解决数字出版技术带来的著作权保护的问题并非有效,必须重视对于数字出版作品著作权授权许可机制源头的把控。创新数字出版著作权的许可授权模式更应该尊重技术背后的文化与道德环境。以文化因素而论,数字技术本身就带有强烈的开放性、平等性和全球性等特征,其明显与知识产权制度独占性、垄断性、排他性以及地域性的特点截然相异。正是由于早期技术开发者们主动放弃了大量可专利化或可基于著作权主张的财产性权利,其发展才不受限制、日新月异。数字技术的发明摆脱了物质载体和自然损耗对于出版作品的限制,充分体现了自由、免费、轻松、交流、分享的互联网文化与精神,经过时间的积淀,这一新兴技术所倡导的文化被广泛接受已然变成社会行为。然而,制度的相反规定往往容易导致法律规范与公共道德之间的有机联络与一致关系的断裂。有美国学者调研指出,作为上层建筑的著作权法律应当适应技术进步制造新的道德规范,否则很难具备正当性与有效性。

在由集体管理组织统一负责会员著作权许可事务的情况下,创新著作权授权模式乃是当前数字出版发展的趋势,其主要为"长尾"部分大量分散的、非会员制、非专业性的创作者服务的,以此降低著作权授权交易的成本和提高其著作权作品许可的效率。事实上,正是计算机软件技术领域的人士首先感受到了数字作品使用事先严格授权对行业发展的负面影响,并强力主张对传统授权模式和著作权强保护进行反抗与革新。20世纪80年代,麻省理工学院的软件工程师发起并建立了自由软件基金会(Free Software Foundation,FSF),并逐步壮大为与商业软件企业共存的开源软件(Open Source)组织,提出了一套被命名为通用公共许可证(General Public License,GPL)等的授权模式,主张自由、开放、共享地使用作品。延伸到普通的数字出版作品领域,哈佛大学的劳伦斯·莱斯格教授以构建一个合理、灵活的著作权体系为宗旨,基于"一些权利保留"新理念设立了创作共用组织(Creative Commons,CC),并推出CC系列所谓的知识共享协议。免费文档许可证(Free Documentation License,FDL)和CC协议等开放式许可模式要求著作权人放弃可获取直接收益的财产性权利,需要后期在商业运作中借助知名度、影响力提升或后续服务等其他方式所带来的间接收益予以补助,这一问题虽影响其施行的效果,但不可否认的是其所倡导的理念与模式,对解决数字出版时代的海量许可和交互式创作问题极具启发意义,也促进了中国自主开发的版权自助协议(Self-service Copyright Agreement,SCA)等各种新许可机制的改进与创新。

2. 中期途径:出台司法解释与管理规章完善现行制度规范

现行的著作权国际条约以及各国法律法规等对于数字出版的保护并不周密,司法裁判也具有较大的不确定性,因此针对数字出版保护存在的层出不穷的问题,亟须最高人民法院和国家版权局等出台必要的司法解释和发布相关的规范性文件对著作权法规定的内容进行梳理与澄清,包括但不限于:在《最高人民法院关于审理非法出版物刑事案件具体应用法律若干问题的解释》《最高人民法院、最高人民检察院关于办理侵犯知识产权刑事案件具体应用法律若干问题的解释(二)》等基础上,全面厘清数字出版涉及的基本法律概念,明确"出版""复制""发行"各自的具体含义与权利边界,统一规范《著作权法》第二十二条、第三十五条和第四十四条等所使用的法律用语,协调同《出版管理条例》《出版物市场管理规定》《内部资料性出版物管理办法》等管理规章中"出版""发行""销售"等表达的内在联系。对于"临时复制"侵权在中国著作权法下的认可与否及例外情形、网络数字发行是否继续适用权利穷竭原则等目前法律法规空白的区域,也应当适时地以国内外热点数字出版事件纠纷或案件判决为契机,对相关问题予以规定,以减小法律修订周期长所承受的压力。

有关部门还须加强对于数字出版市场的管理,完善数字出版规章制度,为进一步总结上升为法律层面的规定做好前期的试点铺垫。市场是最活跃的创新之地,应对数字出版著作权保护的许多新办法、新思路、新模式都出自市场的探索,如集体管理组织的建立、数字权利管理的采取和免费商业模式的推行等。与此同时,也应看到这些创新亦带有源于市场的很强的逐利性和投机性,如国外一些著作权集体管理组织就受到存在限制会员权利、歧视性许可政策、利用杠杆优势获取相邻市场支配地位等的批评而引发诉讼,要求约束著作权集体管理组织的相关行为。数字权利管理中滥用技术措施,变相延长著作权保护期限、侵占公有领域资源、限制竞争涉嫌垄断的负面效应也备受诟病,乃至有学者建议应该建立针对数字作品技术措施的"反通知与去除"程序进行制约管理。而被认为可能更符合数字出版时代的潮流,备受推崇的广告、咨询等第三方付费的免费商业模式,在数字出版领域还处于尝试和探索阶段,也需要著作权行政管理部门等持续关注监督管理。

3. 远期途径:探索著作财产权体系化建构提升法律适应性

如果说创新著作权授权模式可以在较短时间内达到缓和数字出版遇到的许多难题的目的,而相关司法解释的出台和管理规章的完善足以保证一定时期内数字出版市场法律环境的有序稳定,那么著作财产权的体系化建构所针对的则不止于解决数字出版的著作权法律保护问题,更着眼于提升著作权法的适应性,使之能够比较从容地应对未来更多更新的科技进步可能带来的挑战与冲击。毫无疑问,这项工作具有根本性和长远性的意义。与TRIPs协议国著作权法对于财产权的规定相类似,我国现行的《著作权法》采取了列举加兜底的方式,明确了复制权、广播权、翻译权等12项具体的著作财产权,并辅以"其他权利"作为补充。为回应技术发展和特定行业团体利益诉求不断添加设置新的财产性权利的模式,虽然保持了著作权法一定程度上的延续性,有利于在最小化修法成本和避免未知风险的同时为司法实践及时地提供指引,但就整体而言,这样无一般性条款规定的著作财产权建构模式缺乏前瞻性和包容性。在技术驱赶下的著作权法修订显得非常被动,内容的繁杂致使权利常常出现重叠与模糊的现象,如曾经关于是否有必要立法增加信息网络传播权以应对数字出版等技术发展时,就有观点指出,实际上在原有权利框架内完全可以考虑扩大复制权或广播权等的外延加以涵盖。抽象性不足的法律,难以作为演绎的前提去校验或解决新的问题,如果我们试图使法律规范变得可以理解,体系化就是不可或缺的认识之途,这是人类智慧的止限。

知识产权学者在学理上对著作财产权的体系化重构所进行的一些研究,主要思路是通过对著作权使用行为的共性进行归纳与总结,重置著作财产权的权利体系及与著作权法意义下各类作品的对应关系,简化著作财产权规定,增强其内在的逻辑性。具体而言,即拟将现行的财产权利进行合并,整合为概括性的权利或组构为权利束,以实现对现行的财产权利的类型化。尽管学术界尚未就如何设计方为最优达成共识,但著作财产权的重构也必定存在与著作权内部相关制度的协调、与过去传统和未来发展的衔接、与TRIPs国际协议基本规定的一致以及社会认可和司法实践的难易等多种因素的复合影响需要统筹考虑,目前著作财产权的体系化路径仍然是一个开放式的话题。诚然如是,此等规模的著作权法修订固不可期望毕其功于一朝一夕,但以长远论,不仅仅是解决数字出版所遇到的难题,著作权体系化的研究本身也应该向这个方向迈进。

10.2 展　　望

在未来的知识经济时代,随着信息服务市场的不断扩大,信息产业和文化产业的链条都将面临巨变和重构,数字内容提供商、出版商、信息服务商、技术商和终端商都在不断碰撞中逐渐磨合出新的业务边界,并以全新的合作方式形成良性的产业循环。"十三五"期间,我国5G、量子科技、全联网等前沿技术不断取得突破,逐步实现从跟随到引领的跨越,尽管新技术给出版和著作权领域已经带来了变化,但还只是刚刚开始,现有的新技术及其应用只是显露出一些雏形,数字出版与著作权领域还有更大的发展空间,二者的融合也将更加深入,届时产权制度、公共利益乃至文化产业的发展都将面临风险。

10.2.1　3D打印亟须关注的版权问题

英国《经济学人》曾刊文表示,3D打印技术与数字化技术的完美结合,将引领人们进入"第三次工业革命"的新时代。3D打印俗称增材制造或快速成型技术,是以数字化模型为蓝本,利用激光束、热熔喷嘴等方式将固体或熔融材料(如液体、粉末、丝、片、板、块等)逐层叠加制造实体零件的技术,是一种自下而上材料累加的制造工艺。利用3D打印技术,人们可以制造出各种各样的物品,包括食品、珠宝首饰、通信、建筑、汽车、航空航天、工业设计、牙科、生物医学等诸多领域。3D打印快速成型、成本低廉及私人定制的优势赋予了其在市场中的强大竞争力。3D打印工作原理可分为数据处理及制造两个阶段。在数据处理阶段,主要是在计算机中对打印物品创建一个数字化模型。其中,计算机辅助设计文件(简称CAD文件)是3D打印的核心,CAD文件以数字化的方式将模糊多样的物理对象缩减为精确、清晰的语言。CAD文件与3D打印技术的结合,使人们制造物品的方式发生了质的改变。

《著作权法实施条例》第二条规定:"著作权法所称作品,是指文学、艺术和科学领域内具有独创性并能以某种有形形式复制的智力成果。"因此,作品欲获得著作权法保护,必须满足独创性的实质性要件。此外,对于美术、图形及摄影作品等而言,不能太较真于复制行为。因此,在3D打印行为中,位于核心地位的CAD文件是否能构成著作权法中的独创性作品?3D打印机依据CAD文件打印出的实体物品,若具备独创性要件,可以相应地纳入美术作品、实用艺术作品甚至建筑作品等范畴。但是,纯粹的实用性物品不能获得著作权保护。因为著作权法保护的是一种独创性表达,而不是实用物品本身。但是有些物品兼具实用性与艺术性双重特性,不仅描绘了物品的外观或传达了一定的信息,同时具有内在的实用性。这种物品欲获得著作权法保护,必须具备可单独识别的艺术性,即与实用性之间能够独立存在。

自《著作权法》诞生以来,复制权一直都是著作财产权中最为核心的权利内容。随着数字化和互联网技术的迅猛发展和广泛应用,复制行为更为方便且成本几乎为零。为了应对新技术带来的严峻挑战,第三次修订的《著作权法》将"数字化等任何方式"的复制行为纳入其中,以充分保护著作权人的利益。3D打印是根据CAD文件生成的数字化模型将各种不同的固体或熔融材料逐层叠加制造三维实体的技术。由于扫描行为只能捕捉到扫描对象的表面数据,无法描述对象内部数据,因此打印出来的东西也不一定具有与原物品相同的实用性。因此,3D打印并非一般意义上的打印复制行为,而是著作权法中的"复制"与一般意义上的"制造"两个行为融为一体的活动。对于3D打印立体物品是否构成侵权的问题,大多数学者都认为,无论是从平面到立体的复制抑或是从立体到立体的复制,关键是判断打印者将打印出来的产品用于商业性用途抑或非商业性用途。如果仅用于个人欣赏等非商业性用途,则构成合理使用;若以营利为目的而进行批量生产则构成侵权。然而,随着家用3D打印机的日益普及,全民都可以足不出户三维打印出自己需要的物体,小到打印铆钉、水杯,大到打印汽车甚至房屋。在这种情况下,私人非商业性目的的3D打印行为是否仍然可以纳入合理使用范畴?合理使用制度的设立旨在平衡著作权人利益与公共利益的关系,且合理使用的内容只是无形的权利本身,并未延伸至有形载体部分。而3D打印行为不仅复制了无形的权利本身,而且制造了有形载体,已经威胁到了著作权人的财产利益。因此,私人的3D打印行为并不能简单纳入合理使用范畴。从另一角度说,传统商业性、非商业性二分法又无法将私人3D打印行为纳入侵权范畴,使得私人3D打印行为落入了合理使用与侵权的灰色地带中。基于此,必须对著作权制度作出重新解释,以便科学划分出私人3D打印行为构成合理使用抑或侵权的清晰界限,有必要在合理使用的权利限制中纳入"不得减损权利人财产利益的行为"的一般性判定标准。

10.2.2 人工智能与数字出版融合带来的版权风险

人工智能的触角在近年来迅速扩张至数字出版领域,迅猛发展的数字出版业也在谋求人工智能技术的引进。可以预见,数字出版流程将被人工智能颠覆式革新,人工智能环境下的数字出版将成为未来出版业态的主流模式。

未来的智能出版将更加贴近用户,模糊出版与传播的界限。智能出版是智慧产业链化的出版方式,是后数字出版业态。传统出版、数字出版与智能出版是出版业发展的不同阶段,在传统出版产业链,出版内容是生产-交货式的,对用户需求响应迟钝;在数字出版产业链中,出版者能够对客户的订单进行快速响应,进而实现用户、客户和出版商之间的协同;而智能出版产业链真正实现了用户与出版商之间的同步互动,实现了以需求感知导向的自动创作。因此,智能出版更加贴近用户,实现用户沉浸。虚拟现实(Virtual Reality,VR)、增强现实(Augmented Reality,AR)、生物传感、远程控制、物联网等技术围绕人工智能技术综合应用于智能出版领域,内容被嵌入更为广阔的社会生活场景中,结合用户的生活习惯、行为偏好、所处环境等信息,随时、随地、随身地使用户沉浸于内容资源中,从而高水平地满足人们全方位的文化和信息需求。但是技术的进步也伴随着新问题的产生,未来的智能出版将进一步地模糊出版与传播的边界。对于媒体来说,其发展重点不再是创造和传播,而在于数据与服务。出版商通过对用户数据库进行大数据挖掘建立用户模型,使智能出版具有深度学习的能力,从而更具变革性地创造出服务于个体的个人出版社和私人资讯秘书。例如,不同用户获取的语音信息将根据用户环境、用户偏好和用户心情发出不同的音色、音调和响度,使出版界面实现真正的用户友好。

在数字版权保护方面,人工智能有望成为柔性DRM。DRM将不再与内容或硬件绑定,而是与分发渠道相关。例如,人工智能通过分析用户权限决定是否对其推送特定的版权内容。而在用户提出版权内容需求时,又能够在提醒付费版权的前提下与支付宝等电子钱包进行绑定,扣除版权费用。与内容覆盖式和内容糅杂式的DRM技术相比,处于底层的分发算法无法被用户毁坏或破解,进而彻底解决数字版权保护的难题。然而,随着人工智能生成的内容越来越多,如果不明确界定其属性和权利归属,将引发大量的版权争议,冲击既有版权制度。如微软小冰诗集遭盗版事件的发生,人工智能的版权是否应该受到保护,应该如何保护,这是新时代背景下我们必须面对的新问题。在日本、美国等地,人工智能创作的音乐、美术作品、小说已经被纳入法律的保护范围,现在我国对人工智能的作品的原创性及享有的著作权还存在一定的争议。如果,人工智能生成的内容将成为新型的"孤儿作品"和"无主作品",任何人都可以随便使用,这既不利于激励新作品的创作和新人工智能的开发,也无益于版权市场的合规性和稳定性。一个为人工智能所垄断的没有版权甚至没有产权的世界,对于产业、市场、经济、社会乃至人类的命运本身,都是不可承受之重。对人工智能的法律规范尚处探索之中,智能出版的版权制度和行业规范更是遥遥无期,给行业发展带来巨大风险。

10.2.3 区块链技术与未来版权

区块链是分布式数据存储、点对点传输、共识机制、加密算法等计算机技术的新型应用模式。所谓共识机制,是指区块链系统中实现不同节点之间建立信任、获取权益的数学算法。它被认为是一个具有颠覆性潜力的技术,将重新定义世界,改变经济、社会和生活,也将会对出版业带来革命性的变革。它运用公开的分布式账簿后台数据库的技术,在商业上形成个体之间价值转移的交易网络,是一个不需要中介的交易验证系统。区块链的最大特点就是去中心化,让价值自由流通,这就意味着未来将不存在独家版权。在传统版权保护中,很多原创者其实并没有掌握分发和流通作品的权利。但在新模式中,他可以自己做作品的管理者,也可以自由地控制价值的流通、交易、售卖和转让。

未来版权是一个基于区块链技术的垂直于文娱类的IP交易平台。该交易平台可为艺术工作者提供艺术作品版权存证、IP和IP衍生类去中间人交易、IP创作众筹、未来IP共享模式等功能。艺术工作者通过该平台,可以极大范围地保障自己的原创权益,减少中间环节的支出,并增加融资渠道来拓宽自身创作,这个过程只需要非常低的成本,甚至未来将全部免费。从运营角度来看,未来版权交易市场将包括四个层级:一是版权保护存证,即用户可以在链上盖一个时间戳与高法相结合,随时为艺术家提供维权证据。二是IP衍生智能交易,如现已加盟未来版权IP交易平台的东野圭吾希望版权在自己手里,将作品的电影版权通过平台卖给对方,这种就属于IP衍生品的交易。三是IP权益拆分,可以理解为51%的使用权。从未来版权交易平台的实际应用上来讲,著作权人可以以将归属权进行拆分,只要购买者购买了文娱商品总价值的51%,那么这个购买者就拥有绝对使用权。四是权益共享,即通过设限的方式,参考共享经济理念,对某些IP进行资源共享。

2020年4月,全国区块链和分布式记账技术标准化委员会组建,以建设完备的区块链标准体系,推动更好的服务区块链技术产业发展为目标。目前,在数字出版中应用区块链技术还没有在实际中得到运用,智能合约、数据存储、资产证明等的可行性还需要进一步验证。引入区块链技术对于数字版权的保护是非常有利的,区块链不可篡改的特性可以完整记录作品的所有变化过程,有利于实现版权交易的透明化,版权交易对手方购买版权时不用再怀疑每一笔交易数据的真实性。区块链中的智能合约可以自动规范所有权利的行使和追溯,降低确权成本,提高交易效率。区块链中共识信任的特点可以方便著作权人在统一平台上管理所有的细分版权授权情况,为作品提供更好的曝光机会和交易机会,平台侧链会详细记录用户的每一次付费、阅读及观赏行为,用户据此付费,平台也据此来给著作权人付费。综上所述,构建基于区块链的数字版权管理服务平台对于解决我国数字版权保护面临的"确权难、收益难、维权难"等问题是非常有利的,在实践领域也已经有了一些创新使用,如未来版权、亿书、纸贵科技等。然而,区块链解决的是前期的版权归属问题,但是上链之前信息本身的真伪与归属这个结依然解不开。版权登记流程虽简化了,成本虽下降了,但更迫切的问题是如何消除侵权内容,后期如何帮助创著作权人维权。文字检测尚且容易,但以目前的技术并不能实现社交媒体上加密图片的检测,此结不解,著作权人仍然会受到侵权之苦。同时,技术问题解决之后,区块链版权平台还面对着与本地法律体系兼容的问题。

10.2.4　5G时代数字出版融合发展新态

5G技术比4G技术具有速率更高、容量更大、延时更低的优良特性,其最直观的特点是移动网络速度更快。单独的5G技术应用并不能发挥其最大的效能,当它与物联网、大数据、人工智能、区块链等技术紧密结合时,将大大提升整个社会的互联和智能化程度。

2019年1月10日,工信部宣布发放5G临时牌照,正式拉开了中国商用5G建设的序幕,此后5G商用进程加快,与此同时,媒体深度融合的需求和紧迫性也日益增强。5G时代的出版业产业融合就是出版业与教育、文创产业、游戏产业的融合。5G技术通过赋能人工智能、大数据、区块链、VR、AR等前沿科技(也称技术杂交),促进新技术与出版业的持续融合,打破速率、能耗、终端等在4G时代的限制,将出版与教育、服务、娱乐、社交等多重功能融合在一起。2020年6月30日,中央全面深化改革委员会第十四次会议审议通过了《关于加快推进媒体深度融合发展的指导意见》,为加快媒体的深度融合发展进一步指明了方向,明晰了路线。媒体融合发展步伐日益加快,媒体报道中视频直播、短视频等可视化内容将占据更大比重,新媒体平台和社交平台的视频内容也将进一步加强优化配置。从内容表达能力来看,5G技术下的知识信息传递能力得到了极大的提升,出版的内容以更便捷的方式、更快的速度到达每一个用户的端前,这将使用户的阅读习惯和消费方式产生质的改变。

5G技术带给出版业的是一个全新的出版环境,它和其他技术的叠加将使中国出版业告别4G时代,发生巨大变革。然而,"5G+出版"模式想要真正走向成熟,还需多方面的努力,其中版权体系要尽快适应5G技术的发展。5G时代下,信息加速流动,相应的盗版获利的周期也会变短、速度变快,因此,打击盗版的难度也不断增大。如果不能有效扭转盗版的局面,出版业创新动力将面临巨大的挑战,可能会出现动力不足的问题,而出版业缺乏创造性对出版业造成的不利影响可能是颠覆性的。5G时代媒体融合、产业融合的趋势加剧,原有作品的版权和邻接权边界在打破,构建适应技术发展需求、利益分配合理、责任承担公正的版权体系,是一项必要且艰难的任务。如果固守原有的版权和邻接权制度,则会压制创新;如果不保护版权和邻接权,则又会打击创作者的信心。因此,版权研究的薄弱和新现象的层出不穷使得技术快速发展下我国的版权体系建设还有很长的一段路要走。

综上所述,在5G时代,出版业呈现出产业融合和技术杂交的新形态,更加需要相关制度的引导和保障,不断创新管理制度,完善版权制度,仍然是事关出版业未来发展的重要因素。

参 考 文 献

中文参考文献

[1] 郑成思. 知识产权：应用法学与基本理论[M]. 北京：人民出版社，2005.
[2] 吴汉东，胡开忠. 无形财产权制度研究[M]. 北京：法律出版社，2001.
[3] 吴汉东. 知识产权法[M]. 北京：法律出版社，2007.
[4] 李琛. 论知识产权法的体系化[M]. 北京：北京大学出版社，2005.
[5] 王迁. 著作权法[M]. 北京：中国人民大学出版社，2015.
[6] 齐爱民. 知识产权法总论[M]. 北京：北京大学出版社，2010.
[7] 吴汉东. 著作权合理使用制度研究[M]. 3版. 北京：中国政法大学出版社，2005.
[8] 吴汉东. 知识产权基本问题研究[M]. 北京：中国人民大学出版社，2005.
[9] 吴汉东. 无形财产权基本问题研究[M]. 北京：中国人民大学出版社，2013.
[10] 王利明. 民商法研究[M]. 北京：法律出版社，1998.
[11] 刘筠筠，熊英. 知识产权法热点难点问题研究[M]. 北京：法律出版社，2008.
[12] 李苓. 数字出版学概论[M]. 四川：四川大学出版社，2017.
[13] 梁志文. 数字著作权论：以《信息网络传播权保护条例》为中心[M]. 北京：知识产权出版社，2007.
[14] 肖燕. 网络教育资源的传播与合理使用[M]. 北京：北京图书馆出版社，2006.
[15] 江向东. 版权制度下的数字信息公共传播[M]. 北京：北京图书馆出版社，2005.
[16] 孟晖. 移动互联环境下我国出版业的发展现状及问题研究[M]. 上海：上海社会科学院出版社，2018.
[17] 于玉. 著作权合理使用制度研究：应对数字网络环境挑战[M]. 北京：知识产权出版社，2012.
[18] 马海群. 面向数字图书馆的著作权制度创新[M]. 北京：知识产权出版社，2011.
[19] 刘春田. 知识产权法[M]. 2版. 北京：高等教育出版社，2003.
[20] 韩赤风. 知识产权法[M]. 北京：清华大学出版社，2005.
[21] 吴汉东，胡开忠. 走向知识经济时代的知识产权法[M]. 北京：法律出版社，2002.
[22] 张玉敏. 中国欧盟知识产权法比较研究[M]. 北京：法律出版社，2005.
[23] 郑成思. 知识产权论[M]. 北京：法律出版社，1998.
[24] 程永顺. 知识产权法律保护教程[M]. 北京：知识产权出版社，2005.
[25] 唐广良，董炳和. 知识产权的国际保护[M]. 北京：知识产权出版社，2002.
[26] 温旭. 知识产权的保护策略与技巧[M]. 北京：专利文献出版社，1996.
[27] 江建名. 著作权法导论[M]. 合肥：中国科学技术大学出版社，1994.
[28] 吴汉东. 著作权合理使用制度研究[M]. 北京：中国政法大学出版社，1996.
[29] 王利明. 民商法研究：第1辑[M]. 北京：法律出版社，2001.
[30] 房绍坤. 民商法问题研究与适用[M]. 北京：北京大学出版社，2002.

[31] 王孝松.中国对外贸易环境与贸易摩擦研究报告[M].北京:中国人民大学出版社,2019.

[32] 王志广.中国知识产权刑事保护研究:理论卷[M].北京:中国人民公安大学出版社,2007.

[33] 赵为学,尤杰,郑涵.数字传媒时代欧美版权体系重构[M].上海:上海交通大学出版社,2016.

[34] 莱曼·雷·帕特森,斯坦利·W.林德伯格.版权的本质[M].郑重,译.北京:法律出版社,2015.

[35] 宋海燕.中国版权新问题[M].北京:商务印书馆,2011.

[36] 王迁.国外版权案例翻译[M].北京:法律出版社,2013.

[37] 斯密尔斯,斯海恩德尔.抛弃版权文化产业的未来[M].刘金海,译.北京:知识产权出版社,2010.

[38] 埃斯特尔·德克雷.欧盟版权法之未来[M].徐红菊,译.知识产权出版社,2016.

[39] 保罗·戈斯汀.著作权之道:从谷登堡到数字点播机[M].金海军,译.北京:北京大学出版社,2008.

[40] 孙英伟.数字技术时代私人复制的困境与出路[M].北京:知识产权出版社,2015.

[41] 李艳,何高升.数字化印刷装备发展研究报告[M].北京:文化发展出版社,2019.

[42] 赵丽莉.著作权技术保护措施信息安全遵从制度研究[M].武汉:武汉大学出版社,2016.

[43] 张新华.数字出版产业理论与实践[M].北京:知识产权出版社,2014.

[44] 孔祥俊.知识产权保护的新思维[M].北京:中国法制出版社,2013.

[45] 孔祥俊.知识产权法律适用的基本问题[M].北京:中国法制出版社,2013.

[46] 周荣庭.网络出版[M].北京:科学出版社,2004.

[47] 上海新闻出版教育培训中心.互联网环境下传统出版的版权保护和版权贸易[M].上海:上海人民出版社,2018.

[48] 法律出版社.信息网络传播权保护条例、最高人民法院关于审理侵害信息网络传播权民事纠纷案件的规定[M].北京:法律出版社,2015.

[49] 张立,童之磊,张博,等.数字版权保护技术与应用[M].北京:电子工业出版社,2013.

[50] 国务院法制办公室.中华人民共和国著作权法注解与配套[M].4版.北京:中国法制出版社,2017.

[51] 黄海峰.知识产权的话语与现实:版权、专利与商标史论[M].武汉:华中科技大学出版社,2011.

[52] 理查德·斯皮内洛.铁笼,还是乌托邦:网络空间的道德与法律[M].李伦,译.北京:北京大学出版社,2007.

[53] 莱斯格.免费文化[M].王师,译.北京:中信出版社,2009.

[54] 冈茨,罗切斯特.数字时代盗版无罪[M].周晓琪,译.北京:法律出版社,2008.

[55] 詹启智.著作权论[M].北京:中国政法大学出版社,2014.

[56] 张文俊,倪受春,许春明.数字新媒体版权管理[M].北京:复旦大学出版社,2014.

[57] 王迁.版权法对技术措施的保护与规制研究[M].北京:中国人民大学出版社,2018.

[58] 张立,张凤杰,张从龙.数字版权保护技术研发工程专利检索与分析[M].北京:中国书籍出版社,2016.

[59] 黄先蓉.中外数字出版法律制度研究[M].武汉:武汉大学出版社,2017.

[60] 王京安,刘佳.著作权的未来:基于互联网时代特征的研究[J].南京工业大学学报(社会科学版),2015(2):108-113.

[61] 中国互联网络信息中心(CNNIC).第40次中国互联网络发展状况统计报告[R].北京:中共中央网络安全和信息化委员会办公室、中华人民共和国国家互联网信息办公室,2017.

[62] 侯欣洁,吴永凯.数字出版专业认知体系构建模式:一种情境认知的视角[J].现代出版,2019(2):83-85.

[63] 富雅青.数字出版时代版权扩张与利益冲突分析[J].传播与版权,2015(6):174-175.

[64] 刘一鹏.中国数字出版的版权问题研究[D].北京:北京邮电大学,2011.

[65] 张省,董盈.基于区块链技术的数字版权保护研究[J].科技管理研究,2020,40(1):132-136.
[66] 游翔.国际数字出版产业发展现状及趋势分析[J].科技与出版,2019(6):65-69.
[67] 刘瞻.数字出版著作权保护问题研究[D].郑州:郑州大学,2013.
[68] 王海峰,荆丽娜.我国数字出版资源开发与编辑路径研究[J].编辑学刊,2021(2):102-105.
[69] 吕欢.数字出版概念辨析及发展预测[J].中国传媒科技,2012(16):180-181.
[70] 徐丽芳.数字出版:概念与形态[J].出版发行研究,2005(7):5-12.
[71] 刘遹菡.国家数字出版基地构成主体的互动机理研究[J].出版发行研究,2020(2):34-39.
[72] 陈一诺,张建波.我国出版产业结构矛盾与产业经济优化路径[J].中国出版,2019(13):27-30.
[73] 张立.数字出版相关概念的比较分析[J].中国出版,2006(12):11-14.
[74] 葛存山,张志林,黄孝章.数字出版的概念和运作模式分析[J].北京印刷学院学报,2008(5):1-4.
[75] 黎娟.数字出版概念研究[J].新闻传播,2011(8):116-118.
[76] 陈维超.数字出版产业IP化运营的核心逻辑和创新策略[J].出版发行研究,2017(4):25-28.
[77] 李义杰.共享经济视域下数字出版产业链整合研究[J].中国出版,2018(5):40-43.
[78] 李志民.学术交流模式的变革与期刊发展方向[J].评价与管理,2013,11(2):4,13.
[79] 侯欣洁.数字出版概念界定的再认识[J].现代出版,2014(5):44-46.
[80] 张纪臣.数字时代中国文化国际话语权研究:论我国出版产业国际传播能力建设[J].中国出版,2020(2):18-25.
[81] 黄先蓉,常嘉玲.融合发展背景下出版领域知识服务研究新进展:现状、模式、技术与路径[J].出版科学,2020,28(1):11-21.
[82] 陈玲.网络出版:从概念到行动[N].中华读书报,2005-05-10(17).
[83] 肖江涛,丁德昌.论我国数字出版企业的版权保护机制构建[J].出版广角,2018(24):37-39.
[84] 徐丽芳.数字出版:概念与形态[J].中国编辑研究,2007(1):434-448.
[85] 邱俊明.探索数字出版盈利的全新模式[J].出版广角,2019(8):56-59.
[86] 金强,马燕玲.全媒体背景下数字出版运营模式探究[J].编辑学刊,2021(2):115-120.
[87] 徐丽芳.数字出版:概念与形态[J].出版发行研究,2005(7):5-12.
[88] 宫丽颖,纪红艳.网络文学平台多元化资本运营探究[J].中国出版,2018(12):43-47.
[89] 高明星.出版业的网络化革命[J].出版发行研究,2000(10):19-20.
[90] 牛慧霞.关于在线电子出版行业的网络运营模式研究[D].北京:北京邮电大学,2015.
[91] 邓婷,沈波.纸质数据库和数字化数据库出版模型的对比[J].科技与出版,2007(12):46.
[92] 黄先蓉,郝婷.数字出版标准与法规体系建设研究[J].科技与出版,2012(3):69-72.
[93] 张斌.论数字出版产业链的形成与演化[J].出版广角,2021(5):33-35.
[94] 张恒山.基于触点营销的出版业创新[J].编辑之友,2019(7):45-48.
[95] 潘俊.云计算环境下数字版权法律问题研究[D].武汉:华中师范大学,2014.
[96] 王鑫,宋伟.数字出版的著作权法律保护误区[J].科技与出版,2015(8):52-57.
[97] 廖家明.关于版权保护技术措施的法律问题研究[D].上海:华东政法学院,2005.
[98] 刘家瑞.论我国网络服务商的避风港规则:兼评"十一大唱片公司诉雅虎案"[J].知识产权,2009,19(2):13-22.
[99] 焦志香.从经济视角看数字图书馆的版权合理使用与利益平衡[J].晋中学院学报,2017(2):106-108.
[100] 鲍凌云.社交网络视角下的高校数字图书馆服务新发展[J].内蒙古科技与经济,2013(23):51-52.
[101] 李欣荣.经济学视角下图书馆资源共享的利益平衡分析[J].商业时代,2008(15):63-64.

[102] 胡梦云. 数字环境下版权保护模式研究[D]. 北京:中国政法大学,2011.

[103] 黄子娟. 5G趋势下教育出版的路径选择[J]. 出版广角,2021(13):48-50.

[104] 姚瑞卿,袁小群. 基于区块链技术的数字出版知识产权管理:以知识服务应用为例[J]. 出版广角,2019(17):25-30.

[105] 黄先蓉,李魏娟. 从SOPA的博弈看美国数字出版法律制度的利益平衡[J]. 现代出版,2012(6):59-62.

[106] 李新玉. 网络环境下版权技术措施法律保护问题研究[D]. 重庆:西南政法大学,2014.

[107] 姜静. 版权保护中的技术措施法律问题研究[D]. 北京:中国政法大学,2007.

[108] 廖家明. 关于版权保护技术措施的法律问题研究[D]. 上海:华东政法学院,2005.

[109] 曾彩凤. 数字图书馆版权利益的冲突与平衡[J]. 图书与情报,2009(5):88-91.

[110] 王志刚. 数字出版企业版权战略管理[M]. 北京:社会科学文献出版社,2016.

[111] 王志刚. 论数字出版语境下版权利益平衡的重构[J]. 中国出版,2014(19):19-22

[112] 徐素萍. 论版权保护中的利益平衡[J]. 经济与社会发展,2010,8(7):110-112.

[113] 芦世玲. 被误读的"避风港":网络服务商著作权侵权纠纷适用法律分析[J]. 现代出版,2014(4):24-27.

[114] 周强. 网络服务提供者的侵权责任:以《侵权责任法》第36条第2款、第3款为中心[J]. 北京政法职业学院学报,2011(1):43-48.

[115] 张新华. 数字出版产业的经济特质分析[J]. 科技与出版,2011(1):41-44.

[116] 殷红艳. 著作权法意义上的复制权研究[D]. 北京:中国政法大学,2010.

[117] 姚稳. 数字网络时代传播权研究[D]. 北京:中国政法大学,2011.

[118] 罗莎. 网络环境下私人复制法律问题研究[D]. 杭州:浙江工商大学,2017.

[119] 肖毅,胡相龙. 平面美术作品的立体化构成对作品的复制[J]. 人民司法(案例),2016(23):86-88.

[120] 吉宇宽. 云计算环境中信息交易对图书馆的影响及对策研究[J]. 图书馆建设,2015(11):72-76.

[121] 林丹丹. 3D打印技术的版权问题研究[D]. 杭州:浙江大学,2014.

[122] 张体锐. 云计算时代临时复制的著作权属性[J]. 中国版权,2014(2):36-39.

[123] 陈姣姣. 我国"平面到立体"复制权立法问题研究[J]. 知识经济,2014(5):30-31.

[124] 杨健. 知识产权国际法治探究[D]. 长春:吉林大学,2013.

[125] 恽轶群. 电子商务中知识产权国际保护之研究[D]. 北京:中国政法大学,2007.

[126] 来小鹏. 著作财产权交易制度研究[D]. 北京:中国政法大学,2006.

[127] 邓启红. 我国作品复制权立法问题研究[J]. 湖南文理学院学报(社会科学版),2006(1):99-100.

[128] 虞正春. 论复制权[D]. 上海:华东政法学院,2005.

[129] 刘平. 论作品:关于作品的几个共性问题[J]. 西南政法大学学报,2002(4):52-57.

[130] 康建辉,马宁. 数字出版产业发展视野下著作权授权模式的完善[J]. 科技管理研究,2010(9):160-162.

[131] 朱开鑫. 网络著作权间接侵权规则的制度重构[J]. 法学家,2019(6):114-126.

[132] 孙昊亮. 媒体融合下新闻作品的著作权保护[J]. 法学评论,2018,36(5):73-83.

[133] 吴汉东.《著作权法》第三次修改的背景、体例和重点[J]. 法商研究,2012(4):3-7.

[134] 朱秀明. 数字图书馆版权许可制度研究[D]. 北京:中国政法大学,2011.

[135] 乔生,宣蓓. 信息公开自由与网络版权保护:百度提供超链接一案引发的思考[J]. 科技与法律,2008(3):40-42.

[136] 冯晓青,邓永泽. 数字网络环境下著作权默示许可制度研究[J]. 南都学坛,2014(5):64-69.

[137] 熊千里.论我国延伸性集体管理的可行性及制度构建[D].广州:华南理工大学,2014.

[138] 邱菊生,蒋海鸥.我国出版集团融合发展的路径演进及探索[J].出版广角,2021(8):6-9.

[139] 王华.我国著作权集体管理制度的困境与出路[D].湖北:武汉大学,2013.

[140] 严玲艳,王一鸣.电子书轻度内容保护技术的功能及其应用[J].图书馆杂志,2018,37(11):70-75.

[141] 郑心韵.网络版权侵权惩治的国际经验和中国方案[J].中国出版,2018(14):61-64.

[142] 张敏.数字环境下版权集体管理研究[D].湖北:华中师范大学,2004.

[143] 张南.学习资源创作中的版权问题研究[J].边疆经济与文化,2006(1):78-81.

[144] 陈婧.新闻作品的著作权问题研究[D].北京:中国政法大学,2008.

[145] 刘宇.论著作权侵权与著作权犯罪[J].行政与法,2007(11):136-138.

[146] 冯晓青.我国著作权合同制度及其完善研究:以我国《著作权法》第三次修改为视角[J].法学杂志,2013(8):1-10.

[147] 郝婷.我国数字出版法律制度的现状、问题及对策研究[J].中国出版,2011(16):49-51.

[148] 吴学文.著作权合同法律及实务[J].上海戏剧,2003(1):44-45.

[149] 宋伟,孙文成,王金金.数字出版时代混合授权模式的构建[J].电子知识产权,2016(3):62-68.

[150] 胡卫丽.数字环境下著作权许可模式研究[D].北京:中国政法大学,2006.

[151] 华鹰.数字出版环境下著作权默示许可制度的构建[J].重庆工商大学学报(社会科学版),2018(1):107-111.

[152] 孙慧娟.数字图书馆版权授权模式研究[D].郑州:河南大学,2012.

[153] 龚燕婕.数字环境下著作权集体管理许可制度研究[D].重庆:西南大学,2012.

[154] 申玲玲,向爽.价值共创视角下自媒体平台内容创作者扶持政策研究[J].出版科学,2021,29(5):80-91.

[155] 石雪梅.网络环境下的著作权集体管理与利益平衡考量[J].安徽理工大学学报(社会科学版),2012(1):106-108.

[156] 莫远明,黄江华.AI+IP+TT视野下的数字出版融合发展研究[J].出版广角,2018(1):23-25.

[157] 国家版权局.中华人民共和国著作权法(修改草案)[N].中国新闻出版广电报,2012-04-05(005).

[158] 魏玮.论首次销售原则在数字版权作品转售中的适用[J].知识产权,2014(6):21-28.

[159] 吕亚娟,张兴.产业生态系统演化视阈下的数字出版产业可持续发展研究[J].科技与出版,2018(7):121-126.

[160] 中国林业网.国务院关于修改《计算机软件保护条例》的决定[J].陕西省人民政府公报,2013(6):5-9.

[161] 熊文聪.被误读的"思想/表达二分法":以法律修辞学为视角的考察[J].现代法学,2012,34(6):168-179.

[162] 郭鹏.我国技术措施保护及其例外的法律构架完善:对《著作权法修改草案》的不修改质疑[J].暨南学报(哲学社会科学版),2012,34(10):108-115.

[163] 吴申伦,蒋三军.融合发展下数字出版商业模式创新与整体管理[J].科技与出版,2018(3):134-136.

[164] 张玉敏,易健雄.主观与客观之间:知识产权"信息说"的重新审视[J].现代法学,2009(1):171-181.

[165] 王海英.数字化作品版权反限制的限制:版权保护技术措施的法律控制[J].中共福建省委党校学报,2008(2):84-88.

[166] 刘登明.网络环境中合理使用制度研究[D].湘潭:湘潭大学,2005.

[167] 刘春田.知识财产权解析[J].中国社会科学,2003(4):109-121.

[168] 高宁婧.融合出版新趋势下出版机构融合再思考[J].出版广角,2021(16):40-42.
[169] 李华君,张智鹏.人工智能时代数字出版的用户新体验:场景感知、场景生产与入口把控[J].出版发行研究,2019(5):17-21.
[170] 张玉敏.知识产权的概念和法律特征[J].现代法学,2001(5):103-110.
[171] 陶鑫良.网上作品传播的"法定许可"适用探讨[J].知识产权,2000(4):11-15.
[172] 黄先蓉,李晶晶.中外数字版权法律制度盘点[J].科技与出版,2013(1):14-26.
[173] 曾繁文.文化和科技深度融合的热点趋势及企业指向[J].深圳大学学报(人文社会科学版),2019,36(6):41-47.
[174] 郑成思.知识产权:应用法学与基本理论[M].北京:人民出版社,2005:78.
[175] 吴汉东,胡开忠.无形财产权制度研究[M].北京:法律出版社,2001:40.
[176] 马克秀,姜昕.开放创新理念下数字出版产业的发展策略分析[J].出版发行研究,2019(4):30-33.
[177] 周百义.从三个维度看融合出版[J].中国出版,2019(1):15-17.
[178] 刘佳.面向数字出版的电子书著作权授权模式优化研究[J].科技与出版,2019(1):93-99.
[179] 吴汉东.知识产权法[M].北京:法律出版社,2007:11.
[180] 李琛.论知识产权法的体系化[M].北京:北京大学出版社,2005:132.
[181] 姜昕.网络服务提供者间接侵权责任研究[D].长春:吉林大学,2016.
[182] 方卿,张新新.文化与科技融合概览[J].科技与出版,2019(9):52-56.
[183] 汪琪.网络技术与版权的摩擦及出路[J].法制与社会,2015(17):57-58.
[184] 沈瑨.试论网络服务提供商的著作权侵权行为及其责任[D].南昌:华东交通大学,2012.
[185] 王慧军.网络舆论传播规律及其导向研究[D].南昌:南昌大学,2012.
[186] 戴鸿志.图书馆信息资源建设中的法律问题[J].教育教学论坛,2011(31):181-182.
[187] 刘家瑞.版权法上的转承责任研究[J].知识产权,2011(3):22-36.
[188] 左振欣.网络服务提供者版权侵权责任限制研究[D].上海:复旦大学,2011.
[189] 吕国栋.互联网电视制造商版权责任探析:以"优朋普乐诉TCL案"为视角[J].法制与经济(下旬),2011(2):26-28.
[190] 曹源.网络服务提供者著作权间接侵权责任研究[D].长春:吉林大学,2009.
[191] 韩梅,张新新.出版业数字化战略内涵解读与路径思考[J].科技与出版,2021(5):53-59.
[192] 李永强.出版企业媒体融合困境及突围策略[J].中国出版,2019(10):19-22.
[193] 刘菲.论网络服务商(ISP)版权侵权责任[D].北京:对外经济贸易大学,2002.
[194] 常嘉玲.基于内容分析法的我国数字出版产业政策优化路径探究[J].出版发行研究,2019(4):24-29.
[195] 朱岩.数字指纹及其在多媒体版权保护技术中的应用研究[D].哈尔滨:哈尔滨工业大学,2005.
[196] 张立,童之磊,张博,等.数字版权保护技术与应用[M].北京:电子工业出版社,2013.
[197] 张洪波.从谷歌"版权门"事件看数字出版产业的版权保护问题[J].编辑之友,2011(1):103.
[198] 张慧霞.美国UGC规则探讨:兼论网络自治与法治的关系[J].电子知识产权,2008(5):37-39.
[199] 赵春光.关于网络传播语境下数字化版权规制影响的分析:从维基百科关站抗议网络反盗版法说起[J].东南传播,2013(5):3-6.
[200] 李琛.网络环境下著作权法与市场的互动[J].中国版权,2012(4):22.
[201] 卢海君,洪毓吟.著作权延伸性集体管理制度的质疑[J].知识产权,2013(2):49-53.
[202] 崔国斌.著作权集体管理组织的反垄断控制[J].清华法学,2005(1):125-133
[203] 易继明.人工智能创作物是作品吗?[J].法律科学(西北政法大学学报),2017,35(5):137-147.

[204] 王文亮,王连合.将法律作为修辞视野下人工智能创作物的可版权性考察[J].科技与法律,2017(2):60-66.

[205] 曹源.人工智能创作物获得版权保护的合理性[J].科技与法律,2016(3):488-508.

[206] 马治国,刘慧.区块链技术视角下的数字版权治理体系构建[J].科技与法律,2018(2):1-9.

[207] 聂静.基于区块链的数字出版版权保护[J].出版发行研究,2017(9):33-36.

[208] 于正凯.再论数字出版的概念及融合发展的关键[J].传媒,2017(23):70-72.

[209] 张斌.论数字出版产业链的形成与演化[J].出版广角,2021(5):33-35.

[210] 杨新涯,王莹.区块链是完善数字内容产业链的最关键技术[J].图书馆论坛,2019,39(3):35-41.

[211] 池仁勇,廖雅雅,王昀.数字出版产业知识产权保护文献热点及政策启示[J].中国出版,2019(22):64-68.

[212] 陈美华,黄轩,陈东有.我国数字出版产业的困境及对策研究[J].江西社会科学,2017,37(12):88-94.

[213] 杨庆国,陈敬良.数字出版产业融合绩效研究[J].出版科学,2015,23(3):81-85.

[214] 刘星星,崔金贵.5G时代科技期刊融合VR出版:优势、挑战及对策[J].中国科技期刊研究,2021,32(8):1026-1031.

[215] 华进,孙青.区块链技术在数字出版领域的挑战与对策[J].科技与出版,2019(1):69-73.

[216] 郝婷,赵云婕.新加坡数字版权制度的立法、司法与执法[J].青年记者,2018(34):71-72.

[217] 王迁.论我国《著作权法》中的"转播":兼评近期案例和《著作权法修改草案》[J].法学家,2014(5):125-136.

[218] 熊琦.大规模数字化与著作权集体管理制度创新[J].法商研究,2014,31(2):100-107.

[219] 王磊,杜颖.UGC版权保护的平台机制研究[J].知识产权,2021(8):65-74.

[220] 刘国龙,魏芳.数字版权管理模式探析[J].知识产权,2015(4):118-123.

[221] 林承铎,安妮塔.数字版权语境下避风港规则与红旗原则的适用[J].电子知识产权,2016(7):20-25.

[222] 张铭丽.数字图书馆数字资源版权区块链管理研究:以中国国家数字图书馆数字资源版权区块链管理实践为例[J].图书馆工作与研究,2021(8):31-39.

[223] 陶乾.论著作权法对人工智能生成成果的保护:作为邻接权的数据处理者权之证立[J].法学,2018(4):3-15.

[224] 孟磊.智能时代的著作权集体管理:挑战、反思与重构[J].出版发行研究,2020(1):46-49.

外文参考文献

[1] Bhaskar M. The Content Machine: Towards A Theory of Publishing from the Printing Press to the Digital Network[M].London:Anthem Press,2013.

[2] Burrell R, Coleman A. Copyright Exceptions: the Digital Impact[M].Cambridge:Cambridge University Press,2005.

[3] Balbi G, Magaudda P. A History of Digital Media: An Intermedia and Global Perspective[M].London:Routledge,2018.

[4] Clark G, Phillips A. Inside Book Publishing[M]. 6th ed. London:Routledge,2019.

［5］ Delfanti A, Arvidsson A. Introduction to Digital Media[M]. New Jersey: John Wiley & Sons,2019.

［6］ Gantz J, Rochester J B. Pirates of the Digital Millennium: How the Intellectual Property Wars Damage Our Personal Freedoms, Our Jobs, and the World Economy[M]. Hoboken:FT Press,2004.

［7］ Gillespie T. Wired Shut: Copyright and the Shape of Digital Culture[M]. Cambridge:MIT Press,2007.

［8］ Gilster P, Glister P. Digital Literacy[M]. New York:Wiley Computer Pub,1997.

［9］ Godwin M. Cyber Rights: Defending Free Speech in the Digital Age[M]. Cambridge:MIT Press,2003.

［10］ Germano W. Getting It Published[M]. Chicago:University of Chicago Press,2021.

［11］ Helprin M. Digital Barbarism: A Writer's Manifesto[M]. New York:Harper Collins Publishers,2010.

［12］ Hobbs R. Copyright Clarity: How Fair Use Supports Digital Learning[M]. Dallas:Corwin Press,2010.

［13］ Jones H, Benson C. Publishing Law[M]. London:Routledge,2016.

［14］ Larsson S. Metaphors and Norms-Understanding Copyright Law in A Digital Society (Vol. 36)[M]. Delaware: Stefan Larsson,2011.

［15］ Lindgren S. Digital Media and Society[M]. London:Sage,2017.

［16］ Mazziotti G. EU Digital Copyright Law and the End-user[M]. New York:Springer Science & Business Media,2008.

［17］ Postigo H. The Digital Rights Movement: the Role of Technology in Subverting Digital Copyright[M]. Cambridge:MIT Press,2012.

［18］ Reyman J. The Rhetoric of Intellectual Property: Copyright Law and the Regulation of Digital Culture [M]. London:Routledge,2009.

［19］ Rimmer M. Digital Copyright and the Consumer Revolution: Hands off My iPod[M]. Northampton:Edward Elgar Publishing,2007.

［20］ Rosenblatt W, Mooney S, Trippe W. Digital Rights Management: Business and Technology[M]. New Jersey:John Wiley & Sons, Inc. ,2001.

［21］ Seitz J. Digital Watermarking for Digital Media[M]. Hershey:IGI Global,2005.

［22］ Tapscott D. Grown up Digital(Vol. 361)[M].New York:McGraw Hill,2009.

［23］ Thompson J B. Books in the Digital Age: the Transformation of Academic and Higher Education Publishing in Britain and the United States[M]. Lagos:Polity,2005.

［24］ Aufderheide P, Milosevic T, Bello B. The Impact of Copyright Permissions Culture on the US Visual Arts Community: the Consequences of Fear of Fair Use[J]. New Media & Society,2016,18(9):2012-2027.

［25］ Barni M, Bartolini F, Cappellini V, et al. Near-lossless Digital Watermarking for Copyright Protection of Remote Sensing Images[J]. Geoscience and Remote Sensing Symposium,2002(9):220.

［26］ Bartolini C, Santos C, Ullrich C. Property and the Cloud[J]. Computer Law & Security Review,2018, 34(2):358-390.

［27］ Loonam J, Eaves S, Kumar V, et al. Towards Digital Transformation: Lessons Learned from Traditional Organizations[J]. Strategic Change,2018,27(2),101-109.

［28］ Chu K S, NamYoung J. A Study on the Building Self-Publishing Repository for the Personal Digital Records[J]. Journal of Korean Library and Information Science Society,2017,48(4):351-374.

［29］ Cockayne D G. Sharing and Neoliberal Discourse: the Economic Function of Sharing in the Digital On-demand Economy[J]. Geoforum,2016(77):73-82.

［30］ Corbett S. Videogames and Their Clones—How Copyright Law Might Address the Problem[J]. Computer

Law & Security Review,2016,32(4):615-622.

[31] Dillon T. Evidence, Policy and "Evidence for Policy"[J]. Journal of Intellectual Property Law & Practice,2016,11(2),92-114.

[32] Eckersley P. Virtual Markets for Virtual Goods: the Mirror Image of Digital Copyright[J]. Harv. JL & Tech.,2014(18):85.

[33] Efroni Z. A Monentary Lapse of Reason: Digital Copyright, the DMCA and A Dose of Common Sense [J]. The Columbia Journal of Law & the Arts,2004(28):249.

[34] Einhorn M A, Rosenblatt B. Peer-to-peer Networking and Digital Rights Management: How Market Tools Can Solve Copyright Problems[J]. Journal of Copyright Society the USA,2004(52):239.

[35] Einhorn M A. Intellectual Property and Antitrust: Music Performing Rightsin Broadcasting[J].Columbia-VLA Journal of Law and the Arts,2001(10):365.

[36] Edelmann N, Schossbock J. Open Access Perceptions, Strategies, and Digital Literacies: A Case Study of a Scholarly-Led Journal[J]. Publications,2020,8(3):122.

[37] Fenlon K, Senseney M, Bonn M, et al. Humanities Scholars and Library-Based Digital Publishing: New Forms of Publication, New Audiences, New Publishing Roles[J]. Journal of Scholarly Publishing, 2009,50(3):159-182.

[38] Geiregat S. Digital Exhaustion of Copyright After CJEU Judgment in Ranks and Vasilevics[J]. Computer Law & Security Review,2017,33(4):521-540.

[39] Greco A N. The Scholarly Publishing Community Should Support Changes to US Copyright Law[J]. Journal of Scholarly Publishing,2018,49(2):248-259.

[40] Hoskins A. Risk Media and the End of Anonymity[J]. Journal of Information Security and Applications, 2017,34(1):2-7.

[42] Hua Z Y, Jin F, Xu B X,et al. 2D Logistic-Sine-Coupling Map for Image Encryption[J]. Signal Processing,2018(149):148-161.

[43] Jeroml H R, Graeme B D, Pamela S. A Reverse Notice and Takedown Regime to Enable Public Interest Uses of Technically Protected Copyrighted Works[J].Berkeley Technology Law,2007,22(3):981-1006.

[44] Jing N. Research on Digitized Knowledge Services of Academic Publishing Based on TAM[J]. Wireless Personal Communications,2018,102(2):641-651.

[45] Kim K. A Study on Improvement Plan of Legislation for the Publishing Industry Promotion:Focusing on Re-conceptualization of Publication[J]. Studies of Korean Science,2017,43(4):41-79.

[46] Kuhlen R. The Proposal of the Commission of the European Communities for A New Copyright Directive. Information[J].Wissenschaft & Praxis,2017,68(2):139-153.

[47] Ku R S. The Creative Destruction of Copyright: Napster and the New Economics of Digital Technology [J]. The University of Chicago Law Review,2002(3):263-324.

[48] Kumar L, Mutanga O. Google Earth Engine Applications Since Inception: Usage, Trends, and Potential [J]. Remote Sensing,2018,10(10):1509.

[49] Langelaar G C,Setyawan I,Lagendijk R L. Watermarking Digital Image and Video Data. A State-of-the-art Overview[J]. IEEE Signal Processing Magazine,2000,17(5):20-46.

[50] Lastowka G. Digital Attribution: Copyright and the Right to Credit[J]. BUL Rev.,2007(87):41.

[51] Lemley M A, Reese R A. Reducing Digital Copyright Infringement Without Restricting Innovation[J].

Stan. L. Rev.,2003(56):1345.

[52] Lin C Y. Watermarking and Digital Signature Techniques for Multimedia Authentication and Copyright Protection[D]. Columbia :Columbia University,2001.

[53] Lipton J. The Law of Unintended Consequences:the Digital Millennium Copyright Act and Interoperability[J]. Wash. & Lee L. Rev.,2005(62):487.

[54] Liu Z. Reading Behavior in the Digital Environment: Changes in Reading Behavior over the Past Ten Years[J]. Journal of Documentation,2005,61(6):700-712.

[55] Lui E. The Eurovision Song Contest: A Proposal for Reconciling the National Regulation of Music Collecting Societies and the Single European Market[J]. Entertainment Law Review,2003(19):73.

[56] Lunney J. The Death of Copyright: Digital Technology, Private Copying, and the Digital Millennium Copyright Act[J]. Virginia Law Review,2001(10):813-920.

[57] Lu H Y, Gong D F, Liu F L, et al. A Batch Copyright Scheme for Digital Image Based on Deep Neural Network[J]. Mathematical Biosciences and Engineering,2019,16(5):6121-6133.

[58] Linkov I, Trump B D, Poinsatte-Jones K, et al. Governance Strategies for A Sustainable Digital World [J]. Sustainability,2018,10(2): 440.

[59] Majo-Vazquez S, Cardenal A S, Gonzalez-Bailon S. Digital News Consumption and Copyright Intervention: Evidence from Spain Before and After the 2015 "Link Tax"[J]. Journal of Computer-Mediated Communication,2017,22(5):284-301.

[60] Mouthon L, Mestre-Stanislas C, Bérezné A, et al. Impact of Digital Ulcers on Disability and Health-related Quality of Life in Systemic Sclerosis[J]. Annals of the Rheumatic Diseases,2010,69(1):214-217.

[61] Munn J A, Monet D G, Levine S E, et al. An Improved Proper-motion Catalog Combining USNO-B and the Sloan Digital Sky Survey[J]. The Astronomical Journal,2004,127(5):3034.

[62] Merchan-Sanchez-Jara J, Mangas-Vega A, Dantas T. Digital Eiting of Scholarly Monographs by Spanish Publishers in Library and Information Science[J]. El Profesional de la Informacion,2018,27(3):605-612.

[63] Maresova P, Soukal I, Svobodova L, et al. Consequences of Industry 4.0 in Business and Economics [J]. Economies,2018,6(3):46.

[64] Okorie O, Salonitis K, Charnley F, et al. Digitisation and the Circular Economy: A Review of Current Research and Future Trends[J]. Energies,2018,11(11):3009.

[65] Panah A S, Schyndel R, Sellis T. Towards An Asynchronous Aggregation-capable Watermark for End-to-end Protection of Big Data Streams[J]. Future Generation Computer Systems-the International Journal of Escience,2017,72(9):288-304.

[66] Papi Z, Sharifabadi S R, Mohammadesmaeil S, et al. Technical Requirements for Copyright Protection of Electronic Theses and Dissertations in INSTD A Grounded Theory Study [J]. Electronic Library, 2020,35(1):21-35.

[67] Ponte L M. The Emperor Has No Clothes: How Digital Sampling Infringement Cases Are Rxposing Weaknesses in Traditional Copyright Law and the Need for Statutory Reform[J]. American Business Law Journal,2006,43(3):515-560.

[68] Pulido C M, Ruiz-Eugenio L, Redondo-Sama G, et al. A New Application of Social Impact in Social Media for Overcoming Fake News in Health[J]. International Journal of Environmental Research and

Public Health,2020,17(7):2430.

[69] Rosenblatt H. Copyright Assignment: Right and Wrongs—the Collecting Societies' Perspective[J]. Intellectual Property Quarter,2000(10):194.

[70] Rachinger M, Rauter R, Müller C, et al. Digitalization and Its Influence on Business Model Innovation[J]. Journal of Manufacturing Technology Management,2019(18):220.

[71] Sieman J S. Using the Implied License to Inject Common Sense into Digital Copyright[J]. NCL Rev. ,2006(85):885.

[72] Stern B M, O'Shea E K. A Proposal for the Future of Scientific Publishing in the Life Sciences[J]. Plos Biology,2019,17(2):129.

[73] Schroeder R. Towards A Theory of Digital Media[J]. Information, Communication & Society,2018,21(3):323-339.

[74] Tay P S, Sik C P. Data Mining and Copyright: A Bittersweet Technology Gift for Copyright Owners and the Malaysian public? [J].Computer Law & Security Review,2016,32(6):898-906.

[75] Venugopal A V. Copyright Concerns of Digital Images in Social Media[J]. Journal of World Intellectual Property,2020,23(3):579-597.

[76] Watson J. The New World of Republishing in Open Access: A View from the Author's Side[J]. Journal of Scholarly Publishing,2018,49(2):231-247.

[77] Wu T. When Code Isn't Law[J]. Virginia Law Review,2003(89):132-134

[78] Hun K B, Jungmi C. Meta-analysis of Digital Publishing Research in Korea[J]. Studies of Korean Science,2018:44(3):5-41.